ロヒンギャ
差別の深層

フォトジャーナリスト
宇田有三
Uda Yuzo

高文研

ロヒンギャ　差別の深層◉目次

III　ロヒンギャ問題を理解するための視点

装幀・中村くみ子

はじめに

二〇一七年八月末、ミャンマー（ビルマ）から隣国バングラデシュに逃れ出る避難民の姿が、テレビ・新聞・雑誌・インターネット上に溢れた。数カ月ほど経つと、そのロヒンギャ難民の数は七〇万人を超えるようになり、報道の数も格段に増えていった。やがて、このロヒンギャという名前が一般の人にも知られるようになり、どうしてロヒンギャたちは迫害されているのか、という疑問の声も聞かれるようになった。

ミャンマーに二五年以上関わってきた筆者からすると、ロヒンギャに関して想像を超える量の報道に接するうち、一抹の不安を覚えるようになった。それは、一気に広まった「ロヒンギャ問題」に関するニュースで、果たして適切な情報が誤解なく一般に伝えられているのか、という懸念であった。

しばらくすると、やはりというか、その不安は的中した。以前と同じ不正確な情報がメディアを席巻したからである。その後、各地で「ロヒンギャ問題」について話をする機会が増えたのだが、その際、困ったことに何度かでくわした。

講演会などの後で、「それで結局、『ロヒンギャ問題』とは何なのですか。この問題の原因は何ですか」と参加者から改めて問われることであった。ミャンマーの社会背景や歴史的な経緯をできるだけ分かり易く解説した直後に、このような問いを投げかけられると、少々がっくりしてしまうのである。「ロヒンギャ」「迫害」「難民」「ビルマ／ミャンマー」「民族浄化」など、各々のキーワードには反応してくれるのだが、どういうわけかそれらが全体として「ロヒンギャ問題」に結びつかないようであった。さらに複雑な問題に対して「簡単な答え」――「それでこの問題は何なんですか？」を求める人が少なからずいたことである。その後、「ロヒンギャ問題」が理解されない理由を、筆者自身、改めて認識し始めた。つまり、次の四点をごちゃ混ぜにしているのである。

(1) ロヒンギャ難民問題
(2) ロヒンギャ問題
(3) ミャンマー問題
(4) ミャンマーに対する、日本側（我々）の視点の問題

(1) ロヒンギャ難民問題とは、人命に関わる避難民の暮らしに、国際社会はどのように対応していくのかという人道的な問題。

(2) 四〇年もの間解決されてこなかったロヒンギャ難民問題（＝結果）とは、ロヒンギャ問題（＝原因）から起こってきたものである。では、そのロヒンギャ問題が生まれた背景は何であるのか。国際社会は、その背景を正確に理解せずにロヒンギャ難民問題に対応しようとして混乱をきたしている。

(3) ロヒンギャ問題を生み出したミャンマーはその当時、軍事独裁政権（軍政）が政権を担っていた時代であった。その軍政がマイノリティ（少数者）に対してどのような政策を採って国づくり

を進め、社会を支配してきたのか。ミャンマー軍政に対する理解を、いま一度深める必要がある。ロヒンギャ問題（＝結果）はミャンマーの軍事独裁政権（＝原因）から生まれたのである。

⑷　ミャンマーを見る日本側（我々）の視点問題――国の成り立ちや宗教など、日本の中でしか通用しない考え方でミャンマーを見ていたのではないか。

もちろん、この⑴〜⑷は相互に深い関係がある。そこで、この問題を考える際に、日本にいるわれわれは報道で知ったロヒンギャ問題を、⑴の難民問題から順番に理解しようとして、迷路に入ってしまうのである。実は話の順番が逆で、⑶のミャンマー問題（軍事独裁政権）があったために、⑵ロヒンギャ問題が起こり、その結果、⑴「ロヒンギャ難民」が発生し、最終的に人道問題として国際社会の目に触れるようになったのである。

実際、この⑶のミャンマー問題とは一体何なのか、それを適切に理解することなしに、⑵の「ロヒンギャ問題」に取り組むことは難しい。それらに加えて、わざわざ⑷を取り上げる必要性も感じた。というのも、ミャンマーの上座部仏教と日本の大乗仏教の違い、アジア・太平洋戦争時にミャンマー（当時のビルマ）に侵攻した日本の戦争責任のあいまいさからくるミャンマー社会への誤解、ミャンマーにおけるイスラームの位置づけなどを深く考えていないことなど、ミャンマー問題は（きっと）こうだろう、ロヒンギャ問題は（たぶん）こうだろうと、現地の実態を顧みず、その上で⑶→⑵と考えてしまうので、やはり迷路に入ってしまう。

そこでまず冒頭の第Ⅰ章で、筆者が実際に取材してきたロヒンギャ難民の写真ルポを足がかりに、ロヒンギャのイメージをつかむ。次の第Ⅱ章でロヒンギャに関して全体のイメージがつかめるようにQ＆A形式で、この問題を解説する。最後の第Ⅲ章では、⑶と⑷を織り交ぜながら、ロヒンギャ問題と我々日本側の視点問題を絡めて説明していく。

現在のロヒンギャ問題に関する状況が変わったきっかけは、二〇一二年に発生した仏教徒ラカイン人とムスリム（本書の「ムスリム」についての概念規定は二五九ページ参照）との対立が、その萌芽であった。本書では、「ロヒンギャ問題」を解説にするにあたって、ミャンマーの歴史や文化、イスラーム（イスラームを信奉する人は「ムスリム」とする）などを含めているので、その解説内容が複雑になるが、現在の問題のポイントは二〇一二年以降の動きであることを再確認しておきたい。またこの難民問題は当初、ミャンマーとバングラデシュの二国間関係に留まっていたが、やがて東南アジアへと広がり、今や世界的な関心事になったという、次のような流れがあることを押さえておく必要もある。

①一九七八年と一九九一年に起こった二〇万人を超えるロヒンギャ難民の問題は、ビルマ（ミャンマー）とバングラデシュの二国間関係に収まっていた。

②二〇〇九年から二〇一五年にかけて、ロヒンギャ難民の流出がマレーシアやインドネシアへと広がるようになり、これが東南アジアの問題となる。

③二〇一六年と二〇一七年、「アラカン・ロヒンギャ救世軍（ARSA、次項参照）」の活動が始まったことで、ロヒンギャ難民の流出が世界的に注目を浴び、国際的な人道問題となり、改めて、パキスタンやインド、中東にも数十万人のロヒンギャの人びとが暮らしていることが可視化された。

現在、問題となっている③の経緯は次の通りである。

事件は二〇一六年一〇月九日の深夜から未明にかけて、ミャンマー西部ラカイン州北部で起こった。国境警備にあたる警察施設三箇所が鉈や軽機関銃で武装したARSA勢力に襲撃され、九人の警察官が犠牲になりARSA側も八人が死亡した。

翌二〇一七年八月二五日の襲撃の規模はさらに大きく組織的で、ミャンマーの治安部隊に一二人の、ARSA側に八〇人近い死者が出た。この事件では、ミャンマー政府の対応が予想以上に過剰となり（計画的な反撃だとする説明もある）、ミャンマー国軍や治安部隊に加えてラカイン人の仏教徒や村人も対ARSAの掃討作戦に加わり、ムスリム（一部ヒンズー教徒も含む）への無差別な迫害が起こった。その結果、数カ月という短期間に、七〇万人を超える避難民が一気に国境を越えた。

そこで――

⦿避難民が国境のナフ河を渡る逃避の様子が、従来の主要メディア（テレビや新聞）だけでなく、インターネット上で同時に伝えられた。そこで、「難民」の存在が報告書などの文字情報ではなく、映像による難民のイメージがより強烈に印象づけられた。

⦿ARSAが、中東を舞台にしていたIS（イスラム国）と関連する可能性も一部で取りざたされ、ロヒンギャという存在が国際的にも注目を集めた。

⦿民政移管後のミャンマーで、軍政下ではアクセスの難しかったラカイン州北部への国内外のメディアの立ち入りが、制限があるとはいえ可能となり、そこで何が起こっているのか実際に報道されるようになり、問題がより具体化され関心が広がった。

⦿国際的に名の通った民主化活動家アウンサンスーチー氏という象徴が存在していた。そのスーチー氏がロヒンギャ難民問題の解決に積極的に取り組むだろうという、安易な期待が国際社会にあった。だが、スーチー氏は当初、この問題への取り組みに手間取ってしまった。その結果、国際社会はスーチー氏への期待が裏切られたと感じ、さらにミャンマーという国の歴史や文化を理解しない人びとが声を上げ、問題解決に安易な解決策を求めることになった。

❖ARSA（アラカン・ロヒンギャ救世軍）について

そこでまず、二〇一六年一〇月から名前が登場したこの「アラカン・ロヒンギャ救世軍（ARSA）」について、簡単に言及しておきたい。

ARSAの創設者（司令官）のアタウッラー（男性・年齢不詳〈筆者註：ビデオから推定すると三〇～四〇歳代か〉）は、パキスタン（カラチ）のロヒンギャ難民キャンプで生まれる。その後、サウジアラビアへ移り住みイマーム（宗教的指導者）となる。パキスタンに戻った後、イスラーム社会の創設を目指して二〇一四年頃、拠点をバングラデシュに移す。

彼は二〇一六年一〇月、「HaY」と称する集団の指導者として登場し（当初の総司令部はサウジアラビアのメッカにあったともされる）、ラカイン州の国境警備隊本部や警察関連施設を襲撃する（「HaY」とはアラビア語でHarakah al-Yaqin、英語にすると「Faith Movement」〈信仰運動〉を意味する）。ARSAの当初の目的は、必ずしもロヒンギャの救済ではなく、理想とするイスラーム社会を具体化した形としてのイスラーム国の建設だとされていた。

二〇一六年にラカイン州北部の国境警備・治安施設を襲撃するも、現地のロヒンギャたちの支持を得られないと感じ、その後、ＡＲＳＡはその活動目的を変える。つまり、ロヒンギャの救済を目指すことに方針転換する。

二〇一七年の半ば頃、「ＨａＹ」を「アラカン・ロヒンギャ救世軍（ＡＲＳＡ）」へと名称を変更する。

ＡＲＳＡは二〇一七年八月に再度、二〇一六年一〇月と同じようにラカイン州北部の国境警備の派出署三〇カ所を襲撃する。だが、今回はミャンマー国軍からの大規模・無差別掃討作戦で返り討ちに遭い（その過程で、ロヒンギャたちが難民となる）、その後組織は弱体化する。


日本で今ミャンマーが話題になるとき、それは第一に、東南アジア最後の経済投資のフロンティアとして注目されること。また、少なからず、民主化活動のシンボルとして政治活動を続けるノーベル平和賞受賞者（一九九一年）のアウンサンスーチー氏の動向も報道される（スーチー氏は現在、外相兼国家顧問として、事実上同国の最高指導者）。しかし、少しでもミャンマーに関わっていくと、この国の抱えるより深い問題は、「ロヒンギャ問題」よりも、少数民族問題や民政移管後も極めて強い影響力を持つ軍による政治体制だと気づく。しかも、ミャンマーの実情に通じていない人は、すぐに「ロヒンギャ問題」を民族問題の一つと錯覚してしまい、それが不正確な認識だと気づかず、この問題に取りかかろうとしてしまう。

ミャンマーは、本格的に民政移管（二〇一六年三月末）してまだ四年ほどしか経っていない。つい最近まで、軍事独裁国だったということも忘れ去られている。ミャンマーには今や、観光客もビザなしで入国することが可能（二〇一八〜二〇年の暫定政策）で、現地に滞在する在緬日本人も急増している（アジア・太平洋戦争、ビルマ〈ミャンマー〉に侵攻した日本軍が建設した鉄道は今でも「泰緬鉄道」と呼ばれるように、中国語表記「緬甸《メンデン》〈＝ビルマ〉」の緬の一文字でミャンマーを表す〈泰は「タイ」の意〉）。そこで、現地に滞在している日本人からは、生の情報発信も盛んになってきた。また、これまで取材を控えてきたジャーナリストも気軽に入国できるようになり、さまざまなレポートを見かけるようになっている。しかしその際、少々気になる報告も見かけるようになっている。

筆者からすると、このミャンマーの今を解説する記事で、いまだに「親日国」だという時代遅れの表現を読むと、正直げんなりしてしまう。それはまるで、ミャンマーを初めて訪れた観光客が街角で、日本の中古車（車体に〇〇商店というペイントがそのまま残っている）を見かけて驚き、たまたま偶然、自分の出身地の中古バスが走っているのを見つけて喜び、この国に親近感を覚えてSNS（ツイッターやフェイスブック）などで情報発信するのと同じレベルだからである。

筆者は主に、ロヒンギャに限らず、ミャンマー各地で何が起こっているのかを現場で見聞きし、日本語と英語の文献で情報収集を続けてきた。もっとも、筆者自身、日常生活には困らない程度のミャンマー語を話すことはできるが、ミャンマー語の読み書きはできない。また、ロヒンギャたちの話すチッタゴン方言のベンガル語は、読み書きはおろか会話も理解できない。そのため本書で綴る「ロヒンギャ問題」の内容は、分析や解説というよりも、日本の読者が誤解しやすいミャンマー事情やロヒンギャについて、その内容を分かりやすいように翻訳することと、情報や知識の交通整理だと思ってもらった方がいい。

【凡例】

⊙人の集団について、「国民」を意味する際に「〇〇人（ミャンマー人〈ビルマ民族〉、ミャンマー国民でありながらカレン民族を意識した意味でのカレン人、同ラカイン人・同モン人等）」とする。ただし、国民とは別の意味の人の集団（民族）を強く示す場合（ミャンマー国民でありつつビルマ民族）は、ビルマ民族・カレン民族・ラカイン民族などと表記した。

⊙ミャンマーは一九八九年、英語の国名をビルマからミャンマーに変更した。本書では時代的に変更前の記述も多くあるため、旧名ビルマと表記している箇所もある。また、二〇〇八年憲法による行政区画の変更で「管区（division）」が「地域（region）」となっている。歴史上の地名は、引用文を除き、現在使われている呼称とした（アキャブ→シットゥエー、ラングーン→ヤンゴン等）。

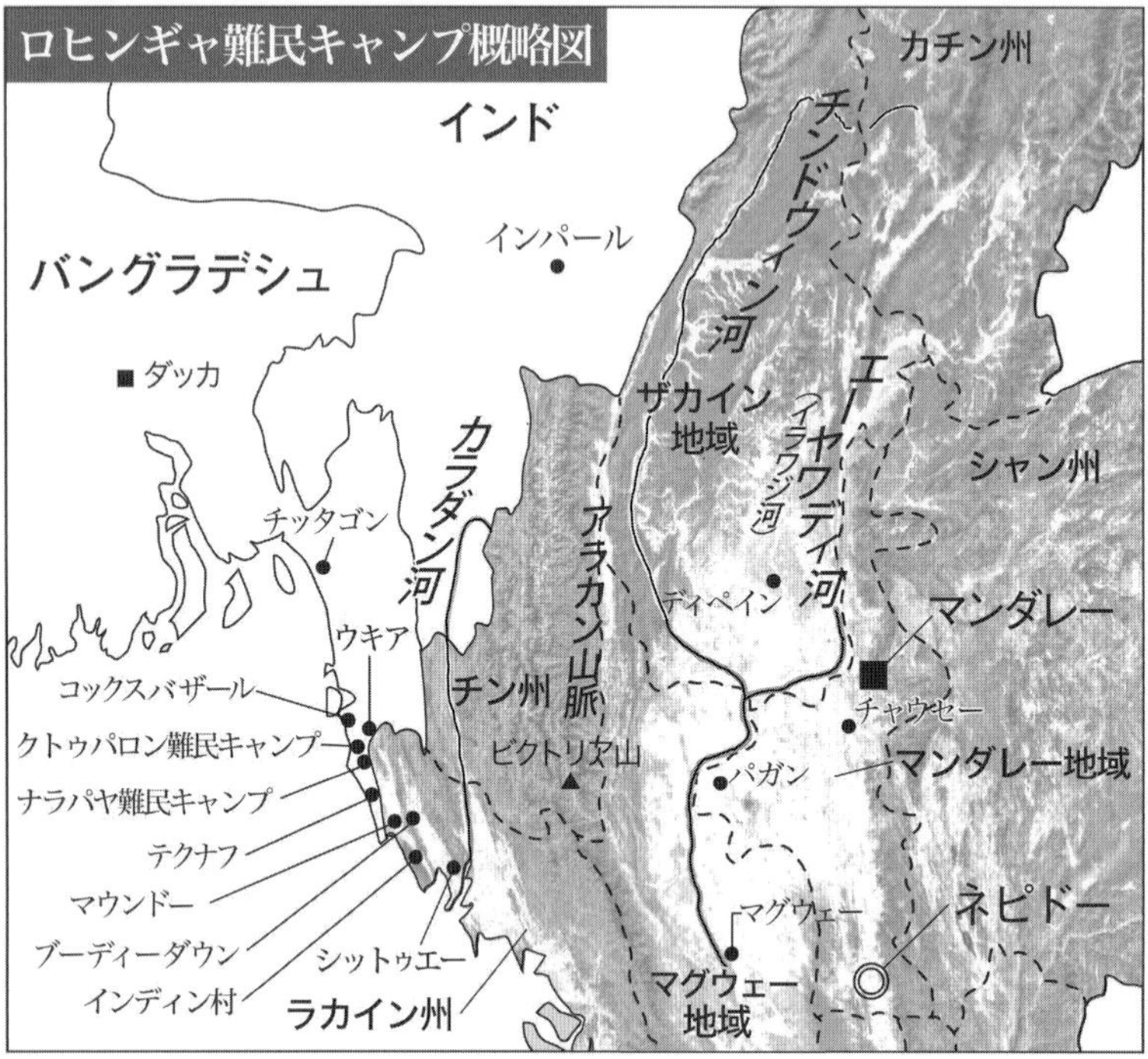
カチン州
インド
チンドウィン河
インパール
バングラデシュ
ダッカ
ザカイン
地域
エーヤワディ河
イラワジ河
カラダン河
シャン州
アラカン山脈
チッタゴン
ディペイン
マンダレー
ウキア
チン州
コックスバザール
チャウセー
クトゥパロン難民キャンプ
ビクトリア山
マンダレー地域
ナラパヤ難民キャンプ
パガン
テクナフ
マウンドー
マグウェー
ネピドー
ブーディーダウン
シットゥエー
マグウェー
地域
インディン村
ラカイン州
ロヒンギャ難民キャンプ概略図

I

ロヒンギャ難民キャンプへ

報道写真の〝功罪〟

訴えかけるような眼差しが、じっとこちらを見つめる。カメラのシャッターを切ると、カシャという冷たい金属音が粘土壁のモスク内に響く。

写し撮ったイメージを確認するまでもなく確信する。絵になる写真が撮れた、と。写真を生業とする者として、ロヒンギャ難民キャンプでは被写体に事欠かない。

左の写真は二〇一〇年一月、バングラデシュ東南部コックスバザールのクトゥパロンの非公式難民キャンプで撮した、ロヒンギャ・ムスリムの女の子である。そのモスクは、子どもたちが前日まで、手足を泥だらけにして造りあげたモスクでもある。

撮し手の筆者が強調するのも変だが、この少女のイメージは印象的である。実は、ロヒンギャの問題が取りあげられる際、まずこのように、見る人の感情に訴えるイメージが使われる。

これまでほとんど伝えられることがなかったミャンマーとバングラデシュの国境で今、何が起こっているのか。避難民に関心を持ってもらうため、できるだけ多くの人びとに注意を喚起する場合、このような感情に訴えるイメージを使うのは効果的である。

写真を撮る立場として強く感じたのは、ロヒンギャたちの多くは、くっきりとした目鼻立ちで、じっとこちらを見つめ、訴えかけるような眼差しを向けてくる。非常にフォトジェニックで、見る者の感情を揺さぶる被写体は、撮し手として申し分がない。筆者自身、バングラデシュから日本に帰国後、

ロヒンギャ・ムスリムの女の子（バングラデシュ・コックスバザール郊外のクトゥパロンの非公式難民キャンプ、2010 年）

新聞や雑誌、講演会などで使用した写真は、やはり目が大きな印象的なロヒンギャの子どもたちの写真であった。インパクトを持つ写真を手がかりに、なんとかして「ロヒンギャ難民問題」の実態を報告できないかと思ったからである。

筆者は当時、二〇〇九年一二月末から翌年一月末まで、バングラデシュ東南部のロヒンギャ難民キャンプに約一カ月半通い続けていた。だが、ほぼ毎日、難民キャンプに足を運んでも、誰もが撮れる見慣れた難民キャンプの写真しか撮れておらず、焦っていた。見る人の感情を揺り動かす写真を、このロヒンギャ難民キャンプ特有の現実を、ロヒンギャ難民の苦境を今までとは違った視点で写し撮って記録せねばと気持ちは逸っていた。

もっとも、筆者を含めて多くの写真家は、悲しいかな、そのような独りよがりの伝える側の視点に偏った、映像中心のロヒンギャ報道をするのが常である。実は、そのような外部の視点に力点が置かれたロヒンギャ報道こそが、「ロヒンギャ問題」の実態をこの四〇年間、あまり好転させてこなかった理由の一つでもある。

さて、四〇年以上も解決されてこなかったこの問題を、例えば日本国内で伝える場合、見る人にイメージを喚起して感情に訴えるだけの報道をこのまま続けていいのだろうか。避難民の写真や映像を示して、「ひどい」「かわいそうだ」「なんとかせねば」という感情を日本の人に喚起することはできる。だが、その感情が人に行動を起こさせるまでの強い動機に達していないのだ。自分は弱者の立場に寄り添っているという錯覚で、正義の気持ちをどこかに含めた、過剰な感情報道を繰り返し続けるのは、果たして問題解決になるのだろうか。

投網の手入れに余念のないロヒンギャ難民の女性
（クトゥパロンの公式難民キャンプ、2009 年）

近郊の丘陵から燃料用の薪を切り出してきたロヒンギャの男の子
（クトゥパロンの非公式難民キャンプ、2010 年）

近くのため池に水をくみにきたロヒンギャの子どもたち
（ナヤパラの非公式難民キャンプ、2010 年）

それが証拠に二〇一七年八月に起こった七〇万に及ぶ難民の流出まで、このロヒンギャ問題が国際社会で取り上げられたのが前回、いつ、どういう事情なのか、それを把握している人は数少ない。こちら側、つまり映像を見る側は、難民を助けなければならないという人道上の正義のカタルシスに陥って、具体的に何をすれば良いのか分からないまま中途半端な状態のままに置かれ続けていたのである。

振り返ってみると、写真や映像（動画）の持つインパクトの大きさが、実は「ロヒンギャ問題」の理解を妨げている原因の一つとなっていたことに気づいた。自分自身が写真を撮るのを職業としていて、その写真こそがもどかしさの原因だと指摘するのは恥じ入らなければならない（つまり筆者の撮った写真には背景を語る力がないからだ……）。

建設中の「国境」

「ちがうよ、ほら、そのずーっと向こうだよ」

案内役のアウンアウンウーが指差す方向に見えるのは、ミャンマーとバングラデシュの国境線であるナフ河（河幅約一・五～三㎞）の、遠く向こう側だった。だが、筆者の目に入るのは、木々が生い茂った山肌だけであった。彼のいう国境の壁がよく見えない。

二〇〇九年一二月末、乾期の真っ青な空が広がる下、ナフ河に、小舟に乗った漁師が櫓を漕ぎながら投網を使って魚を捕っているだけだった。

カメラのレンズを望遠レンズに取り替え、指差してもらった対岸の河畔に、再度照準を合わした。

バングラデシュ側からナフ河を挟んでミャンマー側を望む。2009 年春頃から壁の建設が始まっていた（2010 年、2 年後の壁の様子は 125 ページ参照）

あれから二〇〇九年の初めに建設が開始された、ミャンマーとバングラデシュ国境に建設されようとしている壁の骨組みが、ようやくその姿を現し始めていた。

ちなみにミャンマーで代表的な河といえば、北はカチン州から本土を縦断し、南のエーヤワディー地域までを縦断する全長約二二〇〇キロメートルのエーヤワディー河（旧名イラワジ河）が有名である。また、日本でもインパール作戦でその名を知られたチンドウィン河は、そのエーヤワディー河最大の支流で中部マンダレーの北西につながる。ミャンマー東方のタンルィン河（旧名サルウィン河）は、中国（中国名：怒江）からシャン州に入り、カヤー州～カレン州～モン州と北から南へと縦断する。

また、ロヒンギャ問題にも関わりのあるミャンマー西方の大河といえば、インドからチン州を経てラカイン州の州都シットゥエーの河口に流れるカラダン河である。

実は、そのカラダン河の語源は「カラー（インド人・ムスリム）＋タン（止める）」が由来とされる。ミャンマー国内で今、「カラー」という言葉は、外国人を、特にインド系の人びとを侮蔑的に指す時に使われる（おおっぴらに人前では口にしない）。そこでミャンマー人の中には、このカラダン河がムスリム勢力の侵入を防いできた境界線だと説明する者もいる（もっとも、ミャンマー史が専門の池田一人氏は次のように指摘する――「カラーダン河の語源の『カラー』は、一六世紀にベンガルに拠点を持っていて、ムラウ朝を攻撃したポルトガル人のことです。ポルトガル勢力撃退を記念してムラウの王様が『ポルトガルを止めた＝タン』と名付けたのです。しかし、ビルマでは、特に人種・民族に関する歴史認識は、歴史知識が共有されず、時の社会風潮や権力者の操作俗説が一人歩きし始めます」と）。

カメラのシャッターを立て続けに切っていると、自動小銃を担いで、すぐ近くで国境警備にあたっていたバングラデシュ軍の兵士二人が近づいてきた。日本のパスポートを差し出すと、顔写真のページをチラリと見ただけで、彼らは何も言わずにその場を立ち去った。

筆者のすぐそばいた案内役のアウンアウンウーは、「さ、もう行こうよ」と、せかすように近くにあるナヤパラのロヒンギャ難民キャンプに足早に向かうのであった。筆者の取材の手助けをしてくれるアウンアウンウーはラカイン人で、ミャンマー語・ベンガル語・英語を流暢に操り、ロヒンギャ難民に関する情報を収集して国内外の支援団体に最新情報を提供する仕事を続けている。そんな彼は今回、時間を見つけて、何の報酬もなしに筆者の取材の手伝いをしてくれていた。

遠いロヒンギャ難民キャンプ

筆者は、今となっては自分のライフワークとして、ミャンマーのあらゆる出来事を撮し記録するという作業を続けている。二〇〇七年にはミャンマー全土の踏破をある程度終えていた。しかし二〇〇九年になるまで、実はバングラデシュのロヒンギャ難民キャンプを訪れていなかった。それは、単に距離的に遠かったからという理由による。

ミャンマー最大都市ヤンゴンに行くには、東京からだと成田発の直行便がある。大阪からは関西国際空港発でタイの首都バンコク、あるいはベトナム・韓国・台湾などで乗り継ぎ、ヤンゴンに入ることになる。また軍政期にミャンマーからタイに逃れたカレン人・カレンニー人（カヤー人）・シャン人の難民キャンプへは、バンコクからそれほど苦労することなく訪れることができた。

だが、関西在住の筆者にとってのロヒンギャ難民取材は、いったんタイのバンコクを経てバングラデシュの首都ダッカに入る。さらにそこから空路で約一時間飛び、コックスバザールまで移動しなければならなかった。さらにやっかいなことに当時は、少数民族のカレン人やシャン人などの状況に比べて、バングラデシュに逃れたロヒンギャたちの難民キャンプがどのような状況であるかほとんど情報がなかった。しかもロヒンギャ難民キャンプでのコミュニケーションはミャンマー語（ビルマ語）ではなく、コックスバザール北部のチッタゴン方言のベンガル語だと聞き及んでいたので、さらに腰が引けていた。要は、ミャンマー国内やタイ国境のカレン人難民キャンプと比べて取材のしにくさが

観光客で賑わうコックスバザールの海岸線に沈む夕陽（バングラデシュ、2009 年）

あったのだ。

そもそも筆者がロヒンギャという名前を初めて知ったのは、ミャンマー取材に取り組み始めた一九九三年、『東南アジア通信』（アジア文化社、一九九二年夏季版、Vol. 16）という情報誌であった。そこに、ミャンマーからバングラデシュに逃れた二〇万人というロヒンギャ難民への支援を訴える記事が載っていた。それは、ミャンマーからバングラデシュへの大規模な避難民流出の二回目の事件であった。

これまで、ミャンマーからバングラデシュへの二〇万人を超えるロヒンギャ難民の流出は、大きく三回あった。

①軍政時代の一九七八年（約二〇万人）
②軍政時代の一九九一年（約二五万人）
③民政移管後の二〇一六年と二〇一七年（約七〇万人）

①と②の時代は、軍政が採った強権的な政策の結果、ロヒンギャだけでなく他の少数民族もバングラデシュ側に流出した。

クトゥパロンの非公式難民キャンプ（2010年）

③は、ＡＲＳＡ（アラカン・ロヒンギャ救世軍）という過激派と軍や治安部隊の衝突の結果、バングラデシュに七〇万人を超える難民が流出した。

「公式」と「非公式」の難民キャンプ

バングラデシュ東南部に位置するコックスバザールは、西に向かうとベンガル湾に面する東洋一長い海岸線（約一二〇㎞）を持つ、実は世界でも有名な観光地でもある。コックスバザールという地名は、「コックス氏の市場」（英国人で植民地時期にこの地域を支配した人物）という意味である。そのコックスバザールから乗り合いバスで南東に約一時間ほど走ると、クトゥパロンの難民キャンプが見えてくる。二〇一〇年当時のクトゥパロンの難民キャンプは、国連や援助団体からの支援を受けた「公式キャンプ」とそれ以外の「非公式キャンプ」が隣接していた。

一九九〇年代前半の二回目の難民流出後、ミャン

整備されたナヤパラの非公式難民キャンプで暮らすロヒンギャ難民（2010年）

マーに帰還せずにバングラデシュに留まった難民たちは「公式キャンプ」で生活し続け、九〇年代半ば以降にバングラデシュに逃げてきた難民は「非公式キャンプ」に暮らすことになった。

クトゥパロンの公式キャンプには、国連難民高等弁務官事務所（UNHCR）や国際NGO（非政府組織）などの支援によって、井戸や便所、学校や診療所などが整備されており、食糧も配布され、とりあえず生活上の不便はない。だが、非公式キャンプには支援が行き届かず、粗末な家屋でまさに「可哀想な難民」の状態が続いていた。

しかし、クトゥパロンから乗り合いバスで一時間ほど移動し、もう一つのナヤパラの非公式キャンプ（通称レダキャンプ）の方を訪れてみると、こちらは状況が異なっていた（二〇一〇年当時、ロヒンギャの難民キャンプはクトゥパロンとナヤパラの公式・非公式キャンプの合計四カ所であったが、二〇二〇年一月現在、難民キャンプの数は一三箇所以上に増えている）。そのナヤパラの

ナヤパラの非公式難民キャンプ近くの煉瓦工場で働くロヒンギャ難民の男の子（2010年）

非公式キャンプの家屋は整備され、給水タンクや診療所も備えられている。クトゥパロンの非公式キャンプとの落差に驚いた。同じ非公式という分類なのに、いったいクトゥパロンキャンプとナヤパラキャンプの違いは何なのか。ナヤパラの非公式キャンプの支援・運営に当たっていた、現地のバングラデシュ人の支援者に尋ねてみた。

「それはね、キャンプの管理者の意識の違いだよ。ここナヤパラのキャンプでは、私たちは難民のために働いているんだよ。クトゥパロンのキャンプの方は少々、事情は異なりますが……」。彼は少しばかり、筆者への返答に含みを持たせ、バングラデシュ政府の方針に反発するかのように答えてくれた。

しかし、彼は続けた。「ロヒンギャたちの境遇には同情を禁じ得ない。でもね。彼らロヒンギャたちもバングラデシュの難民キャンプに住むからには、ある程度、妥協をして、現地の人にも協力して欲しいもんだ。この非公式キャンプの人口約一万六千人のうち、子ど

クトゥパロンの非公式難民キャンプの礼拝風景とクルアーン（コーラン）を学ぶ子どもたち（2010年）

もの割合は四五％を超えているんだ。人口膨張の速さは驚くほどだよ。彼らは家族計画ってのを考えないんだ……」。

クトゥパロンの非公式キャンプで出会ったM・アリという若者と話をする機会があった。父と母がミャンマー・ラカイン州の州都シットゥエー出身だという彼は、キャンプで生まれ育って一九年が経つ。彼は今、バングラデシュ当局の目を気にしながら、キャンプ内で子どもたちにボランティアで英語を教えている。そんな彼が言う。

「ビルマが民主化されたら、ビルマに戻りたい。そうでなければ、マレーシアに働きに行きたい」

彼は筆者との会話を声を落とし、少しばかり周りの目を気にしながら続けた。

「それにこの長い間、私も難民としてただ単に日々を過ごしていたわけではないんです

クトゥパロンの非公式難民キャンプ(左側)と公式難民キャンプ(2010年)

よ。子どもたちのためにと思って英語の読み書きを教えていたらキャンプ内の年長者から、『お前たちはキリスト教徒になるのか』とか、『読み書きは仏教徒だけでいいんだ』と言われたんです。年長者は、にわか作りのモスクで、イスラームの信仰の機会さえ確保できればいいみたいなんだ。現状維持の難民生活に甘んじているんですよ」

難民キャンプに通い出して二〜三週間もすると、公式・非公式を合わせて約五〜六万人にまで膨れ上がっていたクトゥパロンのキャンプ内の実情もつかめてきた。あるとき、そのキャンプ内をぶらついていたら、幅五〇センチほどの淀んだ水路が、公式と非公式キャンプを分けている場所に出くわした。その地点はまた、公式と非公式キャンプの違いがはっきりとした場所でもあった。後日、取材協力者のアウンアウンウーにその写真を見せると、彼は説明してくれた――非公式キャンプのロヒンギャが公式キャンプ側に渡って、そ

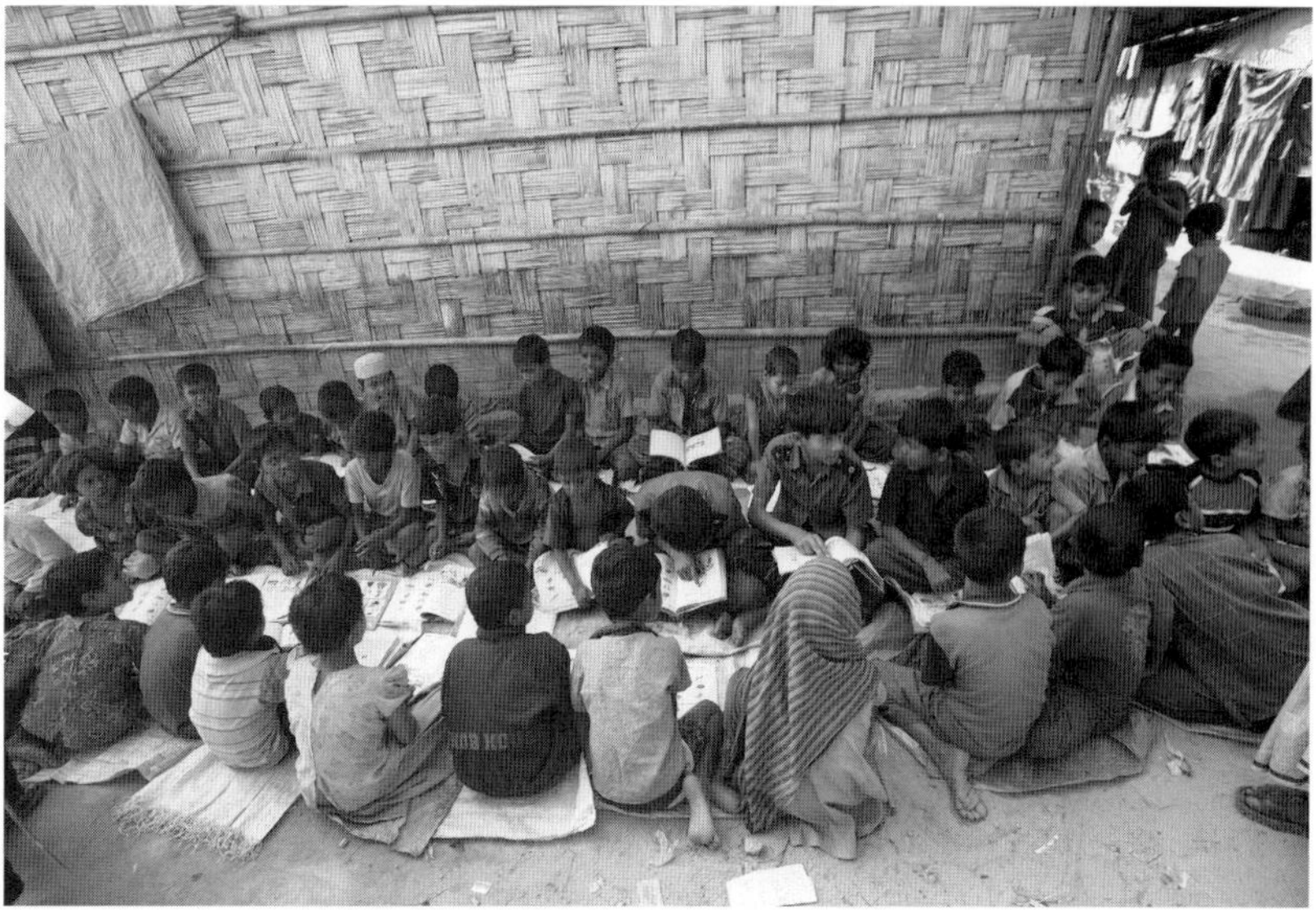

ナヤパラの非公式難民キャンプの戸外教室(2010年)

この井戸で水を汲んだりすると袋だたきに遭ったこともあったんだよ。同じ難民なのに、どうして対立するんだろうねぇ——彼は筆者に、その理由を説明できるかい？　と問いかけてきた。

ロヒンギャの取材を初めたばかりの筆者には当初、明確にその理由は分からなかった。ただ、彼ら／彼女たちロヒンギャが、差別構造の最底辺に追いやられてしまい、そこから抜け出せなくなり、日々を生き抜くために目の前のことがらだけに精一杯にならざるを得なくなったのではないだろうか、と想像するのが関の山であった。

地元のバングラデシュ人にまじってローカルバスに乗って移動していると、難民キャンプと国境周辺の様子も分かってきた。まず、コックスバザールから難民キャンプに行くまでに、バングラデシュ政府による軍のチェックポイントがあった。そこで兵士は、バスの中で荷物の検査はするが、乗客に身分証明書の提示を求めるようなことはなかった。これはミャンマーとタ

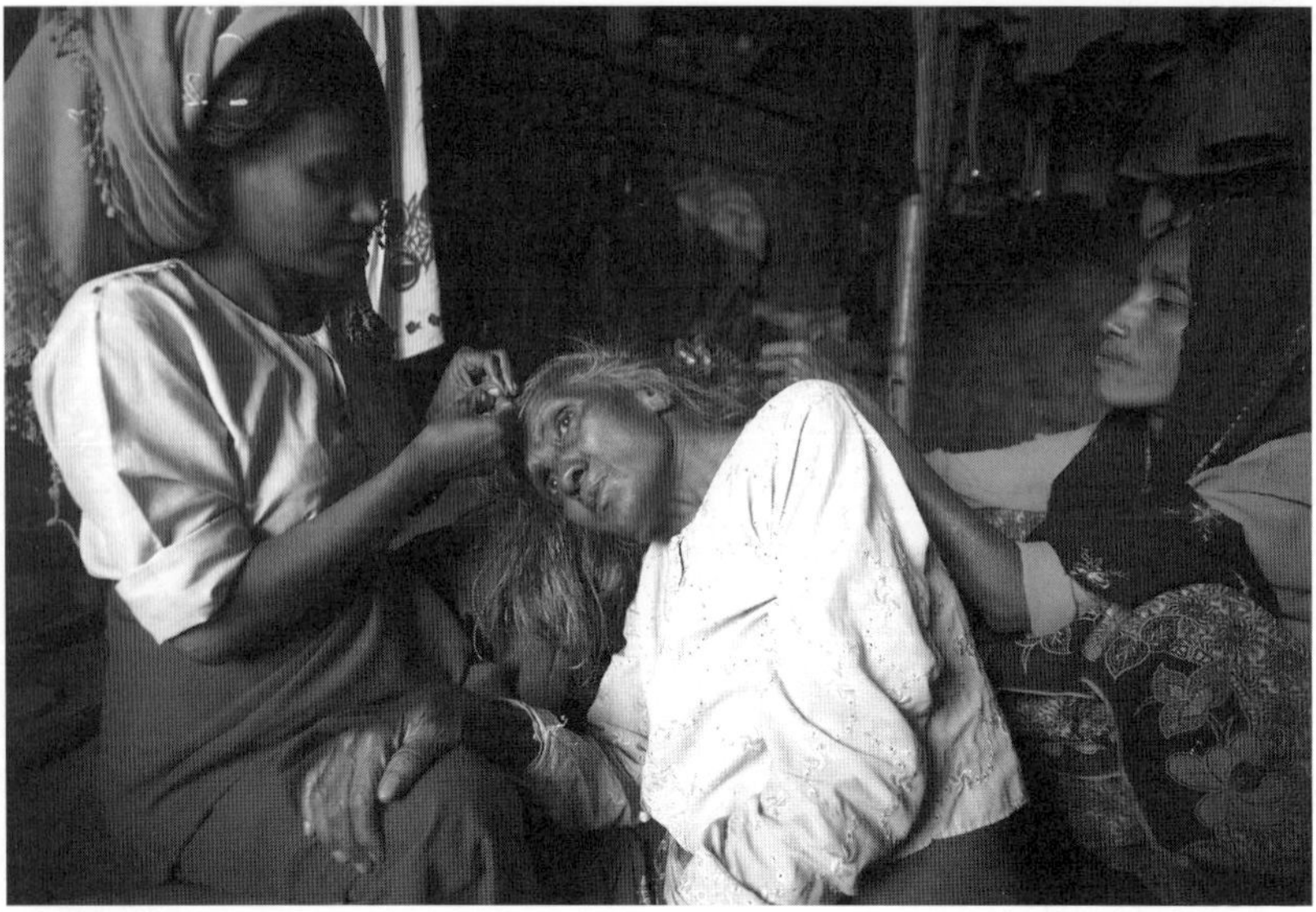

難民キャンプに通い続けるうちに、女性たちの自然な姿（スカーフを外した姿）を撮ることができるようになった（ナヤパラの非公式難民キャンプ、2010 年）

イ国境の、カレン人難民キャンプ付近でのタイ国境警備隊の対応とはまったく異なっていた。なぜバングラデシュ国境の方は身分証のチェックが「緩い」のか。コックスバザール在住の取材協力者に聞いてみた。

「だって、この辺りの住民に身分証を求めてみても、おそらくは四割近い人が証明書を持ってないだろう。それに難民キャンプの外に住むロヒンギャの人たちも多いのだよ」

そうなのか。話を続けて聞くと、コックスバザール以南では、難民ではないロヒンギャの人びとがその数、実に二〇万人近くもいるという。そこで、コックスバザールから南のテクナフという町へ、さらにそこからジープを乗り継ぎテクナフ半島の先端に位置するベンガル湾をのぞむ漁村を訪れてみた。そこは人口二万人ほどのバングラデシュ人の村に、およそ五千人のロヒンギャたちが暮らしているという。海岸近くまで足を伸ばしてみると、漁に出る地元バ

地元のバングラデシュ人やロヒンギャたちの商売の一つとして、ミャンマーとの国境をまたいで牛の取引が行われていた（テクナフ半島の先端の村、2010年）

ングラデシュ人にまじって多くのロヒンギャの人びとが働いていた（筆者には、外見からその両者の区別はつかなかった）。また、国境をまたいで（おそらくは）非合法に取引している数十頭の牛の群れを目にした。

ナヤパラの難民キャンプからコックスバザールに戻る際、乗り合いバスで一緒になったバングラデシュ人と話をする機会があった。ロヒンギャ難民キャンプを取材している日本人だと自己紹介した後、彼に聞いてみた。

「バングラデシュの一番の問題はなんですか？」

「犯罪が多いことかな。それは貧しいからね。それに人が異常に多いことかな」と即答してくれた。さらに「だから貧しいわが国がロヒンギャを受け入れる余裕はないんだ。それに彼らは安い賃金で仕事をするから、我々の仕事がなくなるんだ」とも付け加えてくれた。

実際にロヒンギャ難民たちが地元の人から嫌が

らせを受けたり、暴力事件の被害者となっているという報告は少なくない。キャンプ近くの町からは「ロヒンギャは出て行け」という住民運動も絶えず起こっていた。二〇一七年の八月末から、人口約四〇万人の地域に七〇万人ものロヒンギャ難民がいきなり押し寄せたものだから、地元バングラデシュ人の暮らしが激変し、これまでの日常生活を維持していく困難さは想像に難くない。

筆者がバングラデシュの首都ダッカやコックスバザールで特に感じたのは、地元のバングラデシュ人たちが醸し出す立ち振る舞いが、ミャンマー国内で暮らす人びととは少々異なっていたことだ。ミャンマー国内ではどちらかというと、外国人である筆者に対して、人びとは控えめでこちらを気遣うような雰囲気が多かった。しかしバングラデシュでは、多くの人が積極的で（押しが強いといえばより近いかも）、そこに人なつこさを感じた。それはクトゥパロンの非公式キャンプでも同じで、カメラを肩に担いでキャンプ内をうろついていると、好奇心いっぱいの子どもたちが、必ず後ろをついてくる。そして、これはという場所で写真を撮ろうとすると、子どもたちは写真に写ろうとわれ先にカメラの前に立ち塞がり、写真撮影が困難になることもあった。それは、タイ国境のカレン人難民キャンプではなかったことだ。

キャンプ内を歩き回って数時間、写真を撮るために子どもたちとの攻防で疲れ切ってしまった。そこで、カメラを手にせず、ロヒンギャの人たちが素手で家屋の土壁を塗り固めている様子を観察することにした。すると、ロヒンギャの青年が一人、ニコニコしながら片言の英語で話しかけてきた。

「どこから来たのですか?」

クトゥパロンの非公式難民キャンプの暮らし(2010年)

「日本からだよ。このロヒンギャキャンプを取材に来たんだけど、写真を撮るのが難しくて、ちょっと困っているんだ」

写真を撮る困難さを話すと、彼は軽く笑いながら答えてくれた。

「は～ん、はは。そうですか。まあ、子どもたちは元気だからね」

「周りに子どもがいないと安心しきっていたら、今度は男たちが無言で写真を撮ってもらおうと寄ってくるのは参ったんだけど……まあ、仕方ないか」

「この時期、外国人はほとんどいませんから目立ちますしね。他に何か困ったことはないですか」

「特にはないけど……ちょっと教えて欲しいんだけど、レダキャンプ(ナヤパラの非公式キャンプ)とは違って、このクトゥパロンの非公式キャンプは、ひどい(shabby)家が多くて生活環境が悪いんだけど、それはどうしてなのかな?」

「実は、以前、こちらの非公式キャンプで子どもた

体調を崩した赤ん坊を手当てする医療施設は十分に整えられていなかった
（クトゥパロンの非公式難民キャンプ、2010 年）

ちのために学校を作ったことがあったんです。でもすぐにバングラデシュ当局が学校の建物を取り壊してしまったんです。バングラデシュ側は、難民の暮らしが良くなることで、ビルマから新しく難民がやってくることを恐れているようなんです。だから、非公式キャンプのロヒンギャたちの生活が最悪の状態になるように仕向けているんですよ」

「う〜ん、それにしてもよく分からないなあ。レダキャンプでは許されている学校建設が、どうしてここクトゥパロンではダメなのか。もう一つ教えて欲しいんだけど、タイ国境にはカレンの難民キャンプがあるのだけど、あちらじゃあ、KYO（カレン青年組織、Karen Youth Organization）とかKWO（カレン女性組織、Karen Women's Organization）みたいな自助組織を立ち上げて、活動しているんだけど、こちらはそういう組織はないの？」

「もちろん、若者たちを集めて自助組織を作ろうとしてたんです。でも、キャンプ内の年長者に反対

クトゥパロンの非公式難民キャンプで家造りに励むロヒンギャ難民（2010年）

されたんですよ。俺たちにはそんな組織は必要ない、って。だから生活向上のための取り組みはなかなか進まないんです。なんとかやろうとしているんですが……でも、ダメなんです」
　彼自身、もどかしそうに、この非公式キャンプの状態をどのように説明すればいいのか、その答を探しあぐねているようでもあった。

　ナヤパラの非公式キャンプを支援しているバングラデシュ人が、冗談ぽく話してくれたことを思い出す。
「国連や大きなNGOが難民キャンプを視察に来た際に、クトゥパロンの公式難民キャンプを案内して、説明するんですよ『海外からの援助はこのように運用され、キャンプもこのようにキチンと整備されていますよ』と。それで視察は終わり。そこで次に、これから支援を望めそうな援助機関や支援者が現れたら、非公式キャンプの方を案内して『ロヒンギャ難民への援助はこれまで以上に必要なんですよ』と強調するんですよ。それがこの間、国際社会から見向きもされなかったキャンプの実態なんですよ」

ロヒンギャ難民キャンプを案内してくれるアウンアウンウーが、折に触れて筆者に繰り返し言う。

「これまでBBC（英国放送協会）やアルジャジーラ（中東カタールの放送局）など、大手のメディアの案内もしたよ。また、海外のNGOの手助けもした。この間ずっと感じるのは、海外からの訪問者のすべてじゃないけど、でも、どこかみんなメディアビジネス、援助ビジネスが盛んだなぁ……って感じるんだよね」と。

彼は、ラカイン人でありながら、外部の者に対して、ロヒンギャたちの現実とその問題の背景をできるだけ正確に伝えようと活動を続けている。そんな彼からは、一〇年以上現場で活動している生の声を感じた。クトゥパロンの公式キャンプと非公式キャンプの間で、難民たちがいがみ合っている状況を説明してくれた際の質問が、今でも筆者の頭の隅に残っている――同じ難民なのに、どうして対立するんだろうねぇ？

彼は言うのだ。「ラカイン人もロヒンギャも関係ない。困っている人を助けるのは当然だろう、彼らは同じ人間（human）なんだから」と。

一方、筆者はキャンプに入るまで、同じ難民なのに助け合うのは当然では、と難民を一括りにしてしまう発想を持っていた。「同じ難民」だからと難民を一つの型にはめていたのだ。アウンアウンウーと筆者の考え方の違いは、一体、どこから生まれたのだろうか……。筆者はなぜ、難民を単純に類型化してしまっていたのか……。バングラデシュを後にするとき、何か大きな宿題を抱えてしまったことを今でも覚えている。

二〇一七年八月末から国際ニュースで大々的に報道されるようになった、逃げまどうロヒンギャ難民の姿を見て、ロヒンギャの存在を知らなかった多くの人は、これはひどい、なんとかしなければと、ある意味感情的になった。そこで、民政移管後のミャンマーの新政権と国際社会の不作為を非難し始めた。それは、人としてある意味、真っ当な気持ちだろう。しかし、それは「ロヒンギャ」よりも「難民」というキーワードの方が優先されていた。

ところが、一般の人に広がった「ロヒンギャ難民」という存在がその後、「ロヒンギャ」とは何者なんだという「ロヒンギャ問題」へと深まることは稀であった。なぜそうならなかったのだろうか。その理由はおそらく、ロヒンギャ問題が生まれた背景の、ミャンマーの軍政問題が何であるかという正確な情報が国外に伝わっておらず、外部の者は全体的な知識不足から混乱をきたしてしまったからであろう。

それに加えて、この問題を伝えるメディア側が、「ロヒンギャ難民問題」と「ロヒンギャ問題」をキチンと理解できていないまま報道することもあった。もちろん、いくつかの報道を詳しく見ると、問題の在処を指摘している内容もあった。だが、それは、数少なかった。さらに情報を受け取る側が、かわいそうで悲惨なロヒンギャ難民の映像を見続けさせられると感情が先に立ち、頭で冷静に考える余裕をなくしてしまうことになった。

これまで写真を撮影する者として、ミャンマー取材で体験したことを報告することはそれほど難しくはなかった。特にミャンマーは軍事独裁政権体制の国であったので、軍政の現場に潜入する、そこで何が起こっているのか、その現状を取材するだけでも充分意味があった。

ところが今や、民政移管後のミャンマーで、現地の人が手軽にスマートフォンや携帯電話で海外に向けて情報を直接発信している。インターネットの広がり(特にフェイスブックやツイッターの利用)で、画像や映像が制作され消費される時代が、新聞や雑誌、テレビ報道の世界を完全に凌駕している。さらに、〝言葉で丁寧に考えるのは面倒くさい〟状況が今、インターネットを中心にして蔓延していることもあろう。その結果、ロヒンギャ難民に関心を持った多くの人は、問題の本質に迫ろうとする回路を閉ざされてしまっている。

筆者が現在、特に頭を悩ませていることは、映像化が難しいミャンマーが抱える問題、特にこのロヒンギャ問題の背景をどのようにして第三者に伝えるのかにもどかしさを感じていることである。

II

ロヒンギャ問題とは何か

ロヒンギャ報道の変遷

ロヒンギャ(Rohingya)とは、世界で最も虐げられている少数者(minority)である――国際社会ではしばしばそう評されている。国籍を持った人身売買の被害者たちや、現代の「ボートピープル(海上漂流避難民)」として紛争国から逃げだした難民たちには国籍があり、国際社会から援助の手がさしのべられる。だが、ミャンマーで国籍を剥奪され無国籍(stateless)となったロヒンギャたちに、国レベルでの援助はほとんど進んでいない。

そのロヒンギャたちが暮らすのは、主に東南アジアのミャンマーとバングラデシュとの国境周辺である(中央アジアのパキスタンや中東サウジアラビアなどにも数十万人)。ミャンマーは、上座部仏教国が多くを占める東南アジア諸国の西端に位置し、ヒンズー教徒が多数を占めるインドやイスラームが主要な信仰であるバングラデシュがある南アジアと接している。

日本に暮らす多くの人にとって、ロヒンギャと呼ばれる人びとの存在は二〇一七年八月、テレビや新聞、インターネット上を賑わせた難民としてのロヒンギャの姿であった。軍政から民政移管して平和になったはずのミャンマーで一体何が起こっているのか、ミャンマーの実情に詳しくない人には、驚きの状況であった。欧州では二〇一一年頃から、シリアを初めとするイスラーム諸国からの難民問題が改めて大きく取り上げられており、それに呼応する形で東南アジアでもムスリム(イスラーム教徒)であるロヒンギャに注目が集まった。

しかし、ロヒンギャ難民の痛ましい状況は二〇一五年、ミャンマーとバングラデシュの国境周辺からマレーシアやインドネシアに向かう「ボートピープル」の姿として、すでに報道されていた。青い空を背景にした海原で、波間を漂う粗末な船の上で泣き叫ぶロヒンギャ難民たちの映像はショッキングであった。そのため、彼ら／彼女たちを救わなければという人道的な側面を優先したニュースが流れた。しかしその際、「ロヒンギャ問題」はどのようにして起こってきたのか、その背景を的確に伝える報道は少なかった。

さらにそれ以前の二〇一二年、ミャンマー西部ラカイン州で起こった仏教徒ラカイン人とロヒンギャとの対立で、ロヒンギャたちがミャンマー国内で迫害されているというニュースは繰り返し報道されていた。もっともそれは、仏教徒とムスリムの「対立」としての側面が強調されていた。だがその実態は、多数派である一部のラカイン人や国軍兵士によるロヒンギャ・ムスリムへの「迫害」であった。その後、十数万人のロヒンギャたちが、国内避難民となってラカイン州内のキャンプに押し込まれ、厳しい生活を余儀なくされる状況に陥っていた。

実は、ロヒンギャ・ムスリムに対する迫害は大きく、一九七八年、一九九一年、二〇〇九年、二〇一二年と立て続けに発生していた。一九七八年と一九九一年には、二〇一七年と同じように二〇万人を超えるロヒンギャたちが隣国バングラデシュとの国境線に当たるナフ河を越え、バングラデシュに避難していた。

二〇〇九年には、二〇一五年に起こったようにボート・ピープルとして避難するロヒンギャたちの乗った船がタイの海岸に漂着し、それをタイの官憲が迫害するという問題が起きていた。これもやはり、一時期、日本でも大きく報道された。

筆者が不思議に思ったのは、二〇一五年のロヒンギャ難民の「ボートピープル」の事件は、これまで約四〇年間ほとんど顧みられてこなかった問題が、なぜその時改めて国際的に大きく取り上げられたのか、ということであった。

それは、前述したように、同時期、欧州で難民問題が大きく取り上げられ、それに呼応する形で東南アジアでの難民問題や国際的な人身売買問題（売春・臓器売買・搾取などの現代の奴隷制度を防止するため、二〇〇〇年に国連でも条約化された〈国際組織犯罪防止条約〉）に注目が集まったからである。

さらに、二〇一五年にロヒンギャ難民が注目された理由はもう一つあった。それは「TPP（環太平洋経済連携協定／環太平洋パートナーシップ協定）」が絡んでいると推測されるのだ。

二〇一五年の五月前後といえば、日本でも報道されていたように、いよいよTPPの合意が得られるか、という時期に差しかかっていた頃である。人身売買の関与国として、米国国務省の人身売買の実態に関する年次報告書（二〇一五年）で最低ランクに位置づけられていたマレーシアの存在はTPP交渉の障壁になる恐れがあり、そこで東南アジアでの人身売買の取り締まりが強化されたのであった。米国CNNのウェブ版は、その国務省の報告を受けて、次のように報じている（日経新聞やロイターなどの一部メディアも同様のニュースを報じた）。

「例えば4段階で最低の格付けだったマレーシアは1段階引き上げられた一方で、タイは最低評価のまま据え置かれた。両国ともミャンマーを脱出したイスラム系民族ロヒンギャ族の人身売買ルートの一端を担っており、マレーシアでは今年、人身売買の被害者と見られる大量の遺体が埋められているのが見つかっている。

人権団体はこうした格付けの背景として、マレーシアは環太平洋経済連携協定（ＴＰＰ）の交渉に参加していると指摘する。米貿易促進権限法には、最低評価の国と協定を結ぶことを禁じた条項がある。

国際人権団体ヒューマン・ライツ・ウォッチの幹部はマレーシアの状況について、『移民が人身売買されて虐待され、国境付近でロヒンギャ族の被害者の遺体が見つかっているのに、摘発件数は年々減っている。国務省はなぜこれを改善と呼べるのか』と批判。『今回の格上げは、人身売買と闘うマレーシアの対応ではなく、ＴＰＰと米国の貿易政策によるものだ』との見方を示した」（傍点筆者）

ここで勘違いしてはいけない。「ロヒンギャ問題」とは「人身売買問題」ではなく、およそ半世紀続いたミャンマー軍政の政策が生み出した構造的な差別問題の結果である。それが人身売買問題にすり替わっていた。だが、文中にそのことは触れられていない。

さらに重要な点が見過ごされている。海外メディアの多くがそうであったように、ＣＮＮはこの時、ロヒンギャ・ムスリムを「ロヒンギャ族」（日本の一部のメディアやＮＧＯ〈非政府組織〉も同様の表記）と報道した。しかし、これは誤解を生む報道である。

というのも、そもそもロヒンギャたちが求めてきたのは、「民族としてのロヒンギャ」ではなく、「ムスリムとしてのロヒンギャ」だからである。筆者がこれまで出会ってきたロヒンギャたちは、数少ない例外を除いて、イスラームを信奉する「ロヒンギャ・ムスリム」というアイデンティティを強く意識していた。

ロヒンギャ問題とは何か

そもそも、筆者がロヒンギャと呼ばれる人びとの存在を知ったのは、軍政ミャンマーの取材を始めた一九九三年であった。前述したように、ロヒンギャ難民の発生は一九七八年頃から始まっていた。「ロヒンギャ問題」の歴史は古く、二〇一七年になって突然、起こったわけではない。

これからこの「ロヒンギャ問題」の背景を説明しようと試みるのだが、問題が複雑なため、途中でわけが分からなくなってしまう恐れがある。そのため、結論を先取りして、次のようにまとめてみた（詳細は第Ⅲ章で解説）。

■「ロヒンギャ問題」とは、およそ半世紀続いた軍事独裁政権のミャンマーにおいて、上座部仏教徒が多数派を占める社会で、時の軍事独裁政権がその権力基盤を強化するため、人びとのイスラームに対する差別的な潜在意識を刺激して作り出した政策の結果生まれた問題である。その差別政策の結果が長年放置され、この問題が宗教迫害や「民族紛争」として伝えられるようになってきた。

■ミャンマーを長年取材してきた筆者の経験からいえることは、ロヒンギャたちが望んでいるのは、「ロヒンギャ民族」と呼ばれることではなく、ムスリムとしてのアイデンティティを持った人として、安心して暮らすことである。

【はじめに】でも触れたが、この「ロヒンギャ問題」を考える際、次の四つの内容を念頭に置く必要がある。
(1) 今すぐにでも対処すべき、人命を脅かしている現在進行中の人道問題である「ロヒンギャ難民問題」。
(2) このロヒンギャ難民問題は、半世紀近い軍事独裁政権が続いてきたミャンマー（ビルマ）に対する国際社会の理解不足で、四〇年以上も解決されてこなかった。その解決されてこなかった原因を分析せずに、新たな「ロヒンギャ難民問題」に対応しようとしていること。
(3) 前述したように、「ロヒンギャ問題」とは差別問題である。ミャンマー国内外では今、この国が軍事独裁政権だったことを脇に置いてこの問題に取り組もうとすることで、無意識的にこの問題を深刻化させている。軍政期、ロヒンギャたちに関する不正確な情報や様々な噂が、一般のミャンマー人の間に広がっていた。さらに、国外の人びともこれまで、当時のラカイン州北部で何が起こってきたのかを正確に知る由もなかった。その結果、ロヒンギャ問題と軍政との関連性を深く考えず、国内外の関係者（援助関係者・メディア・政治家など）が、この問題に今も昔も適切に対応できていない状況を生み出してしまった。つまり、〈「ロヒンギャ問題」の深刻化〉を引き起こしている。
(4) さらに「ロヒンギャ問題」を考える際に、ミャンマーに対する我々側の、国・民族・宗教などに対する理解不足（時代によって追加・修正しなければならない情報や知識のアップデート不足）が挙げられる。

「ロヒンギャ問題」を語るとき、この(1)の難民問題と(2)(3)(4)がごちゃまぜになってしまい、問題が複雑になっている。筆者はそこで、ミャンマー取材を始めた一九九三年からずっと頭の片隅に置いていることがら——この国の問題は「民主化問題」よりも「民族問題」の解決がより一層重要な歴史的な課題であることを、改めて認識することになった。

これから、その「ロヒンギャ問題」を説明するにあたって、まず(3)から始めたい。というのは(3)の理解がないと「ロヒンギャ問題」がなぜ深刻化したのか的確に把握できないからである。そこで、これまで筆者が講演会などでやりとりした内容をもとにQ＆A方式で解説してみたい。(3)をある程度押さえることができると、(2)のロヒンギャ難民問題が解決されてこなかった理由も理解できるだろう。(4)は、内容が複雑になるため、第Ⅲ章に続ける。

ミャンマーはどのような国・社会か

Q　どうして「ロヒンギャ問題」が正確に伝えられてこなかったのですか？

A　ミャンマーは二〇一一年三月に民政移管するまで長らく軍事独裁国でした。そのため国内では厳しい情報統制が敷かれていたのです。しかも二〇一一年三月の民政移管後も、前の軍政の幹部が実権を握っており、二〇一五年一〇月に民主化指導者のアウンサンスーチー氏が率いる「国民民主連盟（NLD）」が総選挙で大勝し、翌二〇一六年三月に政権の座に就くまで、軍政による情報統制の負の遺産を引きずっていました。

その後、ミャンマーにまつわる〝あやふや〟な情報は、残念ながら修正されずに残っています。外国メディア、中でも日本のメディアは、いったん報道した内容をそのまま踏襲して現在に至っている、ということです。

Q 例えばどのような〝あやふや〟な情報の例があるのですか？

A ミャンマーが軍事独裁国という場合、軍事政権という点が注目され、この国は独裁国、つまり独裁者が存在していたということはあまり知られていません。軍政後期のミャンマーには、実はタンシュエ上級大将という独裁者がいましたが、北朝鮮の金正恩《キムジョンウン》、イラクのサダム・フセイン、リビアのカダフィ大佐のように国際的に認知されてきませんでした。

上：2001 年に開館したヤンゴンの麻薬撲滅博物館（世界有数の覚醒剤の生産地を抱えるミャンマーの麻薬撲滅の実態を展示）の正面に飾られていたタンシュエ上級大将の肖像写真（2003 年）／下：民政移管後のミャンマーであっても、ザガイン地域の政府関係の事務所にはこれまで通り、タンシュエ上級大将の写真が飾られていた（2011 年）

独裁者の名前を知らない状態で、このロヒンギャ問題に取り組もうとするには、〝準備不足〟だと思います。

また、ミャンマー人には苗字がありません。つまりファミリーネームがなく名前だけの社会ですが、そのこともまだ日本では一般的に伝わっていません。

ミャンマー人で一番有名な人物はアウンサンスー

2015年の総選挙で大勝したアウンサンスーチー氏は事実上、ミャンマーの最高指導者になった（マグウェ地域、2015年）

チーという女性です。長い表記ですが、これも一つの名前です。日本では、「アウン・サン・スー・チー」「アウンサン・スーチー」のように「・」（なかぐろ＝校正用語）を入れて記述している場合があります。これもあやふやな報道の一つでしょう。

例えば、米国人でJohn Smithさんという人物がいたとしましょう。それを「ジョン・スミス」と日本語で記述する場合、苗字スミスと名前のジョンを区別するために「・」を使うのは適当でしょう。でもそれはミャンマーの場合は当てはまりません。

日本のメディアの中には、ミャンマー人の名前の場合でも「・」を入れるのは、「日本語表記の慣用句」として定着しているので、必ずしも間違いではない、としている説明もあります。

軍政時代のミャンマーであるならばそれで通用していましたが、二〇一一年の（暫定的な）民主化以降、報道の自由がある程度保証されたミャンマーの実情を伝えるにあたって、日本の慣用表現を優先させるのか、より正確な現地の生の情報を伝えるのか、そのどちらを優先するのかメディアの姿勢が問われていると思います（研究者の論文・著作に関しては、従来の表記を優先する事例も見られる。名前の表記に関しては二〇七ページ参照）。

Q　ミャンマーは、日本と同じ仏教国と聞いています。

A　その通り、ミャンマーは敬虔な仏教国です。でもその仏教は「上座部仏教」で、日本の「大乗仏教」とは異なっています。その違いは、かなりおおざっぱにいえば、阿弥陀如来や観音菩薩など、外部に救済者を認める（求める）日本の大乗仏教と「絶対神を信仰する一神教」のキリスト教やイスラームを一つのグループとすれば、その対極にあるのが上座部仏教です。

人間は、この世に生を受けてから経験する病や老、そして誰もが避けて通ることのできない死を受け入れざるを得ません。しかし悲しいかな、多くの人は、これらの要素を悲観的に捉えてしまい、恐怖を抱いてしまいます。上座部仏教は、個人が修行や瞑想という行動によってその恐怖を乗り越えようとします。他の信仰のように外部に神などの超越的な存在に救いを認めません。ミャンマーの文脈では、おおざっぱにいうと〈イスラーム・キリスト教・大乗仏教〉に対して〈上座部仏教〉という枠組みになります（具体的な死生観に関しては二九三ページ参照）。

Q　日本の映画にもビルマのお坊さんの話があったような気がします。

A　アジア・太平洋戦争時にビルマ（ミャンマー）に侵攻した日本軍兵士の話ですね。竹山道雄さんの『ビルマの竪琴』という小説です。

この小説は二度、映画化されています。実は、この小説と映画が有名になったことで、ミャンマーの仏教が誤解される原因ともなりました。『ビルマの竪琴』は物語としての創作物です。ドイツ文学者であった竹山さん自身が次のように説明しています。

『ビルマの竪琴』は『空想の産物です。モデルはありません』『筆者はビルマに行ったことがありません。いままでこの国に関心も知識もなく』『何も知らないで書いたのですから、まちがっている方が当然なくらいです』（「ビルマの竪琴ができるまで」竹山道雄『ビルマの竪琴』、新潮文庫）

この誤解をもとにして、さらに不正確な説明がされることもあります。すなわち、『ビルマの竪琴』が作り話だと知っているビルマ通の人が、次のように解説するのです。

『ビルマの竪琴』は創作物です。ビルマは上座部仏教ですので、僧侶が琴を奏でたり、鸚哥《いんこ》を飼ったりすることはありません」

先に説明しましたように、上座部仏教は修行によって成り立つ教えですので、その修行の妨げになるような事柄は禁止されています。生産活動さえ禁止されているので、僧侶たちは食を乞う（「乞食」の由来はここから）ために托鉢に出ます。

ところが実際、観光でミャンマーを訪れてみると、最大都市ヤンゴンなどでは音楽ＣＤを聴いていたり、街角の店でサングラスを買い求めたり、喫茶店で腰を下ろしてお茶を飲みながら煙草をくわえ、お布施で得た紙幣を数えている僧侶に遭遇します。これがあの戒律の厳しい上座部仏教の教えの土地なのかと、目を疑うような光景を目にすることになります。いったい上座部仏教の僧侶は厳しい生活をおくっているのか、はたまたそうでないのか、と。

一九八〇年のサンガ法（僧侶法）によってミャンマー仏教は九つの宗派に分かれ、戒律の厳しいシュエジン派の僧侶の姿は、托鉢以外ではあまり目にすることはありません。筆者のような外国人が日中、町中で見かける僧侶は戒律の緩いドゥータマ派の僧侶で、僧侶の違いがあることに気づくのに時間がかかるのです。

外国人は、街角で遭遇する戒律の緩い僧侶たちに対しても、ミャンマー僧侶に対して持つ敬虔な仏教徒のイメージを重ね合わせるのです。実際、ミャンマー社会で暮らしてみると、信仰としての上座部仏教と現世利益を求める日常生活の仏教はどうやら共存していることに思い至ります。

もちろん筆者自身、ネコや小鳥を大切にしている僧侶を見かけたことはありますが、さすがに楽器を奏でる僧侶にでくわしたことはありません。

上：ラカイン州のパゴダ（仏塔）の敷地内で小鳥の世話をする僧侶（2010 年）／下：シャン州の僧院で猫の世話をする僧侶たち（1998 年）

また外国人にはあまり知られていませんが、現地の人びとの生活の中には「〝表〟の上座部仏教」に対して「〝裏〟の精霊信仰〈ナッ信仰〉」や「超能力信仰〈ウェイザー信仰〉」があまねく存在しています。〈ナッ信仰〉は、河川や家屋などを司る三七神が基本ですが、地域によってそれ以上の土着信仰があります。また、〈ウェイザー信仰〉は「錬金術・占星術・呪符・薬などのいずれかの術に習熟することで超能力を得る」ことです。

ここでいう「〝表〟の上座部仏教」というのは戒律の厳しい信仰体系で、ナッ信仰やウェイザー信仰は、非常に世俗的で、実生活に身近なものです。

現地の人（仏教徒・キリスト教徒・ムスリム）の生活の中には、これら〈ナッ信仰〉や〈ウェイザー信仰〉が同居しています。

宗教と民族

Q　アジア諸国で、他に上座部仏教を信仰している国はあるのですか？

A　ミャンマーの他、タイ、カンボジア、スリランカなどです。

ちなみに、二〇一七年以降のロヒンギャ難民のニュースの中で、ミャンマーからタイを経由して、イスラームが支配的な国であるマレーシアやインドネシアに渡ろうとしている姿が映し出されていました。

タイは仏教国として知られていますが、マレーシアと接する南部は実はイスラーム地域です。第Ⅲ章で説明しますが、タイの南部ではこれまで、王室をいただくタイ政府とイスラーム勢力の紛争によって、この十数年の間に数千人の人びとが命を落としています。タイ南部のムスリムたちのアイデンティティは、人によって使い分けがあるかもしれませんが、全体的にタイ人というよりも、マレー・イスラムともいわれています。

Q　イスラームといえばイラクやイラン、エジプトなどの中東諸国を思い浮かべます。

A　国別の人口比で見ると、世界最大のイスラームの国はインドネシアです。それにパキスタン、インド、バングラデシュとアジアの国が続きます。実はアジア諸国が多いです。

日本の書店で簡単に手に入るイスラーム関連の本は、中東地域が中心で、アジア諸国におけるイスラーム関連書物は数が少ないです。それに東南アジアや南アジアのイスラームについて、日本のメディアではあまり報じられていません。

Q　東南アジアのムスリムであまり知られていないことは他にありますか？

A　例えば、タイのムスリムは四つに分類され、南部のムスリムはタイ語ではなくマレー語を話します。またタイの方言を話すムスリムは土着化し、ある村では仏教徒との通婚率が二〇％にもなり、ムスリムなのですが、願かけの一つの手段として、「仏教徒とともに寺で出家するという慣行」（南タイのサトゥー県）もあります。ムスリムが出家するとは、驚きの慣習です。

ムスリムでありイスラーム研究者の中田考氏は、「アフリカから南アジアにまでわたる広大なイスラーム圏」（島田裕巳・中田考『世界はこのままイスラーム化するのか』、幻冬舎新書）という見方をしていて、そこに東南アジアや東アジアは含まれていないようです。この東南アジアでのムスリムの姿は、歴史的に地理的に独特な捉え方をしなければならないのだろうと思います。

Q　では、ミャンマー国内の仏教徒は人口のどのくらいの割合なのですか？

A　一般的に利用される数字として、ミャンマー政府発表の国内総人口は約五五〇〇万人（二〇二〇年四月推計）で、そのうち約九〇％が上座部仏教徒です。上座部仏教の他に、キリスト教、ヒンズー教、イスラームが信奉されています。また、先ほども触れました、〈ナッ信仰〉や〈ウェイザー信仰〉という土着の精霊信仰が生活の隅々に入り込んでいます。

Q　ミャンマーは多民族社会といわれますが、その数はいくつぐらいあるのですか？

A　ミャンマー政府は公式に一三五の民族が存在していると発表していますが、その区分けは果たして妥当かどうか考える必要があります。というのも五五〇〇万人の人口に対して、その区別は細かすぎるのではないかと思われるからです。ベトナムは人口が約九一〇〇万人で人口はミャンマーよりも多いです。でも公式の民族数は五四ほどです。そのベトナムでは、民族数で次のような指摘もあります。

「五四の国定民族として認められていないサブグループや地方グループに位置づけられている人々が……自らを新たな『一民族』として認めるよう、国家に要求する声を上げたのだった。これに押されて、国家は民族数を増やすことを含めて、民族分類枠組みの再検討を開始した。この作業は当初国家が予想していたような『民族学的』『文化人類学的』な調査で解決できる問題ではなく、政治問題であることが明らかになっていった。……

しかし、それらの要望をすべて受け入れると、現在の倍、つまり民族数は軽く一〇〇を越えることだった」（伊藤正子『民族という政治―ベトナム民族分類の歴史と現在』、三元社）

ここでの指摘は重要です。つまり「民族」という区分けは、おしなべて「政治問題」なんですね。「国」という体制を作りまとめるために政治的に作られた幻想といってもいいです。ちなみに約一四億人という世界最大の人口を抱える中国は、公式に五六の民族を認定しているだけですから。

民族意識から国民意識へ

Q　では、その政治問題ともいえる民族数に、ミャンマーではどういう説明があるのですか？

A　ミャンマー政府発表によると、ミャンマーには八大主要民族が存在し、さらにその下に一三五の下位集団（サブグループ）が細かく規定されています。

この八大主要民族とは、①バマー（ミャンマー）、②カチン、③カヤー（カレンニー）、④カレン（カイン）、⑤シャン、⑥ラカイン（アラカン〈ヤカイン〉）、⑦チン、⑧モンです。

地図を見ると、国境周辺に位置している「州（State）」の名前の前にそれぞれの民族名が付けられていいます。平野部のミャンマー〈ビルマ〉民族が多く暮らす「管区（Division）」は現在、「地域（Region）」と訳されています。

また一三五という数字は、一九八三年に行われた調査結果であり、それ以降は正確な調査は行われていません。実は二〇一五年一一月に行われた二五年ぶりの総選挙のため、その前年の二〇一四年に国勢調査が行われました。各選挙区の人口は発表されましたが、民族の詳細については選挙が終わった後の二〇二〇年になっても、未だに発表されていません。それはやはり、「民族」というのが敏感な政治的な事柄だからなのです。

さらにこの一三五という数字の内訳を見てみると、チン民族に五三の、シャン民族に三三の下位集団（サブグループ）があります。ということは、この二つの民族だけで、その合計は八六もあり、一三五の区分けされた六割以上のサブグループを形成しています。

地図を見てみると、国土の約二五％を占めるシャン州に三三のサブグループがあり、国土のわずか約五％のチン州に五三のサブグループがあるのです。民族数を考えるとき、この土地と人口、民族数の偏りをどう読みとるかは、その時々の政府次第です。

ミャンマー最北のタフンダン村に暮らすチベット人たち（2007年）

一方で、ミャンマー軍政はこれまで、中国に対して特別な意図を持っているのか、ミャンマー最北の複数の村に暮らすチベット人（民族）の存在を認めていません。

多くの地域でもそうですが、そもそも「民族」という考え方は、外側からの押し付けられた存在として（名付け）、あるいは外側の脅威に対して生まれた概念（名乗り）といってもいいでしょう。ミャンマー国内の民族の区分けは、英国の植民地支配の都合上、後から入って定着してきました（名付けと名乗りに関しては、一八〇ページ参照)。

日本に暮らすミャンマー人は、民族の違いを次のように説明しています。

「日本に来て関西の人とか、青森の人とか、それも一つの民族なんじゃないのかなって思っているんですよね。鹿児島の人だってそうだし、みんな言葉が少し違うじゃないですか。私から見たらみんな違う民族に見えるんです。でも、日本だと沖縄まで日本人なんですよね」(『アジアウェーブ』二〇〇二年一〇月号)

つまり、ミャンマー人の感覚では、「東北人」や「関西人」も民族としてアリなんですね。ちょっとした言葉や生活習慣の違いで異なる民族となってしまう。そういうことがミャンマーではありうるのです。実際、ミャンマー全土をまわった筆者の感覚からすると、一三五という数字は多すぎます。

日本でも幕末維新の頃、長州人・薩摩人・土州人(土佐人)という言い方がありました。ジョン万次郎が米国から帰国した際の調書は「土州人漂流記」となっています。

現在の世界の枠組みができる今から一〇〇年ほど前、だいたい第一次世界大戦の頃、世界は帝国主義列強から脱し、「民族自決」を唱え、独立を目指す潮流が大きくなりつつありました。

そこで、「〇〇人」「〇〇民族」というのは、時代やその時々の政治状況によって生まれ、その表現が変わってきたものなのです。そもそも日本語の「民族」という言葉は、一八八〇年代(明治)になって、アジア各国に進出して植民地支配をもくろむ欧米諸国に対して日本を団結させるために生まれた造語です。つまり、日本は、天皇のもと一つの民族(大和民族)として団結して対抗しよう、と。

ミャンマーでは軍事独裁政権の時代、政府は〈これほど多くの民族が存在しているミャンマーでは、それぞれの民族が勝手なことを主張してしまうと国がバラバラになってしまう恐れがある。そのため、国の分裂を防ぐために軍の力が必要なのだ〉というような説明をしてきました。軍事独裁政権の立場としては、民族の区分けが多ければ多いほど都合がよいのです。団結するためにより強い力が必要だと説明できますから。つまり政治的に作られた枠組みです。

そうして現在のスーチー氏率いるNLD政権は、このような軍政時代からの説明を今でも国連の場などで使い続けています。外国のメディアはこの一三五民族という数字をなんの検証もなしに引用することによって、多民族国ミャンマー像を結果として、ミャンマー軍政だけでなく民政移管後のNLD政府の主張を補強してきたのです。その無検証ぶりの報道が問題なのです。

Q　では、ミャンマーにおける一般の人びとの民族意識とはどのようなものなのですか？

A　ミャンマーの人に民族意識が生まれ、広められたのは英国の植民地政策が始まりです。

Q　植民地政策と民族意識は関連あるのですか？

A　英国は、ビルマ（当時）を平定した後、税金を徴収するために、人口調査や土地の区分けが必要になってきました。つまり、どこに、誰が、どのような暮らしをしているのかを記述していったのですね。もっとも、ただ闇雲に線引きをしたのではなく、英国が行った区別や区分けを受け入れる状況や慣習が当時、その土地の人びとや地域の間にあったことは確かだと思います。

当時、肥沃な平野に暮らしていたのが多数派のビルマ民族です。その後、英国の植民地支配に対抗して民族自決のための独立闘争を始めるときに、ビルマという名の下に団結して（カレン民族・シャン民族・カチン民族等を含めた地域を）一つの国として独立しようとしたのが民族主義です。

Q　英国の植民地前のビルマ（ミャンマー）には、確か王様がいたと思うのですが、英国の植民地政策で王制は完全に廃止されてしまったのですか？

A　そうです、王様がいましたし、ミャンマーの最後の王は仏教徒のビルマ人でした。英国の植民地になる過程で、王政は廃止されました。

ミャンマーは一九四八年、英国の植民地支配を脱し独立します。しばらくは民主政治体制が続いたのですが、やがて少数民族の自治権獲得のための武装闘争や共産党の勢力拡大闘争で内戦状態となりました。その結果、内政が混乱して一九六二年、ネウィン将軍による軍部のクーデターが起こります。軍政はその時から始まり、二〇一一年三月まで続いたのです。

軍政は力の支配で多数派ビルマ民族中心の国の統一を推し進めました。その際、各民族を抑圧する政策をとったため、その反動でかえって少数民族はそれぞれが団結することになりました。その結果、多数派ビルマ民族や少数民族の間に、それぞれの民族意識が高まってしまいました。

Q　では少数民族の人びとは今でも、ビルマ民族（ミャンマー民族）中心の国の形成に対抗しようとする意思を持ち続けているのですか？

A　実はそれがこの数年、急激な変化を起こしています。筆者はこれまで、二七年間かけてミャンマー全土を歩きまわり、それぞれの訪問地で出会う人びとに、機会があれば同じ質問を投げかけてきました。

Q 何という質問ですか？

A 「バー・ルゥミョー・レー？（あなたは何人〈何民族ですか〉？）」という問いです。「ルゥミョー」とはビルマ（ミャンマー）語で「人・人種・民族」という意味です。

Q どんな答えが返ってきましたか？

A 二〇〇二年頃までは、ミャンマー人なら「バマー（ビルマ人）です」と答えてくれました。また、カチン（ジンポー）の人であれば「カチン・ルゥミョー（カチン人）です」、カレン人なら「カレン・ルゥミョー（カレン人）です」、チン人なら「チン・ルゥミョー（チン人）です」などと返ってきました。ところがこの数年、軍政時代の「ミャンマー」呼称教育が徹底してきたのか、「あなたは何人（何民族）ですか？」という質問に対して「ミャンマー人です」と返答する人びとが増えてきました。ビルマ民族の人が「ミャンマー」と答えるのはまだ理解できましたが、ビルマ民族以外の人が「ミャンマー」と即答する人が多くなっていたのには驚きました。

そこで、「ミャンマー（人）」と答えた人に対して、「バマー（ビルマ民族）ですか？」と重ねて質問をするようにしました。すると、ビルマ民族の人なら「バマー」との返答があり、それ以外の民族の人なら、例えば「カレン・ルゥミョー（カレン人）です」とか「モン・ルゥミョー（モン人）です」という返事がありました。

軍政下で「ミャンマー」という〝国名〟の使用を強制してきた結果として「ミャンマー」と答える人が増えてきたようです。さらに、二〇一一年の民政移管前後から、ミャンマー国民としての意識から「ミャンマー」と返答する人が日常的になってきました。

民政移管後のミャンマーでは、ビルマ民族の人に限らず、ラカイン民族やカレン民族などの少数民族の人びとも最近、自分たちのアイデンティティを「民族」よりも「国民」の方により強く意識を持つようになっている――そんなことに改めて気づきました。

先ほども説明しましたように、日本でも江戸から明治に変わったとき、長州人・土佐人・薩摩人などの藩を元にした意識から、「日本人」へとアイデンティティの変更があったのに似ていますね。

ムスリムの所属意識

Q　じゃあ、ロヒンギャ・ムスリムの人も「バー・ルゥミョー・レー？（あなたは何人〈何民族〉ですか？）」と聞かれたら、とりあえずは「ミャンマー（人）」と答えるのですか？

A　実は、イスラームを信奉している人たちだけは違いました。彼らは「ムスリム」と返答するのです。

Q　「ミャンマー・ルゥミョー（ミャンマー人）」という返事ではなかったのですか？

A　「ミャンマー・ルゥミョー」と答えてくれた人は記憶にありません。ムスリムの人たちにとって、〈自分の属する集団＝国〉よりも〈自分の属する集団＝イスラーム信仰共同体「ウンマ」（二五三ページ参照）〉

という意識の方がより強いと考えられます。もしかしたら英語で「国籍は何？」って聞いたら「ミャンマー」と答えるかもしれませんが……。

この「ムスリム」という返答は、年代・地域が異なっても変わることなく、この二〇年近く一貫して同じでした。

Q　では、ミャンマーではムスリムっていえば、宗教を前面に出した「イスラーム教徒」というよりも「人」と考えた方が現地の社会実情に合っている、ということですか？

A　その通りです。ムスリム人といってもいいでしょう。ミャンマーで私の知り合いの上座部仏教徒やキリスト教徒たちも、イスラームを信奉している人たちのことを「ムスリム人」という表現をしていました。

同じような事例は、例えばスリランカでは、シンハラ人、スリランカ・タミル人、インド・タミル人という区分けに加えて、スリランカ・ムスリムという呼び方もあります。

またヨーロッパのバルカン半島で起こったユーゴスラビア紛争の際、例えばコソヴォではセルビア人、アルバニア人という呼称とともにムスリム人（ムスリム市民）という区分けもありました（二六〇ページ参照）。

Q　でも、私たちの感覚では、例えば東南アジアのマレーシアでは、マレー人というのが一般的で、マレー・ムスリムという呼び方はあまり聞かないようです。

A これはアジアのムスリムの特色の一つかもしれません。

アジアはイスラームの発祥の地であるサウジアラビアのメッカから遠く離れています。そのため、マレーシアのムスリムは、アラビア語よりもマレー語を日常的に使い、自分たちの生誕地であるマレー半島〝マレーの地（Tanah Melayu）〟に愛着を抱いてその地に土着化したので、イスラーム色よりもマレー色の方がより強いと思われます。

また中国最大のムスリム集団は「回教族」と呼ばれる「少数民族」です。彼らはムスリム人というよりも回教族としてのアイデンティティを強く持っています。彼らはかつて「回民（＝ホイミン〈フイミン〉）」や「回回（＝ホウェイホウェイ〈ホイホイ〉）」と呼ばれていました。つまり、ムスリムという呼称でした。それが中国という土地で暮らし続け、時代を経るに従って「中国が祖国であると認識」が強まり、中国語を話し、その土地に土着化することで、「回教族」という認識が強まりました。

Q ではミャンマー国内では、八大主要民族にムスリムを加えて九大主要民族というのが現地の実情にあっているのですね。

A 実情に合致している、という点ではそういえます。ですが……。

Q ですが……とは？

A 繰り返しになりますが、「民族」という区分けは政治的に作られた枠組みです。

現在、一般的にいう「民族」という枠組みで人の集団を規定すると、そこに「権利」が発生しますので、ここでいうムスリム人というのは、あくまでも信仰を一つにする人の集団という意味です。このあたりは政治的な問題が起こってくるので、ミャンマー国内では「ぼかした表現」にした方がいいかもしれません。

それに、ミャンマーでは、上座部仏教という戒律の厳しい信仰者が国民の約九割を占めているので、そこにイスラームという一般生活に極めて大きな影響を及ぼす信仰を、宗教＝民族とするのは難しいのです。例えば、ムスリムたちが自分たちの信仰の場としてのモスクを建設しようとして、イスラームの影響を好まない仏教徒たちがその建設に反対した場合、その建設の根拠を宗教的な権利とするか民族的な権利とするかによって意味合いが異なるのです（民族と権利の関係については、一七四ページ参照）。

六つの異なるムスリム集団

Q じゃあ、ミャンマーではムスリムを簡単に「ミャンマー・ムスリム＝ミャンマー人」とは呼べないのですね。

A 呼べません。

Q それはまた、どうしてですか？

A それは、ミャンマー国内には大きく六つの異なるムスリムが存在しているからです。

Q　スンナ派、シーア派という区別じゃないのですか？

A　スンナ派とシーア派は、イスラームの預言者の後継者をめぐる正統性に違いがあり、教義も少々異なります。私の説明する違いとは、ミャンマーには六つの異なるムスリムがいるということです。出自の違いです。

Q　どのようなものがあるのですか？

A　大まかに分けると、六つの異なるムスリムが暮らしています。
①インド／パキスタン系の「インド・ムスリム」
②ミャンマーに土着化した「ミャンマー・ムスリム」
③中国系の「パンディー・ムスリム」
④マレー系の「パシュー・ムスリム」
⑤中東系のムスリム／ムガール帝国の末裔（？）である「カマン・ムスリム」
⑥バングラデシュからの「ロヒンギャ・ムスリム（ベンガル系）」

Q　では簡単に「ミャンマー・ムスリム」といっても、具体的にどのムスリムかは分からないのですね。

A　イスラームを信奉しているのは共通ですが、それぞれに特色があります。
例えば、③のパンディー・ムスリムは土地柄からいってミャンマー第二の大都市マンダレー（ミャ

中国系のパンディー・ムスリムのモスクと礼拝風景
（マンダレー、2015 年）

ンマー中央部）を基盤にしており、中国系のムスリムなので、モスクの外側に漢字が掲げられています。

②のミャンマー（バーマ）・ムスリムは、イスラームを信奉している以外に日常生活レベルで、ミャンマー文化を受け入れているところから最も土着化していると考えられます。

ですから「ミャンマー・ムスリム＝ミャンマー人」とするならば、②のミャンマー・ムスリムが最も適当だと思えます。でも、人口が一番多いのは①のインド／パキスタン系ムスリムか、⑥ロヒンギャ・ムスリムという順番になりますので、②の「ミャンマー・ムスリム」がそのまま「ミャンマー・ムスリム＝ミャンマー人」とはならないのです（二〇一四年の国勢調査の結果から推定すると、ロヒンギャ・ムスリムの数字が一番多くなるが、統計に正確な人口構成がどこまで反映されているか、今後の実証研究に期待するしかないのが現状）。

またロヒンギャ・ムスリムの人びとの主要母語は、①〜⑤とは異なり、ミャンマー語ではなくベンガル語です（特殊なチッタゴン方言、ロヒンギャ語と解説される場合もある）ので、土着化したとも言い難いのです。

Q　では、ミャンマーでムスリムが差別を受けている、迫害されているといった場合、ロヒンギャ・ムスリムが差別されていると同義語ではないのですね。

A　同じではありません。というのも、先ほど説明しましたように、ミャンマーおけるムスリムで一番人口の多いのは、インド／パキスタン系ムスリム、あるいはロヒンギャ・ムスリムだからです。

Q　それぞれのムスリムたちは、「ムスリム（人）」としてのアイデンティティと、「少数民族」としてのアイデンティティのどちらが強いのでしょうか？

A　「ムスリム」か「民族」かという二者選択の質問は、やや単純すぎるといえますね。

マンダレーを訪れた際、中国系のパンディー・ムスリムたちに話を聞いてみました。彼らとのやりとりは英語でした。先ほどの「バー・ルゥーミョー・レー？（あなたは何人〈何民族〉ですか？）」とミャンマー語で問いかけてみました。それに対しての答は、「今はミャンマー国内に住む、ミャンマー国籍の、中国系ムスリム（人）である」でした。彼らは、日常的にはミャンマー語（ビルマ語）を使っているそうです。

話をしてくれたのは、マンダレーでパンディー・ムスリムをとりまとめている人物でした。彼らのアイデンティティは、ミャンマー国民であり、ムスリムという重なり合う意識が強かったです。

Ｑ なんだかよく分からなくなってきました。

Ａ ミャンマーのように軍政時代に長らく国を閉ざされていた地域で、それぞれのムスリムの状況を理解するためには、ミャンマーに対する理解だけでなく、イスラームに対する理解は必須なんです。

さらに、筆者のような外部の人がどのような問題意識をもって、どのような形（公式・非公式）で現地取材（調査）をして、どのような文脈でその複雑なことを説明している（語っている）のか、それを読み手の側が絶えず意識しながら読み進めていかないと、ついついその報告者の意図に巻き込まれてしまうということです。

筆者とミャンマーの関係

Ｑ では、あなたはどのようにミャンマーと関わってきたのですか？

Ａ ミャンマーの取材は、数十年にわたって武装抵抗闘争を続けていた少数民族のカレン民族から始めました。今考えるとそれが良かったと思っています。

Ｑ 良かったとは、それはまた、どうしてですか？

Ａ 少数民族側から多数派のビルマ民族が主流のミャンマー社会を見ることができたからです。それに、後年、武装闘争をしていたカレン民族（人）が政治的な要因を背景に、仏教とキリスト教という名の下に分裂した現実を目の当たりにすることもありましたから。軍政は一九九四年末頃から、少数民族の中でも最強の武装抵抗勢力であったカレン民族同盟（KNU：Karen National Union）を、一般のカレン人の間に広がっていた厭戦気分を上手く利用して弱体化させたのです。カレン側の内部にどのような問題を抱えているのか、ある程度理解することができたのです。

Q　では、どのくらいミャンマーと関わっているのですか？

A　軍政期の一九九三年五月から二〇一一年三月末の民政移管を経て、現在までですから、二七年以上になります。

その間、二〇〇二～〇三年と二〇〇六～〇七年の二年間は現地に一年間暮らし、その他は継続的に一カ月単位で現地に入ってきました（二〇〇六～〇七年の一年間はビザの関係で何度か出入国を繰り返した）。

もちろん、自分の見聞きしてきた経験がより正しいということを強調したいとは思いません。時間をかけたからといって、必ずしも現地を深く理解し、正確に現地の実態を日本に伝えているとは限りません。もし明日、初めてミャンマーに入る人がいたなら、その人はその人なりに新鮮な視点でミャンマーの姿を見ることができるでしょう。「通り過ぎる人には通り過ぎる人の、短期間滞在する人にはその人なりの、（外国人で）そこに住む人には長期滞在者の物の見方がある」でしょうから。ただ、そうであっても、ミャンマーについて、特に軍政時代のミャンマーを経験していますので、この国の抱える問題について自分なりの解説ができるのではないかと思っています。

筆者の見たムスリムと仏教徒の関係

Q　じゃあ、長期にミャンマーに関わってきた経験から、ミャンマー国内でムスリムに対する差別的な言動はどのくらいあると感じますか？

A　上座部仏教徒が人口の九割近くを占めるミャンマーだからといって、あからさまにムスリムたちが差別的な待遇を受けているという印象は受けませんでした。ただ、ムスリムが差別の対象になっているという空気は感じられました。例えば、ビルマ民族の仏教徒たちが「七八六（７８６）」の店には入りたくない、というような場面には出くわしました。

Q　「七八六（７８６）」って何ですか？

A　「七八六（７８６）」とは、『クルアーン（コーラン）』の各章冒頭に置かれる「慈悲あまねく慈愛深きアッラーの御名において」（バスマラ）を意味するそうです。知り合いのムスリムに説明してもらいました。

ところがこれを仏教徒の一部が「『七＋八＋六＝二一』、つまり二一世紀はムスリムの時代になるんだから、我々仏教徒は注意しなければならないんだ」という誤った解釈を広げています。それに加えて、一部の過激な仏教徒の側は「九六九（９６９）」という数字を挙げて対抗し始めています。

Q えっ、仏教徒側は「九六九（969）」ですか？

A 「仏陀の九徳・仏法の六徳・僧侶の九徳」を意味する数字です。

Q 僧侶が反イスラーム運動を率いているという話も聞くのですが？

A 「マバタ」と呼ばれる一部の僧侶集団がイスラームを排斥する運動を展開しています。

何度も強調しますが、ミャンマーは敬虔な上座部仏教の国です。そこでは、親や僧侶、あるいは年長者を敬うという強い習わしがあります。軍政はそんな人びとの篤い信仰心に報いるかのように装い、移動の自由やパゴダの建設など、何かにつけて僧侶集団を優遇してきました。実はその傾向は、民政移管後の今でも変わらないようです。例えば、政府の国営紙を見ますと、時々一面のトップにスーチー氏や国軍の幹部たちが僧侶の前で恭しく跪拝している写真が大きく掲載されています。政治的に権力も権威もある人たちも僧侶たちには敬意を示しているんだ、と。

もっとも、上座部仏教の戒律からすれば、僧侶は世俗の政《まつりごと》とは距離を置いているはずです。ところが、ここミャンマーでは、英国の植民地支配の独立闘争の勢力の一つに僧侶たちがいました。第Ⅲ章（一九八ページ参照）で触れますが、独立後のミャンマーの国づくりは僧侶の存在が大きいのです。

路上で麺を売る屋台には品名と値段の上部に「786」が表示されている（マンダレー、2007年）

二〇一一年の民政移管後、軍部の力が弱くなってきたのに比例して、その「マバタ」がナショナリズムを煽るようになってきました。この場合のナショナリズムというのは、「国家」主義・民族主義というよりも、上座部仏教を強調する仏教至上主義による社会体制の強化ということです。

THE NATURAL WORLD NEEDS OUR PROTECTION MORE THAN EVER　PAGE-8 (OPINION)

THE GLOBAL NEW LIGHT OF MYANMAR

Vol. VI, No. 209, 1st Waning of Tazaungmon 1381 ME　www.globalnewlightofmyanmar.com　Tuesday, 12 November 2019

Consecration ceremony of Eternal Peace Pagoda held in Nay Pyi Taw

WITH sacred religious objects enshrined into its upper reliquary and a golden umbrella hosted atop it, the Eternal Peace pagoda was consecrated yesterday in Dekkhinathiri Township of Nay Pyi Taw.

President U Win Myint, First Lady Daw Cho Cho and State Counsellor Daw Aung San Suu Kyi attended the ceremony in the compound of the pagoda near Gangaw Roundabout on Yazathingaha Road.

It was also attended by the members of the Sangha led by Chairman of the State Sangha Maha Nayaka Committee, Patron of Bhamo Monastery in Mandalay, Abhidhaja MahaRatthaguru AggaMaha Saddamma Jotika Dr Bhaddanta Kumara Bhivamsa, Vice President U Myint Swe and wife Daw Khin Thet Htay, Chief Justice of the Union U Htun Htun Oo, Constitutional Tribunal Chairman U Myo Nyunt, Union Election Commission Chairman U Hla Thein and wife Daw Aye Thida, Deputy Commander in Chief of Defence Services Vice Senior General Soe Win and wife Daw Than Than Nwe, Pyithu Hluttaw Deputy Speaker U Tun Tun Hein and wife Dr Sein Sein Thein, Deputy Speaker of Amyotha Hluttaw U Aye Tha Aung,

SEE PAGE-2

The congregation led by President U Win Myint, First Lady Daw Cho Cho and State Counsellor Daw Aung San Suu Kyi receive the Nine Precepts from Shwe Parami Forest Monastery Sayadaw Ashin Candadhika at the ceremony to consecrate the Eternal Peace Pagoda in Nay Pyi Taw yesterday. PHOTO: MNA

INSIDE TODAY

NATIONAL
US-based institute to initiate Bagan conservation project in January
PAGE-6

NATIONAL
Irrawaddy Literary Festival successfully concludes
PAGE-5

BUSINESS
Honey production season on, but demand low in Kani Township
PAGE-7

政府系英字紙（『ミャンマーの新しい灯』）には、僧侶の前で手を合わせるウィンミン大統領やアウンサンスーチー氏の姿が見られる（2019年）

Q　その「マバタ」は、どのような運動をしているのですか？

A　「マバタ」は二〇一三年以降、宗教集団としてよりも政治的な圧力集団として運動を活発化させています。仏教徒女性と異教徒の婚姻を制限する法案を通すよう政府に働きかけ、実際、実現させています。そのため外国メディアでも大きく報道されることもあり、実体以上に存在感を増しています。

その活動の中心にいるのが、マンダレーの「新マソーイェイン僧院」に暮らすウィラトゥという僧正です。米国の『タイム』誌（二〇一三年六月）で、テロを煽る僧侶として取り上げられました。何かにつ

ウィラトゥ僧正（マンダレー、2014年）

一部の過激なムスリムによって焼き討ちに遭ったバングラデシュの僧院、焼き殺され、頭を割られたりして虐殺された仏教徒たちの遺体の写真が大きく展示されている（マンダレー、2014年）

けてテロと結びつける米国的な発想から「ミャンマーのビン・ラーディン」とも称されたりしました。

そこでマンダレーに行った際、ウィラトゥ僧正に直接面会することにしました。僧正の口調は穏やかで、過激な僧侶というイメージとはかけ離れています。僧侶自身は、『タイム』の内容なんて、デマなんだから」と軽く笑い飛ばしていました。

ウィラトゥ僧正は、数千人の僧侶を擁する新マソーイェイン僧院の中に、自らが直接指導する宿坊を持っています。筆者が見たところ、彼の下で数十人の僧侶が修行をしていました。

その僧院の敷地内、ウィラトゥ僧正の宿坊のすぐ外の掲示板に、スーチー氏とスーチー氏の父親で独立の英雄アウンサン（将軍）のポスターと共に、過激なムスリムの一派によって虐殺された国内外の仏教徒たちの写真が大きく掲示されていました。

この僧院で修行する他の宿坊の数千人の若者たちは、直接ウィラトゥ僧正から仏教の教えを受けないとしても、毎日これらの写真を目にしているのです。

ウィラトゥ僧正は、これらの掲示物を使って反イスラームを煽ろうとしているようでした。私は、なぜ僧院がこのような掲示を認めているのかと驚きました。

Q 「七八六（786）」といい、ウィラトゥ僧正のことといい、ミャンマー国内での仏教徒とムスリムの関係についてはあまり知られていないのですね。

A そうですね。「ロヒンギャ問題」を報じる国内外のメディアは、ミャンマー国内のムスリムがスンナ派、シーア派のどちらが多数であるのかということさえ知らないこともあります（スンニ派が多数派）。それにミャンマー国内では、中東のイスラーム社会で顕著なスンナ派とシーア派の深刻な対立は見られません。ミャンマーにおけるムスリムの実態がどのようなものなのか、国内外には正確に伝わっているとは言い難いです。

ミャンマーにおけるムスリムの位置づけ

Q ムスリムの人口は公式に、ミャンマーの総人口五五〇〇万人のうち人口比で四・三％と発表されていますが、実際そのくらいですか？

A　私がミャンマー各地を移動した際の個人的な体験と印象では、ムスリムの人口は五〜一〇％ぐらいになるのではないでしょうか。例えば、ミャンマーに比べて研究が進んでいるタイのムスリムでも、その人口は「調査期間や研究者により4〜14％と大きな開きがあるため正確な数値を定めるのは難しい」（山本信人監修、宮原暁編著『東南アジア地域研究入門　2社会』、慶應義塾大学出版会）ともされています。実際、ミャンマーのムスリムは人口の一〇％ぐらいではと指摘するミャンマー研究者もいます。

そんなムスリムたちは経済的な結びつきが強く、軍政下で経済的に疲弊した生活をおくっていたムスリム以外の人びと（多くは仏教徒）から、お金儲けがうまいなどとやっかみの対象になったという感じも受けました。だからこそ、ミャンマー政府はムスリムの存在を小さくしておきたかったのかもしれません。

私の経験から、信仰を基準にして人びとの立ち位置（社会的階層）を考えてみると、最上層から次のようになると思います。

ビルマ民族仏教徒＞少数民族仏教徒＞ビルマ民族キリスト教徒＞中国系・インド系仏教徒、少数民族キリスト教徒＞中国系・インド系キリスト教徒＞ミャンマー・ムスリム、インド・パキスタン系ムスリム、パンディー・ムスリム、カマンムスリム、パシュー・ムスリム⇒ロヒンギャ・ムスリム。

国籍のない（ネウィン独裁政権期から剥奪が始まった）ロヒンギャ・ムスリムがもっとも虐げられており、底辺に追いやられています。あえてここでロヒンギャの位置づけに「⇒」を使ったのは、国籍を剥奪されたロヒンギャたちは、最底辺に位置づけられているというより、国民の外側に排除されてしまったことを意味します。同じ国民でしたら、国の責任で人びとを保護しなければなりません。ですがその外側に位置づけられていることで、なんら法的な権利保護の対象にさえなっていません。

Q 人口比からすると絶対的に仏教徒の方が多いのに、そこまでしてムスリムに対して敏感になる必要がないと思うのですが、何か理由があるのですか？

A 仏教徒が多すぎることで、かえってムスリムに対する悪い噂（強盗・レイプなど）を拡大させることになり、誤った情報が広がってしまいました。噂を打ち消すような対抗力が社会的に生まれてこなかったのです。恐怖政治を敷いていたミャンマー軍事独裁政権下で、人びとの疑心暗鬼を背景に、それらの噂の信憑性が力を持ってしまいました。これも長期の軍政の影響がもたらしたものです。スーチー氏は「本当に強力で健全な民主主義のためには、強力で健全な反対勢力が必要です」とも言っています（アウンサンスーチー、大石幹夫訳『希望の声―アラン・クレメンツとの対話』、岩波書店）。

Q では、その長期の軍政下で、ムスリムは具体的にどのような立場に置かれていたのですか。

A 一九三〇年代の英国の植民地支配下で、経済の中心となっていた旧首都ラングーン（現ヤンゴン）は、人口の約五〇％がインド系の人で占められ、ミャンマー人は三〇％ほどになってしまいました。ミャンマー人の反感は、高利貸しとして存在していたそのインド系の人に向けられていました（華僑は主に流通業）。そこからミャンマー人の肌の黒い人に対する反感はやがて、インド系の人びと（ムスリムたち）に向けての差別意識を強めていくことになりました。

ミャンマーは一九四八年に英国から独立し、六二年にネウィン将軍が起こしたクーデターで軍政が始まります。そのネウィン将軍は国の建設を第一目標としていたため、経済の中枢を握っていた中国人やインド人を国外に追放します。ここは自分たちの国だから出て行け、と。そこでナショナリズムを煽るようなことを国の政策として推し進めたのです。

独立期・軍政期のミャンマー社会とロヒンギャ

Q　ナショナリズムを煽る政策は他にあったのですか？

A　英国の植民地支配、それに短期間でしたが日本の軍政支配（日本は一九四二年六月四日、ビルマ〈当時〉全土に軍政を布告し、翌年、形式上の独立を認めたが、日緬間の秘密協定によって、ビルマ側の主権を制限した）に対する反発はより強く、独立後のクーデター政権（一九六二年）は海外の影響が国内に入ってくるのを防ぐため、極めて排外的な態度を取りました。一種の鎖国政策で、外国人の入国も当初は二四時間の滞在しか認められませんでした（その後七二時間、一週間、二週間、一カ月と延長された。二〇二〇年現在、観光で入国する日本人のビザは時限措置だが、免除されている）。

Q　植民地支配の影響というのはそれほどまで強かったということですか？

A　この「植民地支配の被害者」という側面は、アジア・太平洋戦争時の「戦争の被害」の面が強調される日本ではあまり理解されない部分だと思います。

英国と日本という支配者の違いを語った、北東部シャン州に暮らすミャンマー人がいます。

「私は日本の占領時代にも（日本の）部隊に飛び込んで働き通しましたが、日本と英国の三年半に及ぶ戦いのお陰で、ビルマはボロボロになってしまいました。どれだけ多くのビルマ人が命を落とし、家をなくし、財産を失ったことでしょう。何より大切な生活の安定さえなくなってしまったんですよ。それにひきかえ、英領時代には人々は本当に安心して暮らせました。……働けば働いただけの収入が入って、ささやかな幸せがありました」（ウー・カードゥ「九九一三部隊の炊事係」根本百合子『祖国を戦場にされて』、石風社）

これは単に一例です。もちろん、誰がどのような立場でミャンマー人に聞き取りをしたかによってその記録内容や報告形式は異なるでしょう。ですが、多くのミャンマー人が日本の軍政支配に対して否定的な記憶を持っていることは拭い去ることをできないのです。

ミャンマー経済の専門家も次のように指摘します。

「英国の統治方法は、植民地を自国への同化対象とした日本の方式と対照的だった。……だから現地のナショナリズムが強いときにはその反発も強く、（筆者註：日本の統治は）現地の人びとから嫌われた」（尾高煌之助・三重野文晴『ミャンマー経済の新しい光』、勁草書房）

話をもどします。そこでネウィン将軍は、外国からの経済・政治・文化の影響を排除しようとして、植民地時代にミャンマー国内に入った外国の影響を排除し始めたのです。

Q 植民地時代に外国からミャンマー国内に入った影響の排除とは？

A 経済を支配していた中国人とインド人など、外国人の追放政策がその一つです。軍政は一九八二年、いわゆる新しい「市民権法（国籍法）」を制定して、「国民」「準国民」「帰化国民」という、人びとを三つに分ける法律をつくったのです。

Q　それらの三つの違いは具体的にはどういったものですか？

A　「国民」とは、「（ビルマ歴）一一八五年、すなわち（西暦）一八二三年以前から国内（States）に永住（permanent home）していた者」つまり、英国との戦争（一八二四年勃発）以前からミャンマーに住んでいた人を指します（ビルマと英国は三度の戦争）。「準国民」とは、英国から独立後の一九四八年の国籍法（二年間だけ施行された法律）で国籍を取得した人。「帰化国民」とは、独立後、外国人からビルマ人に帰化した人という区分けです。

Q　ロヒンギャたちは、それらのどこに属するのですか？

A　ロヒンギャ・ムスリムたちは今、これら三つのどこにも属しません。また、以前は国籍をもっていたロヒンギャ・ムスリムたちも、この市民権法によって国籍を剥奪されてしまったという経緯もあります。

Q　えっ、でも実際にロヒンギャたちはミャンマーにいるじゃないですか。

A　軍政下で、ロヒンギャたちは隣国バングラデシュからの不法移民として見なされてきました。それゆえ、国民として認められていません。ミャンマー政府は軍政期から一貫して、ロヒンギャ・ムスリムは国民じゃないから保護する義務はない、できるだけ早くバングラデシュに帰って欲しい（帰したい）という態度をとり続けています。

Q そうなんですか。やっぱり、軍事独裁政権だからそんな法律ができたんですね。でも、ミャンマーの軍政時代のことを思い描くって、ちょっと難しいですね。現地の人は今、どのように当時のことを思い出しているのですか？

A 実は、現地の人も、人によって違いはありますが、一〇年前までの軍政時代を実感としても忘れています。例えば、民政移管後のある日、現地でタクシーに乗ったんですね。最大都市ヤンゴンは今、車が急増し、道路は大渋滞です。そんな時、運転手さんはイライラして、思わず今の政府に対して不満を言うんですね。そこで、冗談まじりで聞くんです。

「民政移管して、経済活動が活発になり、車が増えて困りますね。ところで、じゃあ、今と軍政時代、どちらの方が良いですか？」って。すると例外なく、「今の方がいい、軍政はゴメンだね」と答えてくれます。そこで時に、ちょっと意地悪な質問を続けることもあります。

「じゃあ、ネウィン将軍やタンシュエ上級大将ってどう思います？」と。すると、多くの運転手さんは、「あいつらは stupid（バカ）だよ」とひと言で切り捨てる返事も多々ありました。そこで、わたしは言うんです。「そんなバカな独裁者の下で長年暮らしていたあなたたちは、何を考えていたのですか？」って。そう言うと、多くの運転手さんは、ばつが悪い顔をします。つまり、あのひどい時代の記憶も、人びとが日常生活で忙しくなると、ついつい忘れ去られてしまうんです。

そこで、先ほど軍政時代を思い描く、って大変だと言われましたが、まさに、この市民権法が制定されたとき、ミャンマーはいったいどんな状況だったか、ミャンマーの人たちこそが、自分たちの視点で、この法律の制定過程を改めて検証する必要があるのです。つまり、誰が国民であるかという国の根幹を成す部分を、誰が決めたかを思い出し、問い直さねばならないのです。

Q　「市民権法」ができた時代背景を検証する、ってどういうことですか？

A　市民権法の制定の際に基準とされた「一八二三年以前」という文言が、一体、どの機関に所属する誰（々）が、どのような理由で決めたのか、ということです。国民が誰であるかを決めるのは、民主的に選ばれた国民の代表者（議会など）が決めるのが基本です。そこで、ここで話題にしているロヒンギャ・ムスリムが難民としてバングラデシュに逃げ出したのも、彼らが国内で国民として認められず迫害を受けたからなのです。

「難民とは、国民ではない人たち、国家に帰属しないために何の権利もなく保護も受けられず、戸籍もないから死んでも問題にされない、国際化した世界で『亡霊』のような地位に置かれています。……自分が引いた国境線の中にいる人間を選択する権利は、じつは国家の側にはないと言わざるをえません。……国家には国民を選ぶ権利はない。ましてや、それを無条件で抹殺する権利なぞないはずです。近代の国民国家は、王国でも帝国でもなくて、その正統性はいちおう国民——領土内に抱え込んだ住民——の上にたっているということだから」（酒井直樹・西谷修『増補〈世界史〉の解体—翻訳・主体・歴史』、以文社）

くどいようですが、ミャンマーの人も国外のわれわれも、一九八二年の「市民権法」が軍政時代に制定されたということを忘れているのです。ですから、軍政下で制定された法律を単純に、今も適用し続けて、果たしていいのかということです。

ビルマ近現代史が専門の根本敬氏も次のように言っています。

「私のビルマ人の友人たちに『一八二三年という基準はおかしいのでは？』ということを言えば、『根本、おまえのほうがおかしい』と言い返されてしまいます。学歴は関係なく、保守派もリベラルも同じことを言います」（「ロヒンギャ難民に関する連続緊急シンポジウム」、聖心女子大学グローバル共生研究所）

ロヒンギャ問題の発生

Q ミャンマーの歴史や民族、法律の話が入ってきて、ロヒンギャ・ムスリムの話がよく分からなくなってきました。

A ミャンマーという国が形成される過程で、「ロヒンギャ問題」が生まれたのです。注意しなければならないのは、「問題」が生まれたのであって、ロヒンギャの人びとは、今も昔も存在してきたのです。

ミャンマーという国の成り立ちを考える時、この国は統一の過程（今もその途上）で、半世紀の軍事独裁政権という時代を挟んでしまいました。その際、国際社会は、特にラカイン州で何が起こってきたのかをほとんど知ることはありませんでした。そこで民政移管後、ミャンマー国内外の人が「ロヒンギャ問題」に取り組もうと思っても、半世紀に及ぶ軍事独裁政権という長い空白期間があったということを意識しないため、事実認定ができない事柄があるという事態に、今なお気づいていない状況なのです。

その結果、どの国にも属さない、最も虐げられてきたロヒンギャという人びとの集団をどうやって保護するのかという問題が、ミャンマーの国内外で民族・宗教・国籍など様々な問題を含みながら表面化してきたのです。その問題の焦点は、次のような二つの立場に表れています。

(A) ミャンマー政府の主張：ベンガリ（ベンガル人）たちは英国の植民地時期にバングラデシュからミャンマーに入ってきた移民で、その後バングラデシュに戻らず、そのまま居着いた不法移民である。彼ら／彼女たちはミャンマー国民ではないから保護する義務はない（政府は「ロヒンギャ」という呼称を認めず「ベンガリ」を使う）。

(B) ロヒンギャ・ムスリムの主張：自分たちは歴史的にそこ（ラカイン州北部）に暮らしていた土着民族（先住民族）なのだから、それを認めないミャンマー政府はおかしい。

大きく、この(A)と(B)が争点として対立しているのです。

Q　では例えば、(B)のロヒンギャたちの主張はどの程度正しいのですか？

A　どちらが正しい、正しくない、という質問の前に、考えておかなければならないことがあります。

Q　また、ややこしい話ですか？

A そうです。歴史や文化、民族などが複雑に絡んだ問題に簡単に答えを出そうとするから、かえって「ロヒンギャ問題」が複雑になってきたのです。

Q どういうことですか？

A これも繰り返しになりますが、軍政期のミャンマーの状況は、強大で抑圧的な軍部が人びとを支配してきました。多くの人が民族・宗教の区別なく、「平等に抑圧」されました。そういう状況下で人びとの間に、抑圧する巨大な軍部の力に反撥・抵抗するよりも（それは命がけですから）、自分たちよりも得をしているように見える目の前の人に対して、嫉《そね》みの目が向けられるという人間社会の性《さが》が醸成されました。そこに感情的な歪みが生まれてきたのです。

私が見聞きした話の一つに、ロヒンギャ同士の対立や迫害の現実もありました。クトゥパロンの難民キャンプには、公式キャンプ（一九九一年にバングラデシュに入った難民）と非公式キャンプが幅五〇センチほどの水路で隔てられている箇所がありました。公式難民キャンプには国連や国際NGOから公の支援があります。そこで、非公式キャンプのロヒンギャ難民が水路を越えて公式キャンプ側に立ち入って井戸の水を汲んでいると、公式キャンプに暮らす難民たちから袋だたきに遭うこともあったそうです。同じ難民なのにです。公式難民キャンプに暮らすロヒンギャの人たちが、非公式難民キャンプの人びとを差別しているのです（三〇ページ参照）。

ロヒンギャを巡るさまざまな問題によって引き起こされる不平不満は、本来の難民流出の原因であるミャンマー軍政にではなく、目の前の人にだけ向けられていたのです。これはロヒンギャだけに限ったことではなく、大多数のミャンマー人や少数民族の間にも起こっています。

Q　では、どうすればいいのですか？

A　いま問題なのは、もっとも虐げられているロヒンギャ難民たちの状況を救うために、何ができるか、ということです。ミャンマー政府の主張が正しい、ロヒンギャ・ムスリムの人びとの主張が正しい、どちらがより正しいという議論ではないのです。

もちろん、現在進行中のロヒンギャの人びとへの迫害を止めさせなければなりませんが、積年の問題を解決するために、まずはできるだけミャンマーに関する正確な情報を知ることから始めるのが一番です。

ただ、そうはいっても、ラカイン州北部の情報は極めて限られており、同国のムスリムの実態も把握されているとはいえません。学術的にも実証研究の蓄積はそれほどありません。ミャンマーのイスラームに詳しい斎藤紋子氏も、英語の論文ですが、"Research on Muslims in Myanmar is very limited."（「ミャンマーにおけるムスリム研究は非常に限られている」）と記しています（「【特集】日本のビルマ研究―歴史・文化・宗教を中心に」、『上智アジア学』第32号、上智大学アジア文化研究所）。またバングラデシュの専門家で、「ＡＲＳＡ（アラカン・ロヒンギャ救世軍）」の詳細を記した高田峰夫氏も「圧倒的に情報が不足しており、何よりも信頼できる情報が限られている」（日下部尚徳・石川和雄編著『ロヒンギャ問題とは何か』、明石書店）と書いています。さらにミャンマー経済に詳しい水野明日香氏も「ある国の経済状態、成長の推移を知るためには、ＧＤＰ（筆者註：国内総生産）推計を中心とする国民経済計算をみるのが通常の方法であるが、ミャンマーについてはこれが難しい。ミャンマー政府が発表するＧＤＰ推計に疑問がもたれているためである」（水野明日香「付論　一九八八年以降の経済成長、所得水準の推測」『ミャンマー経済の新しい光』）としています。

Ｑ　生存の危機に直面しているロヒンギャたちが、自分たちの主張を掲げるのは分かります。その一方、ミャンマー政府というか、ミャンマー仏教徒側が自らの主張を続けるのは、繰り返し説明があった、軍政期につくられた差別意識だけが原因なのでしょうか？

Ａ　その原因は、軍政期の支配政策の影響以外にもあります。

Ｑ　それはどういうことですか？

Ａ　ミャンマーは敬虔な仏教徒の国ということは説明しましたね。

Ｑ　はい、日本の大乗仏教とは異なる上座部仏教の国ということは分かりました。

Ａ　実は、ミャンマー国内の上座部仏教も一枚岩ではないのです。

Ｑ　まだ細かい区分けが続くのですか？

Ａ　細かいですが、続きます。というのもミャンマーの上座部仏教については、おおざっぱに分ける必要があるのです。それをしなければ、今のミャンマー社会がどのように成り立っているのか、その

旧都パガンに立ち並ぶ仏塔群は3000を超える（2003年）

理解が不十分だからです。そこでお聞きしますが、ミャンマーは上座部仏教国ですが、もしミャンマーに観光に行くなら、どこで、何を見たいですか？

Q　やっぱり世界三大仏教遺跡の一つ、パガンのパゴダ（仏塔）遺跡群、崖から落ちそうになっている奇妙な岩に立つゴールデン・ロック、それに黄金に輝くヤンゴンのシュエダゴン・パゴダでしょうか。

A　そうですね。多くの観光客はそう答えます。また、現地のミャンマー人たちも、国内観光に行くなら、同じように答えてくれます。ゴールデン・ロックは、現地の人のハネムーン先としても人気もありますし。
　実は、一一世紀に成立したパガン王朝の仏教遺跡はビルマ民族の仏教遺跡です。でも、ゴールデン・ロックやシュエダゴン・パゴダは、モン民族の仏教遺跡なんですね。

Q　えっ、ビルマ民族の仏教遺跡ではないのですか？

モン州にあるチャイティーヨ・パゴダ（ゴールデン・ロック、1996年）

A 実は、ミャンマー国内の上座部仏教には大きく四つの流れがあります。

①ビルマ（ミャンマー）民族の仏教
②モン民族の仏教
③シャン民族の仏教
④ラカイン民族の仏教

モン民族の州都は現在、タンルウィン河（サルウィン河）の河口に位置するモーラミャインです。ですが、モン民族が活動した中心はその昔、タトンというところにありました。そのタトンは「スヴァンナブーミ地域（＝金の採れる川）」内に位置していたともいわれています。スヴァンナブーミを現代風に言い直すと、スワンナプームです。

Q あれ、スワンナプームといえば、二〇〇六年に隣国タイで全面開港した首都バンコクの新国際空港の名前ではないですか？

A そうです。タイも敬虔な上座部仏教の王国ですし、

最大都市ヤンゴンの中心部に建つシュエダゴン・パゴダ（2007 年）

国民から敬愛されている前プミポン国王が新空港の開港に当たってこの名前を付けたのは不思議ではありません。

タイ語ではスワンナプームといいますが、英語では仏教徒の聖地「Suvarnabhumi（スワルナブーミ）」＝黄金の国」です。

ミャンマーとタイは上座部仏教が信奉されていた地域ですし、信仰の枠組みで見ると、今の国境線を考えずに捉えた方がいいのです。それにモン民族が多く暮らすモン州は海に面しており、彼らはかつて海洋民族として交易に従事していた支配勢力のひとつでした。

時代によって呼称が変わる

Q シャン民族やラカイン民族の仏教にも特殊なところがあるのですか？

A シャン民族もミャンマーにおける優勢な民族の一つです。ですが、ここではシャン民族には触れずに、「ロヒンギャ問題」に関わるラカイン民族についてお話しします。その前に、やはり注意しておかなければならないことが二つあります。

一つ目は、ミャンマー全体を考える際、資料を読んだりする時に国内の地域と民族名に代表される呼び方が時代と立場によって違いがあることで、混乱することがあります。分かりやすい例を挙げておきましょう。

例えば、ミャンマー本土を流れる大河はかつて、イラワジ河と呼ばれていました。でも現在は公式名称としてミャンマー語（ビルマ語）で、エーヤワディ河となっています。この河に生息するイルカはこれまで「イラワジ・イルカ」と呼ばれてきました。ですが、このイラワジ・イルカは、ミャンマーだけでなく東南アジアに生息するイルカ一般を指すことも多いですから、河の名前がイラワジからエーヤワディに変わったとしても、イルカの呼び方はこれまで通り「イラワジ・イルカ」のままなんですね。また、一九四〇年代に日本軍がミャンマーに侵攻し、連合国軍と戦闘を繰り広げた場所は「イラワジ会戦」という名称が公式記録として残っていますが、これも日本語の史実を変えて「エーヤワディ会戦」とはしませんね（防衛庁防衛研究所戦史室『戦史叢書　イラワジ会戦』、朝雲新聞社）。

ミャンマーの北部シャン州から南へカレン州を流れるサルウィン河は今、ミャンマー語でタンルウィン河と呼ばれるようになりました。また、タイとミャンマーを分かつ国境線の河は、タイ側から呼ぶとモエイ河（Moei River）ですが、ミャンマー側から呼ぶとタウンジン河（Thaunggin River）です。つまり、同じ河川ですが、タイ側とミャンマー側では呼び方が異なります。

先ほど、注意しておかなければならない点が二つある、といいました。その二つ目は、ラカイン州

アラカン山脈を越え、チッタゴン丘陵からベンガル湾をのぞむ（2010 年）

北部は、ミャンマー本土とは、気候風土が全く異なる土地柄だということです。

アラカン山脈を越えて、ベンガル湾を臨むラカイン州に入るとはどういう感覚か、机上の地図文献だけではなかなか読み取れません。そのことを頭の隅に置いておかねばなりません。

作家堀田善衛が一九五七年に記した一文は、そのまま今もあてはまります。

「私は、メコン河、イラワジ河を上空から眺めただけでびっくりしてしまった。がしかし、そのくらいのことでおどろいたのでは、実にまったくお話にならないのであった。飛行機が紫色の夕空を飛んでベンガル湾に出、インドの亜大陸に入ったとき、メコン河にもイラワジ河にも劣るまじと思われる大河が、次から次へと、五分おきほどに、矢鱈無性にたくさん出てくるのである」（『インドで考えたこと』、岩波新書）

そこで、ロヒンギャ問題を考える上で話を分かりやすくするために、ヤンゴンを中心にした平面図から、ラカイン州と隣国バングラデシュが中心の地図に切り替えたいと思います（一四ページ参照）。

Q　ラカイン州って、隣国バングラデシュに接するミャンマー最西部に位置していますね。

A　現在のバングラデシュは一九七一年に東パキスタンから独立しました。その東パキスタンという国もさかのぼると英国の植民地だった地域で、ミャンマーと同じようにインドの一部とされていました。

そのバングラデシュは今、ベンガル人が中心のイスラームを信奉する国として知られていますが、その昔は仏教が栄えた土地です。バングラデシュの世界遺産（ユネスコの文化遺産）は二つ認定されていますが、その一つは首都ダッカ北西の「パハルプールの仏教寺院遺跡群」です。

バングラデシュの中で、特に「ロヒンギャ問題」に関係があるのは、ミャンマーに国境を接する東南部のチッタゴン丘陵の地域です。

Q　チッタゴン丘陵の「チッタゴン」っていう読み方は、ミャンマーのかつての首都で、現在の最大都市「ヤンゴン」と発音が似ていますが、やっぱりミャンマーに関係があるんですか？

A　「チッタゴン」という地名の語源は諸説ありますが、その一つに、ベンガル語からラカイン語に引き継がれた語源で「チッ・タ・ゴン〈戦争をすべきでない〈場所〉／闘いを止めた土地〉」という説があります。

ミャンマー最大都市の「ヤンゴン」という呼び方は、軍政期にその英語呼称を変える（一九八九年）まで、英語で「ラングーン(Rangoon)」と呼ばれていました。ちなみに「ヤンゴン」とはミャンマー語（ビルマ語）で「戦いの終わり」を意味します。そういう地名から、かつては各民族が覇権を争った地域ではないかと推測できます。

Q　「ヤンゴン」というのは以前、英語で「ラングーン」と呼ばれていたのですか？

A　そうです。英国の植民地下では、ミャンマー語読みのヤンゴンよりも英語読みのラングーンが一般的でした。

そこで注意が必要なのは、ラカイン語とミャンマー語は同じ系統の言語ですが、発音が異なるということです。
ラカイン語の「R」は、ミャンマー語では「Y」に変わります。なので、ラングーン（Rangoon）→ヤングーン→ヤンゴン（Yangon）と変わってきました（ミャンマー語読みのヤンゴンからラカイン語読みのラングーンに変わったという説もある）。
ミャンマーに関する英語文献の日本語訳の資料を読んでいると、「ラカイン（Rhakine）」とか「ヤカイン（Yakine）」とか表記されているのは、基本的にほぼ同じ言葉です。

Q その「ラカイン」と「ヤカイン」が同じということと、バングラデシュのチッタゴンとはどのような関係があるのですか？

A それは、先ほど、バングラデシュもかつて、仏教が盛んな地域だったと説明しましたが、現在のミャンマーのラカイン州からバングラデシュのチッタゴン丘陵まではかつて、アラカン（王国）と称されていたのです。

Q ではこの地域は、英国の植民地になる前まで、アラカン王が支配していた地域だったということですか。

A そうです。アラカン王国内には、いま風に言い表すと、ラカイン人やムロ人、マルマ人やトリプラ人とかさまざまな民族が暮らしていました。英国はこのアラカン王国内に暮らす人を総称してアラカン人と呼んでいたのです。

バングラデシュ東部・チッタゴン丘陵近くの山頂に集う仏教徒ムロ人の男性（2009年）

Q　まるで今のミャンマー国内にたくさんの民族が暮らしているのに、一括りに「ミャンマー人」と呼ぶようなものですね。

A　もちろんそのアラカン王国にも各民族が支配権を争った、興亡の歴史があります。支配権を争った有力な民族の一つがラカイン民族だったので、アラカン人＝ラカイン人と解釈する人もいます。ミャンマーの最西部の州が以前、英語でアラカン州と呼ばれていたのはそのためです。

本来ならば、地理的な大きさで、アラカン＞ラカイン（ヤカイン）という関係なのですが、アラカン＝ラカイン（ヤカイン）とされる場合があるので、少々ややこしくなるのです。

Q　じゃあこのアラカン王国は仏教が優勢な宗教だったのですか？　あ、日本の大乗仏教と区別する意味で、上座部仏教といわなければなりませんね。

A そうですね。上座部仏教が広まっていた地域です。

ラカイン州を中心に考える

Q 北から南にかけて、ちょうど州境に沿って、何やら太い線がありますね？

A これはアラカン山脈という険しい山々が連なっています。ラカイン州というのは地理的にミャンマー本土と隔てられているということです。

今でこそ、ラカイン州の州都シットゥエーからヤンゴンまでは飛行機で一時間もあれば移動できます。ですが、かつては車で険しい山を車で数日かけて越えるか（悪路のため）、船で一週間かかりました。実は、この地理的な距離が、ラカイン人とミャンマー人との間に心理的、社会的な隔たりを生みだしました。

実のところ私も、そんな感覚を自分自身で味わいたくて、二〇一五年一〇月、陸路でヤンゴン地域からバゴー地域を経てラカイン州に入りました。丸々四八時間はかかるかもしれないというローカルバスでの移動はキツいので、車の移動を選びましたが、それでも一泊二日を要しました。バゴー地域（管区）からラカイン州へ入る手前で、民政移管後でしたが検問所があり、イミグレーション（出入国管理局）の係官からパスポートチェックを受けました。その時、何を好んで山越えをするのか――係官のいぶかしげな顔つきを覚えています。

ラカイン州に入ると、夕闇迫った遠い西方、山ひだの向こう側にオレンジ色の太陽が沈んでいく光景を目にしました。あの山々の向こう側が、ベンガル湾に繋がるアラカン地方なんだ、と。私の記憶にはっきりと、違う「くに」に入るんだなと実感したことを記憶してます。

Q　違う「くに」といっても、ビルマ民族もラカイン民族も同じ上座部仏教徒なんですよね？

A　地図を見てもらえば分かるように、西方から押し寄せるイスラームの流れに直に対面していたのは、ラカイン民族なのです。そこからラカイン民族は、自分たちこそが上座部仏教の守護者であるという自負心を、実はビルマ民族よりも強く持っていたのです。また、ラカイン民族は、王朝を持っていた歴史があり、かつては東のモン州やタニンダイー地域（管区）までを支配していた海洋民族だったのです。

そのラカインの歴史はダンニャワディー期（四世紀頃）に始まったと言い伝えられていますが、それを裏付ける史料は残っていません。その後、ウェターリー期・レームロ期と王朝が続きます。やがて記録に残るムラウー・ウー期（一五世紀）になりますと、ようやく国としての形成が認められます。ビルマ民族との関係でいえば、一七八四年にミャンマーのボウドーパヤー王の時代に、当時のアラカン王国は征服されてしまいました。その際、仏教徒ラカイン民族の象徴でもあったマハムニ仏像がマンダレーに持ち去られるのです。

Q　観光ガイドブックには必ず載っている、旧都マンダレーにある有名な黄金のマハムニ仏像ですね。

中部マンダレーにあるマハムニ仏像。男性の参拝者は直接手を触れ、祈願のための金箔を貼ることができる（女性はできない）

あれって、ラカイン上座部仏教のシンボルだったのですか？

A そうなんです。独立地域であったアラカン王国は一七八四年、ビルマ民族に占領されました。その際、マハムニ仏像はマンダレーに持ち去られたのです。

モン民族の上座部仏教がシュエダゴン・パゴダやチャイティーヨ・パゴダ（ゴールデン・ロック）、ビルマ民族の上座部仏教がパガンの仏教遺跡群とすれば、ラカイン民族の上座部仏教はムラウー・ウー（ミャウー）の仏教遺跡群とマハムニ仏像でしょうか。その象徴がビルマ民族によって奪われたのです。

Q では、同じ上座部仏教といってもビルマ民族とラカイン民族は、実は仲が悪かったのですか？

A 国境線や境界線が存在する今の感覚で、仲が良い悪いという表現は適当ではないでしょう。ミャンマーの歴史では当時、支配勢力が複数存在する群雄割拠の時代だったのです。日本でも「戦国時代」っていうのがあったでしょう。今でいうラカイン州は、アラカン王国として独立していたのです。

ミャンマーの歴史をおおざっぱに振り返ってみると、モン民族（ビルマ文字やビルマ上座部仏教に多大な影響を与えた）、ビルマ民族、ラカイン民族がそれぞれ、覇権を争った歴史でもあるのです。特にラカイン民族のアラカン王国はアラカン山脈に隔てられた地域でしたし、海洋国として中東や東南アジアと広く交易を行って栄えていました。

知り合いのミャンマー人に、ラカイン人との関係について聞いてみると「ラカイン人は強い」と答えてくれました。ミャンマー関係の本に目を通すと、民族間の関係性を表現する言い回しを見かけたことがあります。例えば、ミャンマー人はラカイン人について、

「ヤカイン人とコブラにあったら、ヤカイン人を先に殺せ」

という言い伝えもあったそうです（「ヤカインとは蛇の種類を指すという説」〈原田正美「民族の諺と民族の友好」田村克己・根本敬編『アジア読本　ビルマ』、河出書房新社〉や、ミャンマー人のいう「ヤカイン」とは、解毒作用のある〈ヤカイン・バナナ〉という意味で、蛇とヤカインを同時に見たら、先にその樹液を採っておくべきであるという意味だったともされている。また、〈ヤカイン人を殺せ〉になったのは、英国の植民地期だといわれている）。

この言い伝えを直接、知り合いのラカイン人に聞いてみると、間を置かず反応してくれました。ラカイン人の間では、次のように伝わっているんだ、と。

「『毒蛇とラカイン人に遭遇したら、先にラカイン人を殺せ』というのは、英国からビルマが独立す

る際に（ビルマ民族の独立の）戦士が、その遺書の中に書き残した一文である」

この言い伝えの解釈がどうあれ、ミャンマー人の間には、ラカイン人を恐れているという言説が残っているのですね（また、隣国タイ北部での格言に「蛇の頭とケークの頭が見えたら、ケークの頭を叩け」というのもある。これはケーク＝ムスリムという意味ではなく、商売上手のインド系の人々を指す、ともされている。いずれにしろ、東南アジアの一部には、迫害しようとする対象や嫌悪する相手を蛇に例える言い回しが残っている）。

ミャンマー人とラカイン人の間には、人為的に諍いが起こるような言説が広げられたのか、あるいは本当に諍いがあったのか、それは分かりません。ただ、地図で見るとお分かりのように、ラカイン人たちには、西から迫るイスラームの流れを防いできた、という意識があるのです。それは、外国の人にはあまり知られていない、イスラームに対する上座部仏教徒としての強烈な〝守護者意識〟です。

さらに、軍政期、ラカイン州が不安定になることで、一番の利益を得ていたのは、当時の軍事独裁政権だったのです。民政移管後の二〇一六年になって、突如現れた「アラカン・ロヒンギャ救世軍（ARSA）」の活動の後、ラカイン州に暮らす人の中から、やっぱり軍の力が必要であるという声が、地元のラカイン人やヒンズー教徒から上がったのは、評判の悪かった軍部にとっては好都合でした。

Ⓠ　じゃあ、「ロヒンギャ問題」のことを考えるときには、ビルマ民族とラカイン民族の関係も頭に入れておく必要があるのですね。

Ⓐ　「ロヒンギャ問題」の原因は、「民族対立」や「宗教対立」ではありませんが、民族や文化の違い

を歴代の軍政が利用して、対立を作り上げてきた経緯があるのです。

これも繰り返しになりますが、仏教徒とムスリム、ビルマ民族とそれ以外の少数民族の間には、その数と支配力において絶対的な差があったので、歴史的に「対立」というよりも「迫害」という形になってきたと記憶されているのです。

Q　なんだか歴史、文化、宗教、民族が複雑に入り交じって分からなくなってきました。

A　軍事独裁政権下で生まれたロヒンギャへの差別が今、時代の移り変わりと共に誤解も加えながらも、四〇年の時を経てようやく人権問題として国際的に認識されるようになってきたのです。そこで国際社会は、ミャンマーのこれらの特殊性を考慮に入れることなく、解決に乗り出したのが実態なのです。ロヒンギャ問題とそれに取り組む国際社会の無理解という問題が、待ち受けていたのです。問題自体が二重に、まさに入れ子構造になっているのです。私は、ロヒンギャ問題が適切に認識されていないという、この問題の深刻化をどう説明したらいいのか戸惑っているのです。

Q　では、そういう複雑な背景を考えに入れて、改めて「ロヒンギャ問題」って何なんですか？

A　無国籍状態に追いやられたロヒンギャ・ムスリムが、人間としての尊厳や人権を奪われたまま放置され続けているということです。

バングラデシュ政府やミャンマー政府は、ロヒンギャの受け入れを拒否しています。彼ら／彼女たちは、無国籍状態として行き場所がないのです。

哲学的に「国《くに》（家）」というのは、いろいろな形をとります。私たちの暮らす現代社会は、国民が選挙で選んだ代表者（政治家）が国の運営を任される「国民国家」とか「市民国家」などと呼ばれています。その国は、国民の生命と財産を守るため、法という手段によって成立しています。そこでこの「法の支配」という考え方は、その国の政治形態（資本主義や社会主義、あるいは連邦国や共和国など）や法の成り立ちの経緯がどうであれ、国内・国際社会で通用する〝基準〟ですね。そこで、誰が国民で、誰が国民でないのかは、各国の法律（国籍法）によって規定されているのが現状です。

そこで、二一世紀の現代世界で、無国籍状態になるということは、どこからも保護されないということですし、ロヒンギャ難民が避難する関係国では、彼ら／彼女たちが自国の国籍を持っていないということで、保護しなくてもよいという言い訳ともなっているのです。

ロヒンギャをめぐる四つの解釈

Q ミャンマーとバングラデシュの両国を挟んで、そのあたり事情がよく分からないのですが。

A ここで重要な事柄を押さえておきましょう。

ミャンマー（ビルマ）とバングラデシュの国境が画定したのは一九六六年です（人によっては一九七〇年代、一九八〇年代としています。一八八ページ参照）。いずれにしろロヒンギャ・ムスリムの出身地であるチッタゴン丘陵はその時すでに、バングラデシュという国の領域内であったことです。

Ｑ　ミャンマーの独立が一九四八年ですね。バングラデシュとの国境画定が一九六六年だとすると……。

Ａ　両国間はこれまで、人種や民族に関係なく、人びとの移動はある程度緩やかでした。

バングラデシュは、インド→パキスタン領東パキスタン→バングラデシュと経て、最終的に一九七一年に独立します。より詳しくいうと、パキスタンは当時、大国インドを挟んで、ウルドゥー語の西パキスタンとベンガル語の東パキスタンで成立していました。政治の中心が西パキスタンに偏っていたことで様々な問題が発生し、インドも巻き込んだ独立戦争が発生し、東パキスタンは数百万人という犠牲者を出してようやく独立します。つまり、バングラデシュは当時、西パキスタンとの関係がより深刻な問題でしたのでミャンマー側への関心は相対的に低かったのではないかと。ミャンマー独立後の一八年間は、ミャンマーとバングラデシュの間で、人びとの往来はある程度自由だったのです。

さらに、国際社会はこの間、ミャンマーの軍事独裁政権の問題にばかり気を取られていました。また難民問題に関しても、外国のメディアは取材が容易なミャンマー東部のタイ国境周辺のカレン人難民やシャン人難民に注目していたのです。

Ｑ　では、バングラデシュ側は、ロヒンギャ・ムスリムのことについてどのように考えているのですか？

Ａ　その前に、現在のロヒンギャ・ムスリムについての様々な立場を整理しておきましょう。

①ミャンマー政府やラカイン民族／ビルマ民族によるロヒンギャ・ムスリムに関する説明

②バングラデシュ政府によるロヒンギャ・ムスリムへの対応
③一部のロヒンギャ・ムスリム自身による説明
④国際社会――国連・NGO・研究者・ジャーナリストなどによるロヒンギャ理解（二つの立場）
①は何度も説明してきましたように、ミャンマー政府は一貫して、「ロヒンギャ族」という民族は存在してこなかったし、彼らは英国の植民地時期にミャンマーに流入してきたベンガル移民で、その後、不法にミャンマーに居着いた。だからバングラデシュに戻るべきだ、という立場です。
②バングラデシュ政府は、ロヒンギャというのは、ミャンマーに暮らしてきた少数派のムスリムで、一九八二年のビルマの市民権法（国籍法）によって国籍を剥奪されたミャンマー出自の人びとで、軍政の迫害によりその一部がバングラデシュに避難してきた、と説明しています。
バングラデシュの英語紙を見てみましょう（左ページ写真、"The Daily Star"、二〇一二年八月一四日）。
③一部のロヒンギャたちは、自分たちは八世紀頃からミャンマーのアラカン地域に暮らしてきた「土着の民族」で、一五世紀から一八世紀に栄えたムラウ・ウー朝（アラカン王国）の仏教遺跡群から出土した貨幣にムスリムの称号が見られることなどから、この遺跡はイスラーム王朝の遺跡であると主張しています（ただ、歴史的に見ると、アラカン王国に含まれていたこの時期のチッタゴン港は、「ヨーロッパ、ペルシア、アフガニスタン、ベンガルの商人の集まる、コスモポリタンな都市でした」〈エーチャン「ヤカイン世界」伊東利勝編『ミャンマー概説』、めこん〉）。
④は次の(A)(B)、二つの立場があります。
(A) ロヒンギャはミャンマー国内で歴史的にミャンマー人として暮らしてきた民族の一つで、軍政

下で最も虐げられてきた民族だから国民として保護すべき対象である。ロヒンギャを「ロヒンギャ族」「ロヒンギャ人」と呼び、「民族」と見なす。

(B) ロヒンギャは、ミャンマーに暮らすムスリムの中の一つ（ベンガル系のロヒンギャ・ムスリム）で、宗教的な少数者であり「民族」ではない。だが、数世代にわたって実際にミャンマー国内で暮らしてきたのは事実であり、国民として保護すべき対象である。

私は基本的に、この④の(B)の立場をとっています。

Ask Myanmar to settle it

PM tells UK, other countries not to put pressure on Bangladesh on Rohingya issue

STAR REPORT

Prime Minister Sheikh Hasina has called upon the United Kingdom and the countries concerned about Rohingya refugees to talk to the Myanmar government instead of pressuring Bangladesh.

She said this when British Secretary of State for International Development Affairs Andrew Mitchell called on the prime minister at her hotel suite in London on Sunday evening, reports BSS.

After the meeting, PM's Press Secretary Abul Kalam Azad briefed reporters.

Hasina told Mitchell that Bangladesh, despite being an overpopulated country, was already hosting over 28,000 registered Myanmar refugees at two camps in Cox's Bazar.

SEE PAGE 6 COL 5

Ask Myanmar to settle it

FROM PAGE 1

On the influx of Myanmar refugees into Bangladesh, she said her government was providing them with food, medicine and even financial assistance before repatriating them to their own country.

In June, when there was sectarian violence between the Buddhist Rakhine and Muslims in Myanmar, the international community asked Bangladesh to open its border for the Rohingyas.

Several hundred Rohingyas tried to enter Bangladesh roughly by a dozen of boats crossing the Naff River in June, but Border Guard Bangladesh and coast guards sent them back despite repeated pressure from some foreign countries and international agencies.

Prime Minister Sheikh Hasina, in an interview with a foreign television channel last month, said that Bangladesh was already an overpopulated country so it was not possible to take in any more Rohingya.

Once again she explained the Bangladesh's context to British Secretary of State for International Development Affairs why her government had to deny entry of Rohingyas who were coming from Myanmar following sectarian clashes in early June.

Rohingya is a centuries old minority Muslim population of Myanmar. But they remained as "stateless" for the last several decades as Myanmar's 1982 Citizenship Act undid the status of legally granted citizenship in 1948.

Last month, Amnesty International also called on Myanmar's parliament to amend or repeal the 1982 Citizenship Law to ensure that Rohingyas were no longer stateless.

"Under international human rights law and standards, no one may be left or rendered stateless. For too long Myanmar's human rights record has been marred by the continued denial of citizenship for Rohingyas and a host of discriminatory practices against them," said Benjamin Zawacki, Amnesty International's Myanmar researcher.

Bangladesh first allowed Rohingyas as Refugee in 1978 when there was influx.

And than some 2,50,877 Rohingyas took shelter as registered refugees in dozens of camps across Cox's Bazar district. After this influx, Bangladesh could send back 2,36,599 refugees till 2005, officials statistics show.

Only 19,000 Rohingyas, including those born here, were left at two refugee camps following the last repatriation in 2005.

But over the years the number of registered refugees in the two camps -- one at Nayapara of Teknaf and another at Kutupalang of Ukhia upazila -- has risen to 29,325.

Women leaders

FROM PAGE 1

The amendment will enable the government-appointed chairman of the bank to choose its managing director, sidelining other members of the GB board, reads the statement.

This is a de facto imposition of government control on the microlender, through which poor women, who are the owners of the bank, will be made powerless, they said.

"This must be stopped at the earliest time," the statement says.

down by the central bank in May last year.

The group urged all conscientious citizens to call upon the government to reverse its plan of taking over the bank, thereby jeopardising its future and depriving the majority of GB board members of their role in decision making.

The signatories of the statement are Sarah Abedin, Prof Fahmina Ahmed, Samia Ahmed, Asma Alam, Anusheh Anadil, Prof Firdous

バングラデシュのハシナ首相の談話として「ロヒンギャとは、何世紀にもわたってミャンマーに暮らす少数派ムスリムであり、1982年の市民権法によって無国籍にされた人びとである」と語った。

④の(A)と(B)は、歴史や民族という解釈の違いで、「ロヒンギャ問題」を解決したいという思いは同じだと思っています。

実は、ロヒンギャ問題を説明するのに、これまでは(A)の立場が一般的でした。ですが、この(A)の説明こそが「ロヒンギャ問題」を〝深刻化〟させる要因の一つとなっていました。先ほど説明しましたように、ミャンマー問題を一括りに、民主化勢力を抑圧したり少数民族を弾圧してきた軍事独裁政権の問題として捉えてしまったからなんです。ロヒンギャ問題が入れ子状態にあるということを四〇年もの間、それほど意識せずに単に「民族問題」「宗教問題」としてしまっていたのです。

Q それぞれの立場によっていろいろな説明があるのですね。

A だれが、どのような立場で「ロヒンギャ問題」を説明するかによって、誤解が生まれるんです。

Q 例えばどのような誤解ですか?

A 例えば「ロヒンギャ」という言葉です。「ロヒンギャ」というのは英語読み、ミャンマー語では「ロヒンジャ」といいます。この「ギャ」とか「ジャ」というのは「人」という意味なんです。

Q では、「ロヒン」とは?

A アラカン（Arakan）の古代名（Rohang）やアラカン王国（Mrohaung）から派生したなど諸説あります。つまり、おおざっぱにいって「ロヒン・ギャ」とは、「ロヒン地域に暮らす・人」という意味です。ですが、ロヒンをどう解釈するのかは直接「ロヒンギャ問題」とは関係ありません。

Q 「ギャ（ジャ）」というのが人という意味なら、日本語で「ロヒンギャ人」「ロヒンギャ民族」とするなら、「ロヒン人・人」「ロヒン人民族」って変になりますね。

A だから「ロヒンギャ問題」を理解している人なら、単に「ロヒンギャ」と書く方がいいですね（あるいはロヒンギャ・ムスリムと）。

日本に暮らすロヒンギャ難民の人びとは以前、日本国内で「ロヒンギャ民族を救え」という横断幕を掲げて街頭アピールをしていましたが、今は単に「ロヒンギャ」と名乗っている場合が多いです。また、軍政の迫害から逃れて日本にやって来たミャンマー難民が、日本国内でロヒンギャに対する差別を続けているという実態もあります（二六八ページ参照）。

Q だったら「ロヒンギャ・ムスリム」っていうのは「ロヒン人ムスリム」っていうことですか……。なんだか分かりにくいです。

A でも、これだけ「ロヒンギャ」っていう名前が、その語源を理解されず誤解され、時間とともに広がってしまうと、集団を表すために「人」や「族」をつけてしまうのですね、その方が簡単で通りがいいようです。でも、それだとロヒンギャ問題が民族問題になって、解決の糸口が見えなくなります。

「ロヒンギャ・ムスリム」と書くのは、ロヒンギャはあくまでもミャンマー国内にいるムスリムの一つを指し、「民族」ではないということを含んでいるんです。

ロヒンギャに対する差別について、「民族差別は許さない！」っていう形だけのスローガンは、運動として容易に進めることができるかもしれませんが、実際は複雑な問題があるということが分かるでしょう。

Q 何をどう言い表すのかって、難しいですね。

A 例えば日本語で「サハラ砂漠」っていうじゃないですか。サハラっていうのはアラビア語で「砂漠」っていう意味ですから、サハラ砂漠は「砂漠砂漠」ってなるし、韓国語の「チゲ鍋」は「鍋鍋」、ハワイの「フラダンス」は「ダンスダンス」になってしまいますよね。

Q 使う側の無理解があるかもしれないけど、日本語ではそんな風に定着してきましたし、外国語をそのように使う方が簡単で便利ですよ。ロヒンギャという言葉もそれと同じようにはできないのですか、分かりやすいですし。

A でも、実際にロヒンギャと接する現地のバングラデシュ人（ベンガル人）は、ロヒンギャとはいわずに「バーマ・ジャ（ビルマの人）」って呼んでいる現実もあるのです。難民キャンプでロヒンギャを支援している知人は、バングラデシュの国境付近では伝統的に、ロヒンギャと呼ばずに「バーマ・ジャ」というのが普通なんですよ、とも説明してくれました。またパキスタンでもロヒンギャは「バーマ・ジャ」と呼ばれているとの報告があります。

Q　ちょっと待ってください。日本の富士山を英語で言うと、「Mt.Fuji」ですし、琵琶湖は「Lake Biwa」と英文表記してますね。ただ、東京にある荒川は「Arakawa River」で、利根川は「Tone River」と表記していて、「kawa」を付けたり付けなかったりしています。

A　富士山を「Mt.Fuji」、琵琶湖を「Lake Biwa」と呼んでも、政治的な問題は起こってきません。民族や宗教的な対立もありません。だからこそロヒンギャのような言葉の使用の際には、外部の人こそが微妙な問題だとして意識的に使わねばならないと思っています。

ミャンマーでは、細かな呼称を軍政に利用されていたことをもっと意識する必要があると思います。軍政期が長かったということを常に意識する必要があるのです。

Q　ミャンマーでは、言葉遣いが政治に直接関係するというのですね。

A　そうです。ある印刷業者が二〇一五年末、「ロヒンギャ（Rohyingya）」という名前が入ったカレンダーを作ろうとした際、政府が認めていない呼称を使ったという理由で取り締まりを受けました。そこで、ロヒンギャに対する差別だ、という声が上がりました。でも、ミャンマーのことをある程度理解していたなら、そこは「表現の自由がない」という意味で声を上げる方が適切でした。

「ミャンマー」への国名変更と日本

Q 軍事独裁政権の時代から、「ロヒンギャ」という言葉は使用が許されなかったというのだから、「ロヒンギャ」に対する差別ではないのですか？

A もちろん、そういう面もあります。でも、ミャンマー政府は、同じように公的な場では「ビルマ（Burma）」とか「ラングーン（Rangoon）：ヤンゴンの前の名前）」という呼称を禁止してきました。それは、ミャンマー政府が当時、「ミャンマーという言葉は全ての民族を含んだ国名である」と強引に人びとの意識を国の統一に向けて推し進めていたからなんです。

Q そうなんだ、「ミャンマー」という言い方も政治的なんだ。

A 「ミャンマー」という言い方は、前の軍政が一九八九年、英語の読み方をビルマからミャンマーに変えただけなんです。

Q 当時のビルマ政府は、どうして英語の国名をミャンマーに変更したのですか。

A ビルマでは一九八八年に民主化デモが起こり、ネウィン将軍が退陣し、翌九〇年に総選挙が実施されました。スーチー氏が書記長を務めていた政党NLD（国民民主連盟）が総選挙で大勝したにも関わらず軍事政権は政権を委譲しませんでした。そこで軍部はクーデターを起こし、新しい軍事独裁政権がスタートすることになったのです。そこで、クーデターによって形の上で新しい政治体制のスタートを切った軍事独裁政権は、これまでとは違った説明をしはじめたのです。

つまり、これまでの「ビルマ」という国名はビルマ民族だけを指すのであって、「ミャンマー」という呼び方はビルマ民族に加えてカチン民族・カレン民族・シャン民族など他の少数民族を含めた名前だと説明し始めたのです。クーデターを引き起こした軍部は、国の名前を変えることによって国際的なイメージの転換を図ったのです。実はそれまでの歴史的な解釈では、英国からの独立闘争時、「ミャンマー」というのはミャンマー民族だけを指し、「ビルマ」とは他の少数民族を含めた呼称だとしていたからです。

Q　でも、その国が民主国であれ軍事独裁国であれ、その国を事実上統治している政権には、国名変更をする権限があるのではないでしょうか。

A　そういう説明は成り立つかもしれません。だから、選挙という民意を経ていないクーデターによる軍事政権が国名を変更したということで、民主化を求めていた多くのビルマ国民は反発していました。だからそのあたりに、ミャンマーに対する日本の立場にその複雑さの一端が現れています。

Q　それはどういうことですか。

A　ビルマからミャンマーへの国名変更は、あくまでも英語の国名が変わったということです。でも、日本で使ってきたビルマという呼び方は歴史的に、オランダ語から伝わってきたのです。それが英語の呼称が変わったからといって、日本語に定着していたビルマを英語読みにするのは、ちょっとおかしいのではないでしょうか。

Q 英語での呼称と日本語での呼称の関係がよく分かりません。

A こういうことです。例えばヨーロッパのギリシャは英語ではなんといいますか？

Q グリース（Greece）じゃないんですか。

A 普通はそう答えますよね。英語の試験でもそう書けば正解です。ですが、例えば日本の外務省のウェブサイトを見ると、ギリシャの英語の正式名称はグリース（Greece）とはなっていません。“Hellenic Republic”となっています。日本語でいうギリシャという呼び方はポルトガル語が起源だと言われています。

実は、ビルマからミャンマーへと呼び方を変更したのは、日本の国内事情が関わっています。

一九八九年といえば、日本では昭和から平成になった時期と重なります。当時の日本政府は、一九八八年にクーデターで成立したビルマの軍事政権を承認していませんでした。しかし、昭和天皇の大喪の礼に未承認国の参列者を迎えるわけにはいかず、翌一九九〇年には、平成天皇の即位の礼も予定されていました。日本政府はこのとき、たとえ軍事政権ということで世界から非難されていた国だったしても、戦前から日本と深い繋がりのあるミャンマー政府の意向を無視することはできませんでした。

その政府の決定の裏側でミャンマー政府の承認と国名変更に積極的に動いたのは、同国に経済的な権益を持つ日本企業でした。しかしこの時、在ビルマ（当時）の日本大使館は、自国民の支持を得ていないクーデター政権の実情を知っており、軍事政権の承認に反対していました。ミャンマーという軍事政権と国名変更の承認は、日本側の政治的な判断によるものなのです（三上義一『アウン・サン・スー・チー　囚われの孔雀』、講談社。永井浩『アジアはどう報道されてきたか』、筑摩書房）。

それはさておき、ミャンマー政府は、軍政や民政移管後の政権も、過去にさかのぼって歴史的な名前まで改変している例もあるのです。

Q　それはどういうことですか？

A　ネウィン将軍という軍政前期の独裁者は、「ビルマ社会主義計画党」という一党独裁の政治体制を敷いていました。「ビルマ社会主義計画党」はこれまで、英語で「Burma Socialist Programme Party（BSPP）」と言い表されていました。でもその後の新しい軍政は、その表記を「Myanmar Socialist Programme Party（MSPP）」と、「B」を「M」に変更してしまいました。これは史実の改ざんといってもいいでしょう。

まるで、小説『ビルマの竪琴』を『ミャンマーの竪琴』にするみたいなものです。軍政時代を引きずっていた民政移管後のテインセイン政権（二〇一一〜一六年）はそこまでして、「ミャンマー」呼称を強制することで、人びとの国民意識が一つになるように推し進めていたのです。

8 THE NEW LIGHT OF MYANMAR Friday, 7 August, 2009

From stability and peace to democracy

Ba Nyar Aung

Now, Myanmar's politics is at a crossroads. A constitution has been approved. Myanmar is going to hold an election in 2010 in which representatives will be elected to form legislative bodies at all levels in accordance with the constitution. So, the people and those who plan to form political parties to stand for election have to prepare themselves for and hold discussions about the election. And the people relish the thought of enjoying a prosperous future of the nation.

tasks show unsuccessful due to the fact that salient points in the histories and cultures of the countries are not taken into consideration, internal security and stability cannot be restored well, and democracy was introduced without institutionalization.

However, those opposing the seven-step Road Map are trying to make political reforms through regime change. They seem to keep on thinking that

one-party system or multiparty system. According to the 1974 constitution that was still in force at that time, provisions on changes in nation's administrative machinery could be amended only through the desire of the public. So, Myanmar Socialist Programme Party's proposal served as a door to political reforms. Nevertheless, those opposing Myanmar Socialist Programme Party did not accept the proposal. They were in fear that if a referendum was held, the ruling party might

framework of the constitution in Myanmar. Amidst a large variety of challenges and disruptions the National Convention was completed to formulate a new constitution. The National Convention adopted basic principles and detailed basic principles as a result of thorough and frank discussions held by the representatives. National legal experts drafted the State Constitution (2008) based on the adopted principles. The constitution was

appropriate or not rests on whether it is designed to serve the nation's interest or not. The government alone is not authorized to amend the constitution because it is written with the principles adopted at the National Convention and it has been approved with the massive support of the people. If the constitution is to be amended so, the minority disregard the wishes of the majority of the people, and such an imprudent act is against democracy. Those demand-

opportunities to enjoy democracy rights correctly. Likewise, the provisions on amendments give the people opportunities to amend the constitution step by step with maturity of the people and political forces in practicing democracy. These points indicate that the people can choose the most suitable way to exercise democracy in the framework of the law.

The constitution and the 2010 election serve as

stability and peace to demo

is at a crossroads. A Myanmar is going to h representatives will bodies at all levels in n. So, the people and l parties to stand for selves for and hold And the people relish perous future of the st assured that things e not completed all ns are plotting to de-

one-party system or multiparty system. According to the 1974 constitution that was still in force at that time, provisions on changes in nation's administrative machinery could be amended only through the desire of the public. So, Myanmar Socialist Programme Party's proposal served as a door to political reforms. Nevertheless, those opposing Myanmar Socialist Programme Party did not accept the proposal. They were in fear that if a referendum was held, the ruling party might win. So, they deceived the people into taking to the streets by generating public outrage and issuing made-up news. Then, the ruling government announced that

appropriate or not res to serve the nation's i ment alone is not autho tion because it is writte at the National Convent with the massive suppo tution is to be amended wishes of the majority imprudent act is against ing amendments to the looking that point.

Another point is th

Burma Socialist Programme Party（ビルマ社会主義計画党）を Myanmar Socialist Programme（ミャンマー社会主義計画党）へと言い換えている（政府系英字紙『ミャンマーの新しい灯』2009 年８月７日）

国の統一のために「汎ミャンマー主義」を推し進める傾向は、前の軍事独裁政権時代よりも今のスーチー氏のＮＬＤ政権の方が実は強い、とも言えます。

Ｑ　「汎ミャンマー主義」とは、なんですか？

Ａ　簡単にいいますと、少数民族の存在を軽視した「ミャンマー至上主義」です。

例えば、二〇一七年にモン州で新しい橋が建設された際、スーチー氏のＮＬＤ政権はその橋の名前を「アウンサン将軍橋」と名付けようとしました。そこで政府と少数民族モン人との間に問題が起きました。現代のミャンマー社会で支配的である上座部仏教やミャンマー文字は、もともとモン文化由来のものです。モン人たちは、口には出しませんが、自分たちこそがミャンマーという国の文化の基盤をつくったのだと自負している部分があるのです。そのモン民族の思いが、政府に顧みられていないというのです。もちろん、アウンサンスーチー氏のお父さんであるアウンサン将軍は、ビルマ民族にとって独立の英雄ですが、少数民族の人にとっては必ずしもそうではありません。ですが、ＮＬＤ政権にとっては、国の統一のための物語（神話）＝アウンサン将軍が必要だということです。同政権はこのとき、同じモン州内にアウンサン将軍の二つ目の像を建立しています。

さらに二〇一九年になって、今度はカヤー州の州都ロイコーに、アウンサン（将軍）の像を建てようとして、少数民族カヤー人から猛反対を受け、未だにどうなるか決着がついていません。このように、汎ミャンマー主義（汎ビルマ主義）が進んでいるのです。

ミャンマーでは国の統一のために、時の政府が武力や政治力を背景にして同化政策を推し進めたため、ビルマ民族以外の諸民族の間には、反軍政・反政府という意識が植え付けられてきた社会的背景があるのです。

2017年、モン州第2の都市ムドンの中心部に同州2つ目のアウンサン像が建てられた（2019年）

Q　ああ、そういうことですか。だからこそ、本来は民族問題には含まれなかったロヒンギャに対して、土着民族（先住民族）であるとも解釈される「ロヒンギャ民族」という言葉の使用は控えた方がいいということなんですね。

A　私はそう思います。

ロヒンギャの実態――呼称・言語・暮らし

Q　では、ロヒンギャを何と呼ぶのがいいのですか?

A　実際に、「ロヒンギャ民族」と「名乗り」たい、そう「名付け」られたいと主張する人がいるのは事実です。そのように思うロヒンギャたちの思いは一九五〇年代以降に、ロヒンギャ問題を解決しようとして、国際社会の関与によって作り出された一つの解釈と運動の結果だといえるでしょう。

ですが、もう少し細かく見ると、果たして彼らが「ロヒンギャ民族」と呼んで欲しいのか、「ロヒンギャ・ムスリム」と呼んで欲しいかといえば、これまでの私の経験では、ほとんどのロヒンギャの人びとは後者を選んできました。なので、ミャンマー国内の土着化したムスリムの一つとして「ロヒンギャ・ムスリム」(ベンガル系)と呼ぶのがいいのではないかと思っています(しかし、現状ではその呼び方は理想的で、多くの人がロヒンギャをラカイン・ムスリムと呼ぼうとしている)。

Q　実際にバングラデシュでロヒンギャ難民に会った時の印象はどうでしたか?

A　バングラデシュでは、東南部コックスバザール地域のロヒンギャ難民キャンプ(公式キャンプ二箇所、非公式キャンプ二箇所の計四箇所)を訪れました。また現地に入って初めて知ったのですが、実は難民キャンプに暮らしていないロヒンギャの人びとが二〇万人近くいたことでした。

Q　その二〇万人を超えるロヒンギャたちは、何をしているのですか？

A　現地の人から、キャンプ外で暮らすロヒンギャの数は、大体そのくらいの数だと説明されました。しかし、その正確な人数は分かりません。難民キャンプ外で暮らしている彼ら／彼女たちの立場は、それこそ千差万別で、軍政期にミャンマー側から逃れてコックスバザール周辺で賃金労働者や日雇い農民として働いている者もいます。また、商売人としてバングラデシュとミャンマーを行き来して、貿易業を営んでいる人もいます。

Q　ロヒンギャがバングラデシュ人（ベンガル人）と一緒に、普通に生活しているのですか？

A　実際に詳しい調査をしたわけではありませんので、はっきりしません。ただ一カ月半ほど現地に滞在する中で、ロヒンギャの人が現地の人に差別されながらも、一緒に暮らしているという印象を受けました。このあたりは、実はもっと詳しい調査や取材が必要な部分ではないかと思っています。

Q　ロヒンギャはバングラデシュで暮らすのに言葉の問題はないのですか？

A　ロヒンギャたちは通常、ミャンマー語ではなく、バングラデシュのチッタゴン方言のベンガル語を話しています。私自身、ミャンマー語とベンガル語の違いぐらいは分かりますが、ベンガル語とチッタゴン方言のベンガル語の違いは全く分かりません。

その後、チッタゴン地域をフィールドワークしている研究者に話を聞く機会がありました。その際の説明では、チッタゴン方言もいくつかに分かれており、ロヒンギャたちの話す言葉は特別なチッタゴン方言で、チッタゴン方言と簡単にいえないのではないか、ということでした。ロヒンギャたちが話すのは、チッタゴン方言の中でも特別な言葉の一つなのだから「ロヒンギャのチッタゴン方言」とでも表現できます（この辺りも不明確な部分が多く、今後の研究が待たれる）。そこで、人によっては「ロヒンギャ語」と言いあらわすこともあります。

Q じゃあ、ロヒンギャの人もバングラデシュでのコミュニケーションはそれほど困らないのですね。

A 現地ではそう説明されました。でも、一般的なベンガル語ではなく、ベンガル語のチッタゴン方言というのは、現地の人にはその違いが分かるので、「おまえたちはよそ者だろう」という感じで、ロヒンギャたちが差別されているという話はよく聞きました。

Q 同じムスリムなのに、なぜ差別されるのですか？

A 数十万人を超える人が地域外から来れば、食事の準備のための薪集めで現地の人と資源の取り合いになります。工場や田畑での労働者も賃金の安いロヒンギャが優先され、現地の人の職を奪うことになるとか、生活レベルでの摩擦が起きるのです。

Q 確かバングラデシュは、人口密度が世界でも高かったような気がします。

A 生活の状況に関しては、バングラデシュの首相もインタビューで、「バングラデシュはすでに人口過密状態」といっていますね。

でも、バングラデシュの人口に関しては、誤解があるようなんです。確かにバングラデシュは現在でも、最も人口密度の高い国として知られています。でも、かつて人口増加の問題を抱えていたバングラデシュはその後、人口抑制の政策をとり、その政策は成功しているといえるでしょう。バングラデシュは現在、人口増加率で見ると南アジアで低い国となっています。

Ⓠ　では、バングラデシュの東南部、コックスバザール付近のロヒンギャの人たちの人口はどのくらいなんですか？

🅐　実は詳しい資料はありませんし、ロヒンギャの人口調査をしているという話も聞きません。ただ、難民キャンプ内に関しては、一〇〇万人を超えているはずです（二〇二〇年現在）。

実際に公式難民キャンプで支援に当たっているバングラデシュ人のスタッフからは、二〇一二年でしたけれど、「難民キャンプ内では、家族計画の実施が順調ではなく、困っています」という話を聞きました。しかし、難民キャンプ内で家族計画が順調にいかない理由は、なぜかはっきりと説明してくれませんでした。やはりキャンプ内では人が増えすぎ、キャンプに接する地域に暮らすバングラデシュ人と軋轢を起こしているそうです。

Ⓠ　難民キャンプ周辺の村人もロヒンギャの人たちの存在をあまり歓迎していないのですね。

🅐　そうだともいえます。二〇〇九〜一〇年にロヒンギャの難民キャンプを訪問した際、非公式キャンプ内には自由に立ち入ることができました。それが、二〇一二年の八月に同じキャンプを訪問しようとしたら、キャンプ周辺の村人の監視が厳しく、外国人がキャンプに立ち入るのを阻止しようとする動きもありました。実際、ロヒンギャを排斥する団体も設立されていました。

難民キャンプの支援者から聞いた話によると、キャンプ周辺の村人には「外国人はトラブルの元になるロヒンギャばかりを助けて、生活が苦しい我々（バングラデシュの）村人には援助をしてくれない」という気持ちがあるそうです。

Q やはり、現地のことはあまり知られていないですね。

A もう一つ、知られていないことがあります。それは、ミャンマー側からバングラデシュ側に逃れてきているのは、ロヒンギャたちだけでなく、数は数百人と少ないのですが、ラカイン人たちもいるのです。

ラカイン人の難民

Q えっ、ラカイン人って仏教徒たちですね、なぜミャンマー側から避難しているのですか？

A 多数派であるビルマ民族主体のミャンマー政府は、政府の意向に従わなければ、今も昔も、少数者（少数民族側）を力で排除しています。軍事独裁政権の迫害対象は、仏教徒もムスリムも関係ないのです。それに、同じビルマ民族であっても、民主化勢力のミャンマー人たちを弾圧し続けていました。

Q 仏教徒のラカイン人たちも難民キャンプに暮らしているですか？

A いいえ、彼らは一九九一年の難民流出の後、ミャンマー側に戻らずコックスバザール市内の仏教徒コミュニティに身を寄せて生活しています。ラカイン州北部のマウンドーやブーディーダウンという地域は、実はムスリムが多数派で仏教徒が少数派です。なので、その地域出身のラカイン人仏教徒たちは、ミャンマー側に戻るよりも、バングラデシュのコックスバザールに留まり、同じ仏教徒たちと暮らす方がいいようです。また彼らは国連難民高等弁務官事務所（UNHCR）発行の難民証明書も持っています。でも、ロヒンギャに比べて数も少ないし、国際社会からそれほど注目されていません。だから、同じ軍政から逃れてきたラカイン人に手をさしのべようとしない「国際社会」に対して、仏教徒たちはあまり良い印象を持っていません。

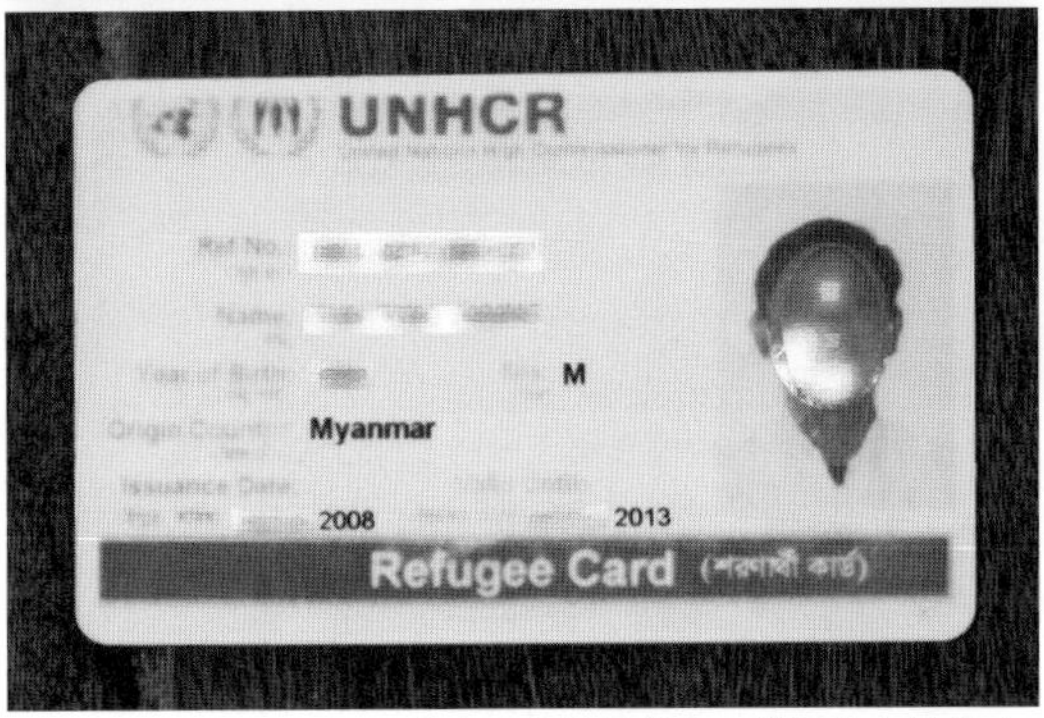

上：コックスバザール市内の仏教徒僧院。数百人と数は少ないが、ラカイン仏教徒たちもミャンマー軍政の迫害から逃れてバングラデシュに暮らす（2012 年）／下：ラカイン人の難民証明書カード（コックスバザール、2010 年）

Q でも、やっぱり一番迫害されているのはロヒンギャの人びとなんですね。

A そうです、それは間違いない事実です。でも、個々人の生活の苦しさを机上の議論だけで

バングラデシュ・コックスバザール北に位置するモーヘッシュカリの農村で、仏教徒のラカイン人たちが機織りに精を出していた。(2010年)

比較するのは適当ではないかもしれません。軍政によって、同じように迫害されてきたラカイン人の存在が表に出てこないのは、やはり当事者たちにとって釈然としないところがあるのです。

国境地帯から見るロヒンギャ

Q ミャンマーとバングラデシュの国境は今、どのようになっているのですか?

A 二〇一二年に撮した写真を見てください。バングラデシュ側からミャンマー側を撮影したものです(二〇一〇年の写真は二二ページ参照)。

Q これは国境線のナフ河ですね。漁民が長閑に漁をしている風景にも見えますけど、二〇一二年の方は細長い棒が一面に立って、建物が見えます。これは何ですか?

A これはミャンマー政府が建築中の「壁」です。また、建物は二〇一〇年には見られなかった監視所

国境のナフ河（バングラデシュ側から撮影、2012 年）

です。これ以上難民がバングラデシュ側に流出しないように、逆にバングラデシュ側から人がミャンマー側に渡らないように設置されたのです。

Q 目に見えない国境線が目に見える形の国境の壁になったのですね。そこまでしなければならないほど、両国間で人の移動を制限しようとしているのですか？

A 公式の国境線の画定は一九六六年と説明しましたが、事実上、人の行き来はキチンと管理されていたとはいえないようです。そこがまた一つの問題なのです。

歴史的に見て、ロヒンギャたちがラカイン州に暮らしていたのは、それが英国の植民地内での「移住」という形をとっていたことも、間違いないことです。ビルマが一九四八年に英国から独立した当時は、ロヒンギャたちには市民権（事実上の国籍）がありました。一九八二年の改正市民権法は、彼ら／彼女たちから国籍を奪い国から追い出そうとしたのです（一九九〇年の総選挙では、ムスリム〈ロヒンギャ〉として国会議員に当選した者も出た）。

Q　地図でみると、ラカイン州は北から南に長いですね。

A　ミャンマー国内のラカイン州北部に暮らすロヒンギャ・ムスリムの人口はおよそ一一〇万人前後だとされていました（二〇一四年のミャンマー国勢調査から推計。斎藤紋子「ミャンマー社会と多宗教・多民族共生の難しさ―ムスリムの事例から」『CIRAS Discussion Paper』No.79、二〇一八年。筆者註：バングラデシュ側に一〇〇万人近くのロヒンギャの避難民が流出した後、二〇二〇年一月時点で、ミャンマー側のラカイン州内には約六〇万人のロヒンギャたちが残っているとされる）。

そのラカイン州の北部マウンドー、ブーディーダウン、ラディダウンの三つの町にその人口が集中していています。これらの町では人口の約九割近くがロヒンギャ・ムスリムで、仏教徒のラカイン人は少数派なんです。ミャンマー全土では約九割が仏教徒ですから、このラカイン州北部の地域では反対の状況なんですね。

だから「ラカイン州」という説明を加えるとき、それがロヒンギャたちが大多数の「ラカイン州北部」なのか、それ以外の地域なのか、キチンと明示する方が適切でしょう。

Q　アラカン山脈がラカイン州をミャンマーの他の地域と隔てていることに関係あるのですか？

A　ラカイン仏教はアラカン王国の下で、ミャンマー仏教とは異なる独自の仏教世界を作ってきたと説明してきましたね。

　ミャンマーが独立した一九四八年前後の不安定期、ラカイン州は独自の地域自治を目指しました。その頃はまだ現バングラデシュ（東パキスタン）との国境ははっきりと画定していませんでしたから、人の移動は緩やかでした。

　そこに暮らすムスリムたちは、ミャンマー国内のアラカン地域に仏教徒中心のラカイン州ができると、自分たちが少数派になってしまうことをおそれ、独立直後から独自の自治権獲得の闘争を始めたのです。

　最大都市ヤンゴンもインド系の人の数は多かったですけれど、バングラデシュと隣接するこの地域にはムスリムが大勢暮らしていたのです。

　独立後の民政ウー・ヌー政権（共和制）は、アラカン地域だけでなく、全国規模で少数民族との武装闘争を引き受けなければならない状況でした。新政権はそこで、ムスリムたちの保護を約束する意図で、ラカイン州北部に独自のムスリム地域（マユ辺境行政区）を認めたのです。そのムスリム保護地区がラカイン州北部の、今の状況に引き継がれました。つまり、多数派ビルマ民族主体の政府は、ミャンマー西南部の海岸線を支配していたラカイン民族の「アラカン勢力（王国）」の復興意識を抑えたいという意図もあったと私は推測しています。

舎の村でロヒンギャの子どもたちが木登りで遊んでいる風景もあった（2010 年）

ロヒンギャ問題が深刻化する前、ラカイン人もロヒンギャも共存していた。ラカイン州の

Q アラカンとラカイン（ヤカイン）の違いがごっちゃになってしまいます。

A すでに説明しましたように、「アラカン」の意味は大きく二つあって、現在のミャンマーのラカイン州とバングラデシュのチッタゴンを含むかつてのアラカン王国や、そこに暮らすアラカン人（ラカイン人、ベンガル人、ロヒンギャ、チャクマ人など）を意味するのが一つ。

また「ラカイン」とは、そのアラカンという呼び方がそのまま英語に引き継がれ、ミャンマー国内のラカイン州（一九七四年に公式に行政区となる）やラカイン人を指す場合です。後者の「ラカイン」を、今でも「アラカン」と呼び習わす人がいるのです。

Q じゃあ、何故、そのラカイン州からロヒンギャたちが逃げ出しているのですか？

A 繰り返しますが、軍政が国づくりのためにとった同化政策の結果、外国人が追い出されることになったのです。それが具体的に法律として実施されたのが一九八二年の市民権法（国籍法）です。

英国による植民地政策の結果、インド系の人に加えてバングラデシュのチッタゴン地域に暮らすロヒンギャの人びとが労働者としてミャンマー側にやってきました。ミャンマーは、独立直後の民政期に続く軍政期に、すでにその土地で生計を営んでいた人びとから有無を言わさず国籍を奪って、彼ら／彼女たちを国から追い出したのです。そこにはロヒンギャたちが暮らしていたという実態がありましたし、当時は国境さえ画定していなかったという事実があるにも関わらずです。だからこそ、ミャンマーの人たちがロヒンギャの問題を真剣に考えるなら、自らこそが軍政期の国の政策を正確にふり返る必要があると思うのです。

Ｑ　英国植民地時代にどのくらいのムスリムがミャンマー側に来て、その後軍政期を経て、どのくらいの人がラカイン州北部の「マユ辺境行政区」に住み着いたのですか？

Ａ　ロヒンギャ問題をややこしくしているのが、その人口を示す数字があまりにも漠然としていることなんです。全体像が明確にされていないのです。それには次のような理由もあります。

軍事独裁政権下のミャンマーで一九九二年、通称「ナサカ」という国境警備隊が創設されます。実はこの組織が問題でした。ミャンマーで二〇一六年、国民民主連盟（ＮＬＤ）の新しい政権が活動を始めると、主要な問題として、民主化問題、民族問題、麻薬問題とならんで「汚職問題」が議題となりました。

国際的に発表される各国の汚職度で、ミャンマーは毎年、その度合いの酷さを指摘されています。社会の裏にはびこった悪弊は、民主化したからといっても一朝一夕で解決されるわけではありません（もともと汚職が蔓延したのは、軍政が長かったためである）。

軍政期に現地に滞在した私自身、次のような経験をしました。

滞在ビザを延長する関係でイミグレーション（出入国管理局）の事務所によく足を運びました。その際、いつまでたっても手続きの申請用紙が受け付けられずに待たされたことが幾度となくありました。実は、遠回しに賄賂を要求されていたのですね。手続きの用紙やパスポートに、正規の料金以外の現金を挟んで申請すると、すんなりとビザ更新が進むことになります。まるで賄賂を渡すのが手続きの一部のようでした。最初はそのことを知りませんでしたので、役所の中で結構、待たされました。

もっとも私は、取材の一環として、実際賄賂を渡さないで手続きをすると、役所の手続きがどのくらい煩雑なものか体験してみたいという目論見もありました。でも、自慢ではないですが、軍政期も今も、私は現地で賄賂を渡して手続きを進めたことは一度もありません。

Q　ミャンマーの汚職と「ナサカ」という国境警備隊との間には何か関係があるのですか？

A　その「ナサカ」のメンバー、さらにラカイン州政府や地元の役人たちが賄賂を受け取って、バングラデシュ側から多くのバングラデシュ人をミャンマー側に入れたのです。どのくらいの数の人がバングラデシュからミャンマー側に不法入国したのか、その実数はまったく分からないのです。後から来た人たちは、実際に市民権を持っていないので不法移民です。でも彼ら／彼女たちは、二〇年以上にわたってミャンマーに留まって生活基盤を定め、そこで暮らし続けていたという実態があるのです。

この間、腐敗した役人や国境警備隊（ナサカ）、それにラカイン人・ミャンマー人・ロヒンギャたちの人身売買業者などが活動してきました。そのことは冒頭、米国ＣＮＮのレポートで触れました（四四ページ参照）。経済発展めざましいマレーシアやインドネシアは、日本でいえば３Ｋ（危険・汚い・きつい。英語では３Ｄ〈Dangerous・Dirty・Demanding/Deaming/Difficult〉）の職種で労働力が不足していますので、これらの人身売買業者を利用して人手の確保をしているのです。それが軍政期にこの地域で起こってきたことです。民政移管後、これらの役人や人身売買業者の罪を問う声を聞いたことがありません。

バングラデシュのチッタゴン丘陵問題

Q　では、どうしてバングラデシュ側から、軍政期のミャンマーにわざわざ入国しようとする人が増えてきたのですか。

A　それは、バングラデシュの側にも、同国の東部に「チッタゴン丘陵問題」という未解決の問題があったからです。その問題をごくごく簡単に説明します。

バングラデシュ政府は七〇年代末から、チッタゴン丘陵部に平野部から数十万人のベンガル人を入植させる政策をとりました。そのチッタゴン丘陵部にはもともと、ジュマ民族（チャクマ、マルマ、チャック、トリプラなど一一〈一三〉の異なる先住民族の総称：多数派のチャクマ、マルマ、トンチョンヤ、チャックは仏教徒）が暮らしていたのです。そこにベンガル人の入植によって、チッタゴン丘陵の人口比が逆転し始めたのです。そもそも、ジュマ民族とベンガル人の間には、大きな争いはありませんでしたが、ジュマ民族と入植者は、土地を巡って問題を抱えるようになりました。つまりバングラデシュ政府の政策（多数派が少数派の地域を無理やり支配しようとする）によって問題が引き起こされたということです。両者は、生活と生存をかけた争いを始めたのです（チッタゴン丘陵問題の紹介映画『コルノフリの涙』）。つまり、経済的に貧しいベンガル人の移動は、チッタゴン丘陵だけでなくミャンマー国境周辺でも発生していたのです。

また、くどいようですが、ここで再確認しておきます。一九九〇年代のミャンマー軍政の懸案は、西部のラカイン州のロヒンギャ問題よりも、東部カレン州・北西部シャン州・北部カチン州の少数民族による武装抵抗闘争への対応でした。腐敗した軍政は、大きな問題が起こらない限り、バングラデシュからミャンマー側への人の移動があったとしても、それほど問題視していなかったと推測できます。それに国際社会の関心は、ミャンマー問題といえば、少数民族による武装闘争抵抗への対応に向けられていました。それゆえ、ミャンマーとバングラデシュ両国地域にまたがる問題への検証はこれまで、あまり進められていませんでした。

決着のつかない論争

Q なんだか、これまで以上に複雑な歴史がからんで一筋縄では理解できないですね。

A 私自身、ミャンマー人、ラカイン人、ロヒンギャに知り合いがいるのですが、この「ロヒンギャ問題」になると、いつも彼らとその複雑な歴史を巡って論争になってしまいます。

ミャンマー人やラカイン人たちは、もともと「ロヒンギャ民族」なるものはミャンマー国内にはおらず、ベンガル人（バングラデシュ人）の不法移民がミャンマー国内に居着いているのだ、と主張しています。

その一方、ロヒンギャたちの一部は、「歴史的にみるとラカイン（アラカンの王朝）はムスリムの王朝だ」とも主張しています。

Q　その歴史論争に決着はつかないのですか？

A　さきほど説明しましたように、このラカイン地域での実証研究はあまり進んでおらず、今すぐに歴史問題としての決着をつけるのは難しいと思います。

ラカイン州は、もともと上座部仏教が優勢な地域だったのは間違いないようです。ただし、さまざまな資料からいえるのは、仏教を信奉していた当時のアラカン王朝はムスリム名を持つなど、イスラーム様式を取り入れて生活をしていました。当時のアラカン王国は、貿易によって成り立っており、経済的な活動は主にムスリムが担っていた王朝でもあったのです。したがって、当時のアラカン地域が、仏教かイスラームかどちらか片方だと単純に割りきれないのです。

日本でも九州の長崎地方を中心に、江戸時代になってキリスト教が禁止されるまで、「クリスチャン大名」がいました。もちろんキリスト教に改宗した大名もいましたが、外国との交易を有利に進めるためにクリスチャン名を持った大名もいました。それと同じようなものではないかと想像しています。

私の出会ったラカイン人やミャンマー人たちの苛立ちの最大の要因は、ロヒンギャたちが歴史をさかのぼって、アラカンの仏教王朝を否定するような発言をしていることです。とりわけラカイン人たちは、歴史的にミャンマー人たちよりもムスリム勢力と向かい合っていたため、上座部仏教の保護者を自認していました。ロヒンギャの一部の人の発言は、そんなラカイン人の自尊心を傷つけることでもあるのです。

Q　でも、軍政下で最も過酷な迫害を受けてきたロヒンギャ・ムスリムたちは、自分たちがそこに昔から住んでいる「民族」だと主張しないと安心して暮らせないとの危機感から、そういう主張をしているのではないのですか。そうやって、まずは国際社会に「民族迫害」を受けているという運動を展開してきたのではないですか。

A　それは否定できません。しかし、そのような主張を前面に掲げる限り、ミャンマーにおけるロヒンギャ問題の解決は見通しが立たないのではないかと、私は思っています。

私自身二〇〇九〜一〇年と二〇一二年、バングラデシュの難民キャンプ（公式難民キャンプ一箇所、非公式難民キャンプ三箇所）、難民キャンプに暮らしていない商売人のロヒンギャと話をしました。

そこで彼らのアイデンティティは、やはり「民族」よりも「ムスリム」でした。大多数がそうでした。ただ、外国人と接触することに慣れているロヒンギャたちが「民族としてのロヒンギャ」を強調したこともありました。

また、二〇一五年一一月、ラカイン州の州都シットゥエー郊外に作られたロヒンギャの国内避難民キャンプに入りました（十数万人のロヒンギャたちは、二〇一二年に起こった事件で、事実上、一定の地域に閉じ込められるという状況に置かれている）。

そこで私が一番興味があったのは、やはり、彼ら／彼女たちが自らのアイデンティティをどのように持っているかでした。そこで、「あなたたちは、『ロヒンギャ・ムスリム』と呼ばれたいのか、それとも『ロヒンギャ人（民族）』として呼ばれたいのか、どちらかなのか？」と、くどいほど聞き回りました。

答えはやはり、「ロヒンギャ・ムスリム」でした。

Ｑ　では、「ロヒンギャ人（民族）」ではなく、「ロヒンギャ・ムスリム」として認めるのがいいんじゃないですか？

Ａ　でも、これまで、ミャンマーの国内外で「ロヒンギャ」を民族として扱ってきた経緯があるので、そう簡単にはいかないようです。また、国連なども当初はそのような考えで、ロヒンギャを民族とすることで救済を図ろうとしてきました。その後、数十年という時を経て、「ロヒンギャ民族」という名乗りと運動が広がってしまったという事実を否定することは難しいのです。

だからこそミャンマー国内では、「国際社会はムスリムの声ばかり取り上げる」という不平不満の声が広がっています。そのため、国内では「ロヒンギャの窮状を解決する＝ロヒンギャ民族という主張を認めてしまう」という危惧があるのです。

アウンサンスーチー氏の姿勢

Ｑ　スーチー氏が率いる国民民主連盟（ＮＬＤ）が政権を取ったからといって、そう簡単に解決の道を示せるのではないのですね。

Ａ　簡単ではありません。スーチー氏も最近、この問題は政治の問題であり、emotion（感情）の問題もあると明言しています。

あと、一部の海外のメディアや援助機関、さらにロヒンギャの支援者たちが、「ロヒンギャ問題」を解決するために不正確な情報に基づいて活動を続け、そのことがミャンマー人やラカイン人の反撥を引き起こし、ミャンマー人、ラカイン人のフラストレーションを高めることで解決の道を難しくしています。

Q それほどミャンマー人やラカイン人のフラストレーションはたまっているのですか？

A これまで説明してきたように、国際社会のミャンマーに対する無理解は、国内でフラストレーションとまではいえませんが、ある程度、存在するように感じます。

実際、バングラデシュとラカイン州の州都シットゥエーでロヒンギャ支援に当たっている現地の人に話を聞くと、「メディア・ビジネス」「援助・ビジネス」がお盛んだから仕方ないよね、っていう話になりました。つまり、メディアは「ロヒンギャ問題」を扱うことによって記事や番組が売れ、NGOは援助資金が得られるんだ、と。

確かにロヒンギャ難民は絵（映像）になり、問題の背景を知らずに迫害されている「ロヒンギャ民族」を救えってのは単純化しすぎだよ、っていう話でした。

Q スーチー氏はどのように発言しているのですか？

A 外国メディアは、スーチー氏がロヒンギャ問題に積極的に発言していないという態度を指摘して、「沈黙するスーチー氏」という報道をしています。ただ、スーチー氏は必ずしも静観しているのではありません。ここまで説明してきましたように、「ロヒンギャ問題」は複雑ですので、この問題を単純化して、人びとの感情を煽らないように十分に注意しているのです。実際、スーチー氏は外国の報道機関のインタビューにいくつも応じています。ただ、インタビューに関しては、例外なくいずれの放送局も内容を編集しているため、必ずしもスーチー氏の意図が視聴者に届けられるわけではありません。ただ、そうであっても、スーチー氏の考えの一端を垣間見ることができるので、いくつかの放送は参考になります。

ファーガル・キーン特別特派員（英国の公共放送局〈ＢＢＣ〉）とのインタビューは二〇一七年四月、ＡＲＳＡ（アラカン・ロヒンギャ救世軍）の最初の攻撃（二〇一六年一〇月）から半年後に行われました。「ロヒンギャ問題」の部分は八分ほどあります。スーチー氏は次のように言います。

「国際社会で使われている『民族浄化』という言葉は、あまりにも刺激的（too strong）な使い方ではないでしょうか。また、ラカイン州で起こっていることは、民族浄化ではなく、宗教や共同体が異なる人びとの対立です。私たちが政権に就いて、まず取りかかったのは市民権の問題です。ですが、その矢先にＡＲＳＡの攻撃が起こったのです。これは、まったく予想外でした。もちろん、バングラデシュに逃れた避難民たちがミャンマー側に戻ることを歓迎します」

——（ファーガル・キーン特別特派員）ノーベル平和賞を受賞し、マハトマ・ガンジーやマザー・テレサのようにもいわれる人権擁護の象徴でもあるあなたが何も発言しないことに対して、あるいは他のノーベル平和賞受賞者があなたの態度を疑問視していることに、どう答えるのか？

「私は単なる政治家ですよ(I'm just a politician)。私はマザー・テレサではないですよ。実際、ガンジーは抜け目ない洞察力のある（shrewd）政治家ですけども……（スーチー氏は、私はどちらかというとガンジー的な政治家ですと仄めかしている）」

またインドの「リパブリック・ワールド」のインタビューは約一五分間、ARSAの二回目の攻撃の三カ月後の二〇一七年一〇月に行われました。

「このムスリム共同体とラカイン共同体との間の複雑な問題は、一九世紀から続く長い間の問題です。一夜で解決できる問題ではありません。しかし、両者が調和して暮らしている地域もあります。ですから問題解決が不可能だとは思いません」

——（リパブリック・ワールド記者）「ロヒンギャ」という言葉を使わずに「ラカイン・ムスリム」というのはなぜですか？

「ロヒンギャという言葉は感情的（emotive）になります。でも、『ムスリム』という表現は誰もが否定できない使い方だからです」

——（リパブリック・ワールド記者）ARSAの活動に関しては？

「私たちの国は、正直なところ対テロ作戦（counter terrorism）という分野において遅れているということを認めざるを得ません」

Q　でも、二〇一七年八月以降、これまでの難民を含めて一〇〇万人以上のロヒンギャ・ムスリムがバングラデシュ側に避難してしまうような状況なら、スーチー氏は何かひと言でも言うべきではないでしょうか。

A　私もそう思います。スーチー氏は、この「ロヒンギャ問題」がここまで大きくなるとは思っていなかったようです。

実は二〇一六年に政権の事実上のトップに就いたスーチー氏の最優先課題は、武装抵抗を続ける少数民族との和解と「二〇〇八年憲法」（軍政時代に制定された憲法で、国会議員の三分の一はあらかじめ軍部に割り当てられ、国防や治安に関しては最高顧問であるスーチー氏にその権限がない）の改正、それに麻薬問題でした。また、スーチー氏自身、ミャンマー問題を全て理解しているわけではありません。特に少数民族問題への理解について、不十分なところもあります（二二一ページ参照）。

実際、スーチー氏は、今回のARSAの攻撃による大量難民の発生について、「思いがけないことだった」と語っています。

ミャンマー国内のロヒンギャ難民キャンプ

Q　では、ロヒンギャ側のフラストレーションはどうですか？

A　二〇一五年一一月にラカイン州の州都シットゥエー郊外の国内避難民キャンプ（IDP：Internal Displaced Person）を訪れた時のことをお話しします。

キャンプ内の治安は基本的に、表だって警察が担っています。しかし、同時にキャンプ内には軍の駐屯地がありました。何か問題（二〇一二年のような騒乱状態）があれば、軍が出動する態勢が整っています。やはり軍が威圧するシステムは残っているようでした。

次に、キャンプ内の管理事務所を訪れた時の写真を見てください。

事務所の中に掲げられている写真は、独立の英雄「アウンサン（将軍）」（左）と前の独裁者「タンシュエ上級大将」です。この写真を見て、私は驚きました。

ミャンマーの国軍最高司令官は、テインセイン大統領が民政移管した二〇一一年から、ミンアウンフライン上級大将になっていました。さらに当時、スーチー氏が率いる政党ＮＬＤ（国民民主連盟）が野党として発言力を持ち、国民のＮＬＤ支持は揺るぎないものになっていました。実際、この国内避難民キャンプを訪れた一週間後に実施された二五年ぶりの民主的な総選挙で、ＮＬＤは八割近い議席を獲得することになります。しかし、それでも国内避難民キャンプに暮らすロヒンギャの人びとは、ミャンマー国内の実権は前の独裁者タンシュエ上級大将が握っていると思っていたようです。

そこで私は、もしこの写真を一般のミャンマー人やラカイン人が見たら、軍の暴力で国民を抑え込んでいたタンシュエ上級大将の写真を飾っているということで、ロヒンギャたちがさらなる差別に晒される理由になるのではないかと感じたのです。

Ｑ　どうしてタンシュエ上級大将の写真を飾ることが、ロヒンギャ難民に対する差別につながるのですか？

A だって、ロヒンギャたちがこの写真を飾っているということは、独裁者タンシュエ上級大将を今でも支持していると誤解されるではないですか。多くの国民は、軍政を、独裁者を嫌っていたのですし。その頃のミャンマーは、軍政から形だけの民政移管といっても、すでに五年の月日が経過していました。ロヒンギャたちは時代の変化から完全に取り残されていました。だからこそタンシュエ上級大将の写真を飾っていたのです。それほどロヒンギャたちは軍部によって抑えつけられていたのです。

多くの国民から嫌われていた軍の圧政の呪縛からまだ解き放たれていませんでした。

上：シットゥエー郊外の国内避難民キャンプ内をパトロールする警察車輛／中：国内避難民キャンプ内をじっくり観察すると、軍の施設があり、兵士が警戒にあたっている様子をうかがえる／下：ロヒンギャが暮らす国内避難民キャンプの管理事務所内に掲げられたアウンサン将軍（左）とタンシュエ上級大将の肖像写真（以上、ラカイン州、2015 年）

キャンプ内は、一見すると穏やかに見えましたが、それは軍の力を背景に抑えつけられた平穏さでした。そんな世界から取り残され抑えつけられる状況が続き、徐々に高まったロヒンギャたちの不平や不満は、国内の一部の武装勢力や海外のテロ組織と繋がることになります。それが二〇一六年一〇月に始まるARSA（アラカン・ロヒンギャ救世軍）によるミャンマー軍や治安部隊への攻撃でした。さらに現在、ロヒンギャ・ムスリムの一部が国内外の麻薬組織やテロ組織と結びついて、民主化を進めるミャンマー社会の平穏を乱すロヒンギャとして報道されることもあります。

Q　そのシットゥエー郊外の国内難民キャンプに暮らしている、十数万人のロヒンギャ難民は今後どうなるのですか？

A　ミャンマー国内では、ロヒンギャに対する不信感と不安感が根強いので、彼らの行き場は今のところありません。政府が何の手当もしなければ、この状態はしばらく続きそうです。あるいは、二〇二〇年の年末に五年ぶりの総選挙がありますので、その選挙結果で事態が動く可能性もあります。

そもそもラカイン州で二〇一二年に発生した事件は、ロヒンギャ・ムスリムとラカイン人の武力衝突でした。しかし、衝突といっても、ロヒンギャ・ムスリムの数が多いラカイン州北部（特にブーディダウン、マウンドーなど）では、仏教徒のラカイン人たちの多くが犠牲者となりました。その一方、他の地域ではラカイン人が半数を占めますので、最終的に政府の治安部隊が出動することで、ロヒンギャ・ムスリムであるかどうかに関わらず、ミャンマー・ムスリムやカマン・ムスリムなど他のムスリムたちが迫害されました（ミャンマーのムスリムの違いについては六六ページ参照）。その結果、圧倒的な武力を持った政府側の迫害によって、ムスリム側により多くの被害が出たのです。

そこで、村や町から追い出されムスリムたちは、現在の国内避難民キャンプの敷地内に閉じ込められることになったのです。その後、ムスリムたちが追い出された村には、外部から企業が進出して土地を買収しているという話が伝わっています。軍部と結託したミャンマー人やラカイン人たちの一部が、ムスリムに対する差別を利用した事件を引き起こし、巧妙に土地を収用しているのではないかと疑っている人もいます。このあたりも今後、これらの噂が事実かどうか検証する必要があるでしょう。

ミャンマー政府のアラカン・ロヒンギャ救世軍襲撃への対応

Q　また、よく分からないのですが、どうしてARSAは二〇一六年一〇月九日に第一回目の、続いて二〇一七年八月二五日に第二回目の襲撃を起こしたのですか。その日が何か特別だったのですか？

A　今のところ、ARSAの正確な実態は判明していません。ですので、この組織がどのような意図でこの日を選んだのか検証されておりません。いろいろな推測がなされていますが、とりあえずはミャンマー政府がこの二つの襲撃をどう考えているのか説明しましょう（ARSAの概要については一〇ページ参照）。

まず、ミャンマー政府の政府系英字紙（筆者註：事実上の国営紙）を見てみましょう。第一回目の襲撃の翌日、二〇一六年一〇月一〇日の紙面です。ここでは襲撃の理由を二つ挙げています。

一つ目は、九月にヤーバ（タイ語でヤーバー）と呼ばれる覚醒剤（英語でアイス〈ice〉と呼ばれるこ

2016年10月10日の
政府系英字紙

THE GLOBAL NEW LIGHT OF MYANMAR

Vol. III, No. 177, 9th Waxing of Thadingyut 1378 ME — Monday, 10 October 2016

Vice President U Myint Swe arrives in Bangkok

Families of Tatmadaw donate offertories to Members of the Sangha in Mandalay

Fully respect rights of local people in distress

SECURITY TIGHTENED

Nine policemen killed, five injured, one missing in border attacks

The press conference concerning attacks on border posts in Rathedaung and Maungtaw in Rakhine State in progress. Photo: MNA

First attack on Kyikanpyin Border Post Headquarters in Maungtaw Township

Second attack on Kotankauk Outpost in Rathedaung Township

Third attack on Ngakhuya Office

See page 3 >>

10 October 2016 — THE GLOBAL NEW LIGHT OF MYANMAR — NATIONAL 3

Vice President U Myint Swe arrives in Bangkok

Nine policemen killed, five injured, one missing in border attacks

Union Minister for Information Dr Pe Myint.

Chief of Myanmar Police Force Police Maj-Gen Zaw Win.

Minister of State for Foreign Affairs U Kyaw Tin.

Permanent Secretary of Ministry of Labour, Immigration and Population U Myint Kyaing.

Map shows Kotankauk Outpost

ともある）の大量押収があり、今回のテロ行為は麻薬取引に関連している、と説明しています。

二つ目は、この時期、国連総会第三委員会が開かれており、当時のオバマ大統領政権下で米国によるミャンマーに対する経済制裁が解除された、というニュースです。つまり、経済制裁の解除によって、国際的にはミャンマーに対して経済的な関心が高まるのですが、その一方、ロヒンギャ難民の苦境が忘れ去られることを恐れた勢力が、ラカイン州の状況について国際社会の耳目を集めようとしてこの事件を起こしたのではないか、と。

二〇一七年八月、ARSAが二回目の襲撃を起こしたことを考えると、結果的にはこの二つ目の指摘が当たっているようにも思えます。ですが、あながち一つ目の麻薬の件も外れているとは言えないかもしれません。

Q　麻薬とARSAが関係しているかもしれない、と。それはどういうことですか？

A　実はARSAによる第一回目の襲撃の前日（二〇一六年一〇月八日）、国営紙に載った米国の経済制裁解除の記事の中に、「アジア・ワールド」という重要な企業の名前がでてきます。アジア・ワールドは、麻薬王とも呼ばれたロー・シンハン（中国名＝羅星漢）の後を継いだ息子で、麻薬ビジネスを拡大して財を成したスティーブン・ローという人物が会長をしていました。ミャンマーの麻薬問題に関心のある者には周知の名前です。

ミャンマー軍政は二〇〇五年末から二〇〇六年にかけて、ヤンゴンからネピドーへ首都を移しました。そこに二二車線という世界で最も広い道路を持つ新首都を建設していたのです。ミャンマーの経済関係の専門書には次のような記述が見られます。

「資金導入の予定が立たないと、必要な社会資本の建設に差し支える。それにもかかわらず、ネピドー（Nay Pyi Taw）の壮大で大規模な新首都が比較的短期間のうちに建設されたのは驚くべき成果といわねばならない。ここに築かれた官庁建物や公共的施設、さらにまたそこに通ずる高速道路などの建設は、アジア・ワールド（Asia World）社などに発注されたというが、このための資金がいかにして調達されたかは公表されておらず、憶測の域を出ない」（尾高煌之助・三重野文晴『ミャンマー経済の新しい光』）

Q　その麻薬とは、どこで作られ、どれぐらいの取引量があるのですか。

A　「ゴールデン・トライアングル」ってご存じですか。ミャンマー・タイ・ラオスの三カ国にまたがる山岳地帯のことで、世界最大規模の麻薬製造地のことです。

その麻薬ですが、この二〇年ほどで、実は麻薬の性質も変わってきています。かつてはケシの実からアヘンを精製して作られた麻薬が主流でした。しかし今は、化学薬品からアンフェタミンやメタンフェタミンなどと呼ばれる錠剤の、人工合成の覚醒剤が主流となっています。それが今、このゴールデン・トライアングルで製造されているのです。

中国とミャンマーの国境地帯のルポを書いた中国人ジャーナリストが次のような報告をしています。

「一九九八年にタイ政府が発表した麻薬取締りレポートによると、金三角（筆者註：ゴールデン・トライアングル）南部のタイ・ビルマ国境ではたった一回で二百三十万粒もの薬物が押収されている。……一九九九年に金三角で生産されたアヘンは前の年の六二パーセントに減少しており……」（鄧賢、増田政広訳『ゴールデン・トライアングル秘史―アヘン王国50年の興亡』、日本放送出版協会）

ミャンマー政府は今も昔も、山岳地帯のケシ畑を撲滅して、麻薬の取り締まりをアピールしていますが、それでは現在のミャンマーにおける麻薬の実態を反映していません（もちろん、ケシ畑に依存していた、経済的に苦しい農民が代替農作物へ転作するプロジェクトには意味がある）。

Q　それがロヒンギャ問題とどのような関係があるのですか？

A　このヤーバと呼ばれる覚醒剤は、タイや中国で取り締まりが厳しくなり、この一〇年ほどで新しい流通ルートが開拓されたのです。それがシャン州からラカイン州へ、そしてバングラデシュに通じるルートなんです。まさに、ロヒンギャ問題が起こっている地域と重なります。麻薬取引に関連することですから、そこに暴力と巨額の資金が絡んでいます。

Q　その麻薬の取引って、どのくらいの金額になるのですか？

A　先ほどの経済の専門家も、新首都ネピドー建設の資金がどこからなのか憶測の域を出ないと記述しているように、麻薬の取引自体の量や金額は、推定でしか分かりません。

ちょっと古くなりますが、タイの英字紙『バンコクポスト』が二〇一三年に報じた記事では、一年間に約一四億個のヤーバの錠剤が流通しているだろうと報告しています。今では、もっと多くなっているでしょう。

ミャンマーの国営紙を見てみると、確かにＡＲＳＡの一回目の襲撃の直前、二〇一六年九月二二日付けの新聞に、麻薬の取り締まりが行われた記事が二つ出ています。一つはラカイン州のロヒンギャたちの暮らす地域でヤーバが押収された記事、もう一つはザガイン地域でのヘロインです。

ちなみにラカイン州での記事では、ヤーバの押収量は六二〇万個で、末端価格にすると一二〇億チャット（ミャンマー通貨）です。日本円に直すと、おおざっぱに見積もって末端価格で約九億円です。

そこで、それを元に一四億個のヤーバの錠剤の金額を日本円に換算してみると、約二〇〇〇億円にもなります（現在のヤーバの生産量は一四億個以上だと推定されている）。ミャンマーの二〇一八年の国家予算が日本円で約二兆円（二五兆チャット）ですから、ミャンマーを舞台にした麻薬取引量の規模の大きさが分かります。

Q ミャンマーで産出される麻薬はそれほど大規模なんですか。知りませんでした。

A 国際メディアのミャンマー報道は、民政移管・少数民族の武装闘争・ロヒンギャ問題などですが、この麻薬問題にはなかなか触れません。なぜかというと、その正確な実態が掴めていないからです。でも私はこの二〇年間、できるだけ毎日、ミャンマーの政府系英字紙に目を通すようにしているのですが、そこで特に民政移管後に気づいたことがあります。それは、スーチー氏率いるNLD政権になって、ほぼ毎日、時には紙面のまるまる一ページを使って麻薬の取り締まりが記事になっていることです。

Q それはどうしてですか、何か特別な理由があるのですか。

A いろいろな理由があります。
最大の理由は、麻薬のお金がシャン軍やワ州連合軍などの少数民族の武装闘争の資金として使われていることです。
また、麻薬の取り引きで得たお金を、マネーロンダリングなどで不正に処理して財を成した国軍の幹部が、民政移管後の政府内である程度の力をもっていることです。ただ、その犯罪ネットワークは軍政時代から続く闇の利権ですので、新政権といえども、なかなか手出しができないのです。そこで、新政権は、麻薬の取り締まりの記事を毎日報道することによって、麻薬組織に、「いつか厳しい取り締まりをする、麻薬から手を引け」という警告を発しているのです。最近特に、ロヒンギャたちがその麻薬売買に関わっているというニュースも出始めました。

さらに、知り合いのミャンマー人は、この麻薬問題について「だから少数民族地域はトラブルの源なんだから、一刻も早く、武力を使ってでも少数民族を抑え込み、ミャンマーを平和で安定した国にしなければならない」とも言っています。

これが、二〇一六年一〇月の政府系英字紙（一四六ページ参照）に載った麻薬の記事から読み取れることです。思い出してください。ミャンマー政府はＡＲＳＡの第一回目の襲撃は、この麻薬の取り締まりへの報復だとしていました。

この一回目の襲撃の翌日（一〇月一〇日）の記者会見で、情報大臣のウー・ペインミン博士は、紛争がこれ以上エスカレートしないことを望んでいると表明しました。ミャンマー政府内では、アナン氏が議長を務める「ラカイン州諮問委員会」のアドバイスに従っておけばいいと思っていたようです。ミャンマー政府は、まさか次の攻撃があるはずがない、と踏んでいたようです。ここに政府とＡＲＳＡ側との間に大きなズレがあったのです。ここで留意しておかねばならないのは、ロヒンギャ問題解決のためのミャンマー政府と「ラカイン州諮問委員会」の取り決めには国軍の関与がなかったということです。すなわち、ミャンマー政府と国軍の意図は一致していなかったということです。つまり、ＡＲＳＡの取り締まりのために、国軍の過剰ともいえる掃討作戦をミャンマー政府は抑制できなかったのです。

Q　アナン氏って、二〇〇一年にノーベル平和賞を受賞した元国連のコフィ・アナン氏（第七代国際連合事務総長〈一九九七〜二〇〇六年〉、二〇一八年没）のことですか？

A　そうです。そのアナン氏はスーチー氏の強い働きかけによって、国内外九名のメンバーで構成されるラカイン州諮問委員会の議長に就きました。そして「ラカイン州の人びとの、平和で公平な繁栄する未来に向けて」という最終報告書（「アナン・レポート」）を、ARSAによる第二回目の襲撃の二日前、つまり二〇一七年八月二三日にミャンマー政府に提出しました。

その「アナン・レポート」は、ロヒンギャ問題の市民権に関わることなど、一四の領域八八項目に及んでいます。注意しなければならないのは、この六三ページにおよぶ最終報告書で「ロヒンギャ」という名称を六箇所、ARSAというテロ組織を示す言葉で五箇所（もう一つはロヒンギャの旧武装勢力）使っているだけで、ロヒンギャをあくまでも「ラカイン州に暮らすムスリム」と明記し「民族」として表記していないことです。

では、二〇一六年一〇月のARSAによる第一回目の襲撃の後、ミャンマー政府が記者会見で挙げた事件のもう一つの理由を覚えていますか？

Q　確か米国の経済制裁が解除されたことだったとか。どうしてそれがARSAの襲撃に繋がるのですか。

A　ここで、二〇一七年八月二五日の国営紙を見てみましょう。ARSAによる二回目の襲撃の日、まさにその当日です。ここではアナン氏が、ラカイン州の問題解決に向けて「アナン・レポート」をスーチー氏に手渡している紙面がトップ記事になっています。NLD率いるスーチー氏の新政府は、このレポートに沿って、「ロヒンギャ問題」を解決しようとしていました。

しかし、この解決方法は、あくまでも政府側の意図したところです。ARSA側は、この「アナン・レポート」がロヒンギャ問題を解決に導くとは決して思っていなかったようです。というのも、ロヒンギャの人びとの間には、これまでの政府の無策に対する不信感だけが募っていたともいっていいでしょう。国際社会でミャンマーはまたもや、経済的な発展だけが注目されるのか、と。

SUSPECTED TERRORIST TRAINEES ARRESTED IN YATHEDAUNG P-4 (LOCAL NEWS)

NATIONAL
President welcomes Viet Nam Communist Party General Secretary
PAGE-3

PARLIAMENT
Rakhine State security discussed at Pyithu Hluttaw
PAGE-8

PARLIAMENT
Home Affairs official briefs Amyotha Hluttaw on land claims and surveying efforts
PAGE-3

OPINION
Positive discrimination urgently needed for building up a peaceful nation
PAGE-8

THE GLOBAL NEW LIGHT OF MYANMAR

Vol. IV, No. 130, 4th Waxing of Tawthalin 1379 ME www.globalnewlightofmyanmar.com Friday, 25 August 2017

Republic of the Union of Myanmar
Office of the State Counsellor

Statement by the Office of the State Counsellor on the Final Report of the Advisory Commission on Rakhine State
24 August 2017

1. The Office of the State Counsellor expresses its sincere appreciation to Dr. Kofi Annan and the members of the Advisory Commission for their continued efforts to find constructive ways forward for Rakhine State.

2. As the Commission recognizes, the situation in Rakhine State is deeply complex and there are no quick fix solutions. The challenges have only been compounded by chronic underdevelopment – Rakhine is one of Myanmar's poorest states. Sadly, we have also seen a resurgence of violence in recent weeks and there have been very troubling signs of external interference aimed at aggravating an already difficult situation.

3. In this context, recommendations for meaningful and long-term solutions are very welcome. We will give the report our full consideration with a view to carrying out the recommendations to the fullest extent, and within the shortest timeframe possible, in line with the situation on the ground. We hope to set out a full roadmap for implementation in the coming weeks.

4. As an immediate step, a new Ministerial-led committee responsible for the implementation of the Commission's recommendations will be established. This will comprise representatives from across government and will be responsible for overseeing delivery and reporting regularly on its progress.

5. The new Committee will be assisted by an Advisory Board on Rakhine. The Board will include regional and international experts, as well as Myanmar nationals. It will provide an external perspective and advice to support the Committee in its work.

SEE PAGE-6

State Counsellor Daw Aung San Suu Kyi accepts the final report of the Advisory Commission on Rakhine State handed over by Mr Kofi Annan, the chair of the commission. PHOTO: MNA

Kofi Annan urges economic, social reform in Rakhine

MYANMAR should act urgently and with sustained action on a number of fronts to prevent violence, maintain peace, foster reconciliation and offer a sense of hope to the Muslim community in Rakhine, according to recommendations by the Advisory Commission on Rakhine led by UN Secretary-General Kofi Annan yesterday.

The final report of the Advisory Commission released yesterday puts forward recommendations to surmount the political, socio-economic and humanitarian challenges that currently face Rakhine State.

"Unless concerted action led by the government and aided by all sectors of the government and society is taken soon, we risk the return of another cycle of violence and radicalisation, which will further deepen the chronic poverty that afflicts Rakhine State", said Annan at a news conference yesterday.

The commission also called on the government to ensure freedom of movement for all people irrespective of religion, ethnicity, or citizenship status, and to that end reiterated

SEE PAGE-6

政府系英字紙『ミャンマーの新しい灯』
（2017年8月25日）

そこで、ARSAは、この「アナン・レポート」が出される前の日（正確には当日未明）にラカイン州の警察署などを襲撃することによって、国際的にロヒンギャへの注目が集まると意図したと思われます。

したがって新政府は、この襲撃をミャンマー政府に対する完全なテロ攻撃だと受け取り、国軍の過剰な行動をある程度黙認してしまったのではないか――

と、それが私自身の推測です。
スーチー氏は後日、この二〇一七年八月二五日未明の襲撃に関して"unexpected"(「予期していなかった」)という言葉を同じスピーチの中で二度、口にしています。さらにスーチー氏自身も、襲撃事件やその後の対処についてミスがあったと述べています。これが二〇一六年と二〇一七年のARSAの襲撃の流れです。

ロヒンギャに対するさまざまな対応

Q ところでその「アナン・レポート」はラカイン州に特化した諮問委員会の報告ですが、その他の地域に暮らすカレン民族、カチン民族、モン民族、シャン民族など他の少数民族は「ロヒンギャ問題」に対してどのような態度をとっているのですか。

A 基本的に、ミャンマー軍事独裁政権と少数民族は長らく銃火を交えてきました、つまり【軍政ビルマ民族】対【少数民族(カチン、カレン、ラカイン、モン……)】という構図でした。そのため、ラカイン人以外の少数民族は、ロヒンギャ問題に触れることで少数民族の結束を弱める恐れがあるため、ラカイン人の立場を尊重してこの問題には深く関わろうとはしませんでした。
ちなみに少数民族の「団体民族評議会(ethnic national council)」が二〇〇六年に発表した政策文書の中に「難民」の項目があります。そこには、タイやインドに暮らすモン民族、カレン民族、シャン民族、カレンニー(カヤー)民族の難民に関する記述はありますが、ロヒンギャへの言及は全くありません。

Q　それでは、他のムスリム集団（バマー・ムスリム、パンディー・ムスリム、インド・ムスリム……など）のロヒンギャに対する姿勢はどうですか？

A　マンダレーでパンディー・ムスリム、ヤンゴンでカマン・ムスリム、バマー・ムスリム、インディアン・ムスリムたちに話を聞く機会がありました。その回答は、ほぼ全て同じでした。「ロヒンギャたちはミャンマー国民ではないから、ミャンマーにいるのは適当ではない」

他のムスリムは、ロヒンギャ・ムスリムがあくまでも「市民権を持っているか」どうかで判断していました。

また、これは個人的な印象ですが、他のムスリムたちはロヒンギャ・ムスリムと自分たちを同じムスリムとして一緒にして欲しくないという印象を受けました。そうされることで、ミャンマー人たちから、迫害とまでは言えませんが、何か不利益をうけるのではないか、と。ロヒンギャ・ムスリムは、あくまでもバングラデシュのムスリムなのだから、と。

Q　他のムスリムはどうしてそのような態度をとるのですか？

A　やはり、ミャンマー国内でロヒンギャはトラブルメーカーだという誤った認識を持っているからでしょう。

我々ムスリムは、上座部仏教徒の多数派が暮らす社会で、問題を起こすことなく暮らしている。それなのに、厄介事を持ち込むな、ということです。ロヒンギャがトラブルを起こしているわけではなく、逆にロヒンギャたちが不条理なトラブルに巻き込まれているのが実態なのですが。

またシーア派のムスリム(ロヒンギャ・ムスリムはスンナ派)に話を聞くと、「その質問は敏感(sensitive)なことだから答えにくい」と返してくれました。私が答えを促すように黙っていると、「やはりミャンマー国民じゃないから」と、まるで独り言のようにつぶやいたのです。

Q　では、ロヒンギャたちへの唯一の救いの手は、外国からの支援なのでしょうか？

A　ロヒンギャという名称が公の文書に表れたのは一九五〇年代くらいからです。国際社会はその頃から、植民地解放を伴った「民族自決」という風潮が盛り上がっていました（国連では一九六〇年に「植民地独立付与宣言」が可決）。「民族自決」とは、それぞれの地域に暮らす人びと（民族）が各地域の事情に即して、自分たちのことは自分たちで決定するという考えです。

しかしながら歴史をふり返ってみると、第一次世界大戦後の「民族自決」は欧州内だけで通用する限定的な考え方でした。というのは主に西洋諸国はその頃、帝国主義を政策としてアジアやアフリカ諸国を植民地支配したままでした。第二次世界大戦後、大戦への反省と世界的な人権意識の高まりを受けて「民族自決」という考え方は発展し、これまで植民地とされていた諸国は独立を果たし、国づくりに邁進していきました（国の内部の同化政策や国内「植民地」の問題はその後、徐々に明らかになる）。

国連や国際的な支援機関などはそのような国際的な流れを汲んで、強硬な軍部が支配するミャンマー国内で弾圧されている少数派の人権を守るために、ロヒンギャの「民族」という面を強調して活動していくという、ボタンの掛け違いのような方針を推し進めたのです。そのことが今日の〈「ロヒンギャ問題」の深刻化〉が生まれた要因の一つです。

しかし国際社会は当時、まず第一に軍事独裁政権に抑圧されてきた民主化勢力、次に実際に戦闘を続けていた少数民族問題に取り組んでいました。「ロヒンギャ問題」は優先順位が低かったのです。ここで何度も強調しますが、当時は軍事独裁政権で、外からはミャンマー国内の状況はよく分からなかったのです。

国際社会は、「民族としてのロヒンギャ」を作り出すことで、軍政に人権保障の圧力をかけようとしてきたのです。残念なことにそのことが実体化してしまったのです。そのような、ミャンマーの実情を顧みない国際社会の支援を受けたロヒンギャの一部が民族性を主張するようになり、仏教徒ラカイン人との対立が生まれたのです。

Q　それでは、ミャンマー国内ではロヒンギャに支援者はいないのでしょうか？

A　実際にロヒンギャを助ける人びともいます。例えば主にラカイン人が組織している「ナリンジャラ（Narinjara）」というミャンマー系メディアは、ラカイン州の出来事をできるだけ正確に伝えようとしています。そのためその組織は、ミャンマー人やラカイン人からあまりよく思われていません。「困っている人が目の前にいれば、民族も宗教も関係ないでしょう。それに対応するのが人としての努めだ」。ロヒンギャ・ムスリムの支援に当たる、ナリンジャラのラカイン人はそう言っていました。

また、ミャンマー国内では国民民主連盟（ＮＬＤ）と肩を並べる草の根の民主組織「八八年世代平和オープンソサエティ（八八学生世代：一九八八年の民主化運動時に学生たちが組織して市民社会の問題に取り組み、現在も活動中で一般市民から根強い支持を得ている）」の最高幹部たちは、「ロヒンギャたちが市民権を得るのは全く問題ない。問題は、彼らが『民族』としてのアイデンティティを主張していることなんだ」と言います。その幹部は続けて「ただ今は、ロヒンギャという名前をだすことさえ憚られる雰囲気が社会に蔓延しているので、『彼らに市民権（国籍）を……』という話を公表すること、そのことが難しいんです」という。

その後、その「八八年世代平和オープンソサエティ」の幹部の一人であるココジー氏が来日した際、NHKのインタビューで「市民権は付与してもよい」と答えています（一八三ページ参照）。

また、ミャンマー国内の旧知のミャンマー人の記者は、私に次のように話してくれました。

「まず、我々ビルマ人（バマー）が軍政下で少数民族をどのように見てきたのか反省しなければならないと思います。歴史的に多数派のビルマ人が少数民族の人びとを抑え込み、彼ら／彼女たちがどのような思いをしてきたかを意識しない人もいますし。また、ミャンマー人はどこかでラカイン人に対して恐れを抱いていること、とか。ロヒンギャのことにしても、ミャンマー人や少数民族の人はこれまで、ムスリムたちとは隣人として一緒に暮らしてきました。それに、何か問題が起こればすぐにロヒンギャにその問題の原因を押し付けてきたし。今の一番の問題は、やはりロヒンギャの話を公に出すことができないという雰囲気があることかなぁ」と。

Q　では、どのような解決方法があるのですか？

A　一九八二年の市民権法を変えるためには、スーチー氏のＮＬＤ政権による強力な政治的なリーダーシップが必要だと思います。その際、この問題は軍政下で引き起こされてきた人道問題、人権問題であるということをメディアを通じて、あるいは教育を通して同時進行で進める必要があるでしょう。

まとめ

歴史を振り返ると、ビルマには王朝があった。火縄銃を伝えたポルトガル人を傭兵にするなど、その地理的な影響と広がりは一時期、インド北部マニプールからタイのアユタヤまで及んでいた。王朝時代のビルマに定住していたのは、ビルマ人だけでなく、先に挙げたポルトガル人の他、インド人・中国人・アフガン人・アルメニア人など多岐にわたっていた。そんな栄華を誇る王朝を支配下に置いたのが、英国であり日本であった。ミャンマー軍事独裁政権はこれまで、植民者英国と軍政を敷いた日本による力の支配に対して根深いルサンチマン（怨念や憎悪）を持っていた。

日本軍によるビルマ侵攻を例にとると、当時の首都ラングーン（現ヤンゴン）は、連日の日本軍の爆撃で廃墟になり、かつて王朝が置かれていた中部マンダレーは宮殿の跡形がなくなるほどの被害を受けた。今でも現地の言葉に残る、「ケンペイタイ（憲兵隊）」という言葉に代表される、日本軍兵士による地元住人に対する拷問の報告は枚挙に暇がない。

しかしである。ミャンマー人の多くは、その歴史的な事柄をして、今の日本人を糾弾するわけではない。例えば『農民ガバ』(一九四七年に刊行された、アジア・太平洋戦争時の現地ビルマ人の体験をもとにした小説。河東田静雄訳、大同生命国際文化基金)の著者のマァウンティンは、その執筆の動機の最後に、次のように書き記す。

私たちは危害を加えた人間を許すことはできます。しかし、私たちの上に降りかかってきた危害があった事実まで忘れてよいわけではありません。そんな想いで、私はこの作品を書いたのです。

日本では時折、この国を「親日国ミャンマー」として声高に語ることがある。その語り口はまるで、ミャンマー人の厚意に甘えることによって、かつて日本がビルマに多大な被害をもたらした加害の事実を忘れ去ったかのようである。

過去に英国や日本の支配を受けたミャンマー軍政は、国づくりの際に、他国に支配されることのない上座部仏教を基盤とする強固な権力基盤を必要とした。その国の統一のため、軍政は国の分裂を招く恐れがある少数民族の抵抗運動を力で抑え込んできたのだ。

個人的な経験の話をしよう。

停電の発生が恒常的だった二〇〇二年の軍政当時、深夜のヤンゴンの下町を歩いていたことがある。ふと、暗闇の中で人影が動いた。ドキリとする。よく見ると、その人影は、その地区に暮らす住人であった。上腕に紅い腕章を付けた男性が薄暗い町の四つ辻で、道行く人の動きを監視していたのだ。また各州や各地域(管区)の境を越える際、道路脇の検問所で小銃を担いだ兵士に身分証をチェックされたことも多々ある。ヤンゴンを出て外国人の訪れない地方都市に行こうとすると、想像以上に移動や行動の自由が制限された。歴代の軍事独裁政権は、人びとの間に相互監視や密告制度を浸透させ、恐怖を植え付け、住民の間に不信感を増幅させ、正確な情報を隠してきた。

そのような軍政の抑圧体制の下、ロヒンギャ・ムスリムへの迫害が広がってきた。しかも、国際的に見ると、ロヒンギャ・ムスリムへの被害の大きさはこれまで、民主化勢力や少数民族への被害報告の影に隠れてきた。

そこで、民族問題や宗教問題とされてきたロヒンギャ問題は、軍政下で人びとを管理・抑圧する政治体制の問題として生み出されてきたのだから政治問題として解決は可能である。

このロヒンギャ問題がこじれた最大の原因は、軍政下で一九八二年に制定された市民権法（国籍法）を当時の政府が恣意的に運用してロヒンギャ・ムスリムの市民権（国籍）を奪ったことであった。問題を解決するには、多数派から少数派へ市民権を与えるという姿勢ではなく、いかにして平等に市民権（国籍）を保障していくかという発想の転換が必要である。また、ロヒンギャたちも、「ロヒンギャ民族（ロヒンギャ人）」としてのアイデンティティの承認を声高に求めるのではなく、まずはムスリムとして平和に生活したいという主張を最優先とするのはどうだろうか。

さらにミャンマー国内外のメディアは、一部の過激な仏教徒やムスリムのプロパガンダや活動を排して、ロヒンギャ・ムスリムや仏教徒の負のイメージを前面に出すことなく、対立を煽る風潮を抑えながら、事実をどのように冷静に伝えていくのかを考え直さなければならない。

国内外のミャンマー人やラカイン人、さらにロヒンギャ・ムスリムは、それぞれの立場で主張したいことがあるだろう。そこで、対立を乗り越えて、何を優先させるべきか。民政移管した後のミャンマー政府は、多数派のビルマ民族が主流を占めているのだからこそ、少数民族／少数派の声を聞く姿勢を鮮明にし、軍政時代の負の歴史を再検証し、差別の被害を最も受けているロヒンギャの声を反映させる政策を策定し、実行に移すことであろう。

さらにである。ミャンマー政府にそのような課題を突きつけるならば、国際社会は、特にミャンマーに軍政を敷いた日本の側は、ミャンマーを見る自分たちの視点を見直す必要がある。次章では、この日本との関わりについても詳細に解説したい。

III

ロヒンギャ問題を理解するための視点

まず「ロヒンギャ問題」が何であるかを再確認してみる。

イスラームを信奉するロヒンギャという人びと（ムスリム）が、ミャンマー軍政から迫害を受けて隣国バングラデシュに避難し難民となったことである。その後ミャンマー国内で起こっていたロヒンギャに対する差別の複雑化と固定化の実態が、民政移管後のミャンマーで顕在化するようになった。そのロヒンギャへの迫害は軍政下の一九八二年の市民権法に始まる。この政治的に作られた差別構造は社会に根づき解決されないまま今に至っている。日本でいえば、どこか部落差別に似通ったところがある。

本書でたびたび言及してきたロヒンギャ難民の流出は、過去四〇年の間に幾度も起こってきた。難民の発生の、その時々の理由は異なっており、この章では特に、七〇万人を超える避難民の直接的なきっかけとなった三度目の難民流出（二〇一六年一〇月と二〇一七年八月のアラカン・ロヒンギャ救世軍〈ARSA〉の活動。二〇万人を超える難民の流出は過去に二度〈一九七八年・一九九一年〉）に焦点を当てて、ロヒンギャ問題が何であるのか考えてみたい。

ちなみに私を含め多くの人は、外国で起こっている事件や事故で、自分の知らない、あるいは理解できないことに出くわしたら、とりあえず自分の持っているリソース（情報や知識）でその見知らぬ事象を理解しようとする。それが「ロヒンギャ問題」にも当てはまり、そもそもミャンマーに関する情報のリソースが不足しているために大きな誤解をしてしまうのである。

現代人の必須の機器となったパソコン（PC）やスマートフォンを使う際、定期的にソフトやアプリを更新（アップデート）・手直ししなければ、使い物にならない。それと同じように、これまで自分が取得してきた知識や情報は、間違いではないが、不正確・不十分ではないのか、という視点を持つことが必要である。そこでこの「ロヒンギャ問題」を考える際に、本書の冒頭に挙げた「(4)ミャンマーを見る、我々（日本側）の視点問題」をどうしても検証する必要がある。

そこで、この章の内容は少しばかり入り組んでいるため、その結論を最初に挙げておく――。

「先住民族」（「土着民族」）とは、現代社会にあっては権利を有する人の集団（「先住民族の権利宣言」）と見なされる。そのため、一般に広がってしまったロヒンギャという存在を「ロヒンギャ民族」とするような報道や捉え方は誤解を招く表現である。「ロヒンギャ民族」という表記は、その実態とかけ離れ、国際社会で広く共有されている少数者の権利保障とは法的に合致しているとは言いがたい。

つまり、ミャンマー政府は、ロヒンギャをミャンマー連邦を構成する「権利をもつ集団としての先住民族（土着民族）」とみなしたいわけでない。またロヒンギャの側も、ミャンマーという国を構成する一つの「先住民族」に必ずしもなりたいわけではない。というのは、ロヒンギャには国の構成員としての「先住民族」よりも、ムスリムとしてのアイデンティティを強く持っている傾向があるからである。ムスリムとしての帰属意識と「先住民族」としての権利意識は異なる。

それにも関わらず、これまでの国際社会で広がってきたのは、権利を持つ先住民族ではなく、価値中立的なエスニック・グループ（人の集団）＝民族としてロヒンギャを扱う報道であった。そこで、この問題がねじれてしまったのは、ロヒンギャを報じる側が、ロヒンギャを単なるエスニック・グループ（人の集団＝民族）として扱っていても、それを受け取る側の間で実際に生じる対立は、権利主体としての「先住民族」をめぐる、しばしば当事者を抜きにした場外戦だったからである。

また、実際にロヒンギャというエスニック・グループ（人の集団）があることと、彼らを法的な主体となりうる「先住民族」として捉えることは、分けて考える必要がある。

さらにロヒンギャ問題が「民族問題」に横滑りしてしまったのは、彼ら／彼女たちが軍事独裁政権下のミャンマーで迫害を受け、隣国バングラデシュに難民として逃れざるを得なくなり、人間らしく生きる権利を剥奪され、それがインターネット上や国際メディアで過剰にイメージ先行で報じられたからである。

現在の「国民国家」による国際社会のもとでは、いずれかの国に所属し国民として保護されなければ生存権を奪われてしまう。だからこそ、難民（無国籍者）である彼ら／彼女たちをミャンマー国内に包摂されるべき「民族」として捉えてきた方向性は致し方ない部分がある。つまり、国際社会で広まってしまった従来の方策では、ミャンマー政府と多くのミャンマー国民は、その方向性を認めず、このままではロヒンギャ問題の解決への道が完全に閉ざされているといわざるを得ない。

だからこそ、アウンサンスーチー氏がトップを務める今のＮＬＤ政権こそが、軍政時代に作られた「市民権法」を基にしたロヒンギャ・ムスリムを排除する差別政策に歯止めをかけ、これまでの軍政の不作為や失敗こそがこの「ロヒンギャ問題」を長引かせていることに向き合わなければならない。

この章は、一見すると、ロヒンギャ問題とは直接関連のない事項が続くことになる。しかし、実は日本にいる我々が、どうしてミャンマーのロヒンギャ問題を理解するのに困難をきたしているのか、そのヒントを獲得するために最低限押さえておかなければならないポイントを提示したつもりである。理解のポイントは二つある。

①国際社会の変化にともなって「民族」という文言、特に「少数民族」と「先住民族（土着民族）」の違いを理解しておかなければ、このロヒンギャ問題の理解は進まない。

②日本の人が見るミャンマーへの眼差しが、アジア・太平洋戦争の時からそれほど変化しておらず、そのため、ミャンマー社会を理解する視点が大きく損なわれていることである。

この二点を中心に、ロヒンギャ問題を紐解いていくのだが、少々話が入り組むことになる。そのため、冒頭でおおまかにこの章の流れを示しておきたい。

〈民族（少数民族・先住民族）と市民権について〉

この節は、「民族」「少数民族」「先住民族」「少数者」「マイノリティ」という語句が登場する。そこで、簡単にそのことに触れた上で、ロヒンギャ問題の話を進める。

一部のロヒンギャの人たちが、「ロヒンギャ族」と名乗る場合は、詳しく言うと〈土着民族〉と認めて欲しい・認めるべきだという立場を主張してきたことが背景にあった。それは第Ⅱ章で説明したように、そう主張することで自らの生存の危機を乗り越えようとしてきたからである。実は、この主張をすることで、ロヒンギャ問題をさらに複雑にしてしまったことにも注意を払う必要がある。

そもそも、この「先住民族」という考え方が一体何を意味するのか、日本ではまだ一般的ではないということにも問題がある。ここでは、日本ではなじみのない「先住民族」という考え方を理解しやすくするため、アイヌ民族の例を挙げる。

〈ミャンマーという〝くに〟の成り立ちの背景とその社会の仕組みを読み解く〉

ここでは、第二次世界大戦後の国際社会で、どのようにして〝くに〟が成立してきたかを再確認する。そこで、ミャンマーでは〝くに〟の成立過程においてどのようにして民族問題が発生してきたのかをみる。また、ミャンマーが今、どのような社会でどのような特色をもち、ロヒンギャを差別するようになったのか押さえる。

〈アウンサンスーチー氏は〝政治家〟である〉

スーチー氏には、ノーベル平和賞受賞者・非暴力主義者・軍政下で民主化運動を続けて来た人権活動家、というイメージがある。また、七五歳（二〇二〇年時点）を過ぎても、その年齢を感じさせない立ち振る舞いを続け、国際的な会議の場でも流暢な英国式英語を話す際だった存在である。では、そのスーチー氏が、どのような思想と考え方をもって軍政下で抵抗運動を続け、民政移管以降のミャンマーを率いているのか、イメージではなく実際の姿を確認する。

〈筆者の立場〉

ミャンマーを四半世紀以上にわたって取材してきた筆者の立場と軍政下での経験を述べる。その経験をもとにロヒンギャ問題に向き合う立場を示す。

〈ミャンマーとイスラーム〉

イスラームをどのように捉えるのか。東南アジアにおけるイスラーム、ミャンマーのイスラームなど、ロヒンギャ問題に即して改めてミャンマーでのムスリムの立場を考える。

〈日本とミャンマー／ロヒンギャ問題〉

日本とビルマ（ミャンマー）との関係を考えるにあたって、一九四二年から四五年までの三年半の間に、現地に軍政を敷いたという歴史的事実を振り返ることが出発点となる。

具体的には、インパール作戦・泰緬鉄道という、日本でもおなじみの題目を取りあげる。ミャンマーを見る上で大きな障害となっているのが、どうしても日本側の視点からのみ両国の関係を捉えてしまうことである。さらに、日本の中のロヒンギャ差別が見過ごされてきた点を指摘する。

〈国連の迷走とロヒンギャ問題の行方〉

ロヒンギャ問題が起こった背景には、国際社会、特に国連の役割が大きかった。そのいきさつと今後のロヒンギャ問題の行方を考える。

民族（少数民族・先住民族）と市民権について

★視点①——ロヒンギャは「民族」なのか

現在、商用利用できる全国紙（『朝日新聞』『読売新聞』『毎日新聞』）のデータベースを確認すると、日本でロヒンギャ難民が記事化されたのは、一九九〇年代初めの二回目の大規模流出の事件からであった。それらの新聞は当時、今とは異なってロヒンギャを「民族」として記事化していた（現在、『朝日新聞』『毎日新聞』はロヒンギャを「民族」ではなく、「少数派イスラム教徒ロヒンギャ」と表記している。また、米国の『ニューヨーク・タイムズ』は、一九九二年に初出の記事でロヒンギャをムスリムと記述して「民族」扱いしていない）。

筆者は、ロヒンギャ問題にある程度関わるようになっておよそ一〇年、この間、特に気になっていることがある。それは、このロヒンギャを「民族」とするかどうか、学術的にも論争があると前置きすることで、この「民族」が意味することに深く言及しないまま、中途半端に話を進めようとする場合がままあるのだ。実は、その中途半端な姿勢こそが、この問題の解決への糸口を四〇年近く迷わせてしまった要因の一つである。

筆者がこれから綴る内容は、ロヒンギャを文化人類学的、あるいは歴史学的・政治学的に解説しようとするのではない。ムスリムであるロヒンギャたちの市民権（国籍）がどのように保障されるべきかという法的な話なのである（市民権を「与える」ではない）。

この章で議論するロヒンギャ問題に関する「イスラーム」や「先住民族（土着民族）」とは、軍事政権下で剥奪された市民権の回復とその認定に関わる議論である。つまり、先住民族とは本来、法的にどのように理解されなければならないのか、という話をも含んでいる。

★視点②――少数者＝マイノリティとは

国際社会はこれまでロヒンギャを表すのに、英語で「The most persecuted minority in the world.」としてきた。この一文を正確に日本語にするなら「世界で最も迫害されている少数者」となる。本来は英語の「minority」を「少数者」、あるいはそのまま「マイノリティ」とすべきだったのに、この英語の「minority」を「少数民族」と訳したことから、日本では問題がややこしくなった。そこから訳語で勝手にロヒンギャ難民問題を民族問題化してしまったのである。少数者とは、「人種、言語、宗教などで、国民のうちの少数を占める人口である」（芹田健太郎『憲法と国際環境・増補版』、有信堂高文社）。現在はこの人種・言語・宗教的な少数者を、社会的な弱者（＝マイノリティ）と言い換えてもよいであろう。

確かに日本の公定訳（国連の公用語は現在、中国語・英語・フランス語・ロシア語・スペイン語・アラビア語の六カ国であり、国際条約はこの六カ国語で表記される。そのため日本で条約が批准される場合、日本政府により日本語訳が行われる）は、「minority」を「少数民族」と訳している。実際、日本も批准している国際人権規約の第二七条の「minorities（minority の複数形）」の訳語は「少数民族」となっている。しかし、マイノリティを「少数民族」と訳したのは、アフリカやアジアで新興国が生まれた一九五〇年代から六〇年代にかけて、国づくりの過程で同化政策を推し進め、分離主義を抑える時代背景があったためである。

国際的な人権保障の流れとして、国連総会は一九九二年になって「マイノリティ宣言」（「民族的又は種族的、宗教的及び言語的少数者に属する者の権利に関する宣言」）を採択した。このマイノリティの中には、従来の少数者の範囲に加えて「暴力を受ける危険がある、または暴力を経験したマイノリティ集団の子ども、ジェンダーに基づく暴力にさらされるマイノリティ集団の女性を保護し、マイノリティ集団の高齢者や障害のある人」が加えられたのである。ここでようやく日本政府や国連の広報センター（日本）も、「minority」を「民族」ではなく「少数者」あるいは「マイノリティ」として表記するようになった。つまり国際社会は一九九〇年代になってようやく、同化政策が否定される方向に舵を切るのである。しかしながら日本の公定訳は、国際的な人権保障の実態についていくことができないままなのである。

国連は二〇〇七年、「先住民族の権利に関する国連宣言」を採択することになった。それは、これまでの同化政策のもと、声を上げることができずに抑え込まれてきた先住民族の人びとが、その実態と窮状を国際社会に訴えてきた運動の成果が実ったのである。つまり、一見すると世界の植民地支配は、ほぼ消失した。だが一つの国の中を見ると、少数者である先住民族の人びとが内なる植民地的支配（土地や資源の収奪）を受け、それぞれの国の中で最も周辺化され続けていたのである。話を簡単にすると、その昔、世界の「先進国」が「途上国」を植民地支配していた構図が現在、一つの国の中で多数派が少数派を支配する構図に取って代わられているのである。

「世界には三億七千万人の先住民族がいるといわれている。それは全人口の五％にあたるが、先住

民族は貧困層の一五％を、さらに最貧困層の三分の一を占めているとされる」（小坂田裕子『先住民族と国際法』、信山社）

✶視点③──「少数民族」「先住民」「先住民族（土着民族）」

それでは、「人」「民族」「少数民族」「先住民」「先住民族（土着民族）」はそれぞれ、その語句に一体どのような意味を持っているのか、そのことについても簡単に触れておく。

人は、自分の意思とは無関係に、ある時代に、ある地域に生を受ける（地縁）。その際、血縁・人種（風貌や身体的特徴）・言語・共通の祝祭や経済活動などによってそれぞれが集団を作る。

民族とは、その人の集団が「共通の過去を」もとに歴史や伝統を作り上げたり、共通の信仰（宗教）を持ったり、生活向上のために共通の経済圏を強化して他の集団を意識したり対抗することで政治化し、誕生する。

少数民族とは、一つの国の中の優勢な多数（派）民族に対する言葉として理解される。具体的には、第二次世界大戦後、植民地から独立した諸国は、国連の理念の下、国の大小を問わず平等な立場であるという方向で国づくりを進める。その際、それぞれの国は、同化政策（ミャンマーの同化政策については一九四ページ参照）を基本に国づくりを急いだ。それは、異なる言語や文化風習を持つ少数派の民族はやがて、優勢な民族に同化されていく、という発想と政策である。だが、その政策を推し進めるにつれ、一つの国内において、少数民族に対する弾圧や迫害が徐々に問題となっていった。そこで、少数民族は、自らの権利（言語教育や祭礼実施の保障）を求めて、優勢な民族が多数を占める政府に抗議の声を上げたり抵抗運動を起こした。そこで、いくつかの国では民族紛争が起きた（米国とソ連〈当時〉の東西冷戦のために、各国の紛争当事者に過剰な武器供与がなされたという背景もある）。多数派（あるいは権力を握った者たち）によって、力を持たない人びと（多くは少数民族）が抑えられ迫害される事例が増え、少数民族の権利や保護が謳われるようになってきたのである。

第二次世界大戦後の国際社会でいう「人権保障」とは、まず多数派の人びとに適用されるのが実態であった。次に少数民族への人権保障が生まれてきた。さらに、そこからこぼれ落ちてきた人権の保障分野がある。例えば、男女の性差の違い・健常者や障碍者の違い・子どもへの差別（虐待）などである。時代を経るに従って、世界の人権保障の流れとして、これまで意識されてこなかった分野にも目が向けられるようになってきた（それは声を上げるという運動の結果が多いが）。そういう流れによって、ようやくその存在に目が向けられるようになってきた人の集団が「先住民族」なのである。

先住民族問題に詳しい上村英明氏は、少数民族と先住民族の違いについて次のように説明する。

「先住民族」の権利と「少数民族」の権利は、まったく異なるものというわけではありません。言語の権利や教育の権利では、多くの共通した課題を持っています。しかし、土地に対する権利や資源に対する権利は「先住民族」には不可欠なものであっても、移民で形成された「少数民族」にはあまり縁のない権利になります。そして、土地権と資源権を持つという意味で「先住民族」の「民族自決権」は、非常に高度な要求となっています。……

もちろん、国連によって「世界人権宣言」が採択されたように、すべての人に普遍的な人権あるいは権利が存在することは明らかです。そして、日本国憲法も基本的人権の保障をその基本理念にうたっています。しかし、そうした基本理念は別にしても、現実の法体系・政治制度・社会構造は、ほとんどの場合特定の、支配的「民族」の文化と歴史の中でつちかわれた価値によって築かれているのです。そのため、「国」によって法や政治、社会のシステムが異なるわけですが、多くの場合、これらのシステムを自由に築く権利いわゆる「民族自決権」は、その「国」の支配的な「民族」にしか与えられていません。（『世界と日本の先住民族』、岩波ブックレット）

また国際人権団体の「アムネスティ日本」は、次のように解説する。

先住民族権利宣言は、全部で四四条あります。そのなかで最も重要なものは、自己決定権です。自己決定権とは、先住民族は、政治的地位を自分たちで決め、経済的、社会的、文化的な発展のあり方や、その方法なども自分たちで決めることができるという権利です。

その他にも、次のようなさまざまな権利が定められています。

▪同化を強制されない権利　▪土地や資源の返還や賠償などを求める権利　▪自治を求める権利　▪文化的・宗教的な慣習を実践する権利　▪独自の言語で教育を行い、受ける権利　▪伝統的につながりを持ってきた土地や資源を利用する権利

つまり少数民族というのは先住民族とは異なって、自らの意思で自己決定権や右の諸権利を、その

程度の差はあるにしろ、国に委ねてしまっているということである。

✶視点④――「先住民族」と「先住民」の違い

筆者はまた、この先住民族の存在を考える際、日本語で表記される「先住民」と「先住民族」の違いをこれまで以上に意識すべきだと考えている。この両者は「族」が付いているか、いないかだけであるが、一体どのように異なるのか。

例えば日本の例を取りあげると、日本政府が二〇一九年に制定した「アイヌ民族支援法」(「アイヌの人々の誇りが尊重される社会を実現するための施策の推進に関する法律」)の第一条で、「先住民族であるアイヌの人々」と、「先住民族」を明確に表記したのは一歩前進である。だが残念なことに、日本の法律には、国連の「先住民族の権利宣言」の核でもある自決権や教育権は盛り込まれなかった。先住民族とは、人権保障の分野で本来は国境を越えた存在であるはずなのに、日本では世界的なこの宣言文を「日本型先住民族政策」という国内だけに通じるレベルに矮小化してしまったのである。それは、「先住民族の権利宣言」の制定された法の目指す方向には、残念ながら向いていない。日本ではまだ、アイヌは先住民族であるという、単なる言葉の認識レベルで留まっているのが現状である。というのも、日本ではこれまで、〈「先住」+自決権を持たない「民族」〉という二つの語句を単純につなぎ合わせて、先住民族と理解されてきたからである。「先住民族」が意味するのは、自決権を持つ一つの語句である。したがって筆者は、先住民族という表記をすることで、彼ら/彼女たちには明確に権利が保障されるべきであるという意味で「先住民」ではなく、「先住民族」と表記すべきだと考えている。

もちろん、たとえば人類学者の清水昭俊氏のように、「族」を付けずに「先住民」のままで良しとしている考え方もある（「先住民、植民地支配、脱植民地化」『国立民族博物館研究報告32⑶』）。清水氏は、論文としての一貫性を確保するために「族」を付けずに「先住民」としているが、その理由として「peoplesの訳語に『民』を当てるのは、テッサ・モーリス＝鈴木の翻訳書（2000）にならっている」を挙げている。だが、テッサ・モーリス＝スズキ氏はその後、『アイヌの権利とは何か』（かもがわ出版）において、明確に「先住民族」という語句を使っている。

また、これまで「民族」と冠がつけば、その多くは文化人類学の文脈で語られることが多いようである。だが、実際にロヒンギャ難民のように迫害を受けている人を目の前にした場合に、「法は法律家の管轄という意識が強く、人類学での議論がなかなか法研究の進歩に結びつかない分野である」「法律の文言どおりにもめごとが『解決』されることは、実際には法律家が信じるよりはるかに少ない」「法の領域、経済の領域に言及することにこれまで人類学は慎重すぎるほど慎重であった」（宮原曉「東南アジア　折り重なる社会の読み方」『東南アジア地域入門　2社会』）。あるいは、「国連での議論の蓄積を背景とする［indigenous peoples］という国際法の概念と『先住民族』という日本語の概念・語感との差異（清水［2008］316-322項）などの影響もうかがえ、『先住民族』という訳語自体を再考する必要があるかもしれない」（永井文也「先住民族権利運動の意義と脱植民地化の課題」『平和研究』第49号「信仰と平和」日本平和学会編）、また「スチュアートによれば、日本の人類学者の間には政治に関わらないという不文律が存在するため、法や裁判に関する先住民族権利運動の関与や研究が一般に盛んではない」（永井文也「人類学者による先住民族権利運動への貢献の可能性」、日本文化人類学会第50回研究大会）

という人類学者の学術的な議論を、政治学や歴史学も含めて、例えばロヒンギャ難民の保護のためにどのように現場に生かしていくか、その必要に迫られている時期ではないだろうか。

✶視点⑤――日本のアイヌ問題から先住民族の権利を考える

「アイヌ民族支援法」によって、アイヌは確かに日本で初めて「先住民族」とされた。その法律の制定以前から、例えば北海道のアイヌの人たちは、長年の運動の成果によって、明治期に一部の文化人類学者によって盗掘の被害を受けた遺骨が、（限界はあるが）ようやく自分たちの元に戻ってくることになった。だが、しかし、先住民族として認められない沖縄（琉球）の人びとは、遺骨の盗掘の事実があるにも関わらず、いまだ先祖の遺骨を取り返すことに至っていない。しかも沖縄（琉球）の人びとの遺骨を保管している京都大学は、琉球の人びとから遺骨返却の裁判さえ起こされる事態であるのに、誠実な対応をしていない。

ここで重要なのは、先住民族は、彼ら／彼女たちが暮らす土地に対して集団としての権利を持ったことである。しかし、先住民族に関するニュースがメディアで紹介されるとき、それはいつも文化の面が強調され、土地に対する権利は意図的にか、あるいは無意識的に触れられていない。

ちなみに国連は毎年、日本政府に沖縄の人びと（琉球人）を先住民族に認定するように勧告している。だが、日本政府はその勧告にだんまりを決め込んでいる。というのも、もし沖縄の人びとに先住民族の立場を認めることになると、沖縄の基地問題が今以上に可視化されるからである。ことほどさように、多数派が主流を占める日本では、多数派であるがゆえに、少数派の位置づけや現実問題がなかなか理解されていないことも、「ロヒンギャ問題」への理解を妨げているのではないかと思わざるを得ない。

日本では、これまであまり話題になってこなかったこの「先住民族」の話が出ると、どうも説明が難しくなる。筆者はそこで、先住民族の専門家に次のようなたとえ話をしてみた。

——ある先住民族の土地に、政府や行政機関が地域の治水のためという理由で、川をせき止め、ダムを造ろうと計画する。そこで、そこに暮らす先住民族の人たちが、その土地は祖先伝来の儀式にとって必要な場所であるという理由で、国内法の手続きに従って、ダム建設の反対のために裁判所に訴えることにした。裁判所は、そもそも先住民族の人たちには土地に関する権利がなければ訴える資格がない、という理由でその訴えを門前払いすることが可能である。だがもし、先住民族に土地に対する権利があるとすれば、その訴えの判決がどのように決定されるにしても、裁判所は訴状を受け取らねばならない。

その専門家にこのような説明でいいのでしょうか、と聞いてみた。すると、まあ、そのような理解でもいいでしょう、という返事であった。

ここでは「その土地には祖先伝来の儀式にとって必要な場所であるという理由」という例えを挙げたが、もしその土地に、石油や希少金属などの天然資源が埋蔵している場合は、誰がその資源を利用する権利を持つのか、という話にまで広がる。このように「先住民族」の権利は、国の対応を揺さぶる事態だからこそ、先住民族（土着民族）であるという主張には、極めて注意を払わなくてはならないのである。

また、「マイノリティ宣言」（一九九二年）や「先住民族の権利宣言」（二〇〇七年）の「宣言」には、条約と違って法的な拘束力はない、という議論がある。果たして、そうだろうか。もちろん、現在の主権国家体制のもとでは、国民の権利保障は、第一義的に各国政府が担うことになっている。そこで、各国は、国際的な約束事（条約）によって、当該国民の権利保障を進めることになる。では国際社会における人権保障が歴史的にどのようになってきたのか。実際の流れを見てみる。

一九四八年に国連で採択された人権宣言は一九六六年の「人権規約（条約）」に結実するまでに一八年、一九五九年の「児童権利宣言」は一九八九年採択の「子どもの権利条約」（「児童の権利に関する条約」）までに三〇年、一九七五年の「障害者の権利宣言」は二〇〇六年採択の「障害者の権利に関する条約」までに三一年を、それぞれ要した。

さらに現在の国際社会で、国家主権が前提という中にあって、国の権限を制限するような先住民族への権利保障は、時の政府から強い抵抗を受けやすい（前述した日本の「アイヌ民族支援法」〈二〇一九年〉など）。だが、少数者の権利を保障する世界的な流れは、まずは宣言を、次に条約である。少数者からの抗議の声を抑え込もうとする国は、法の文言や枠組みだけにこだわって、「宣言には法的拘束力がない」と、その法の理念を顧みない傾向がある。だからこそ、先住民族の権利宣言のように、具体的な事例をもとに少数者の人権保障に棹を差す作業を、研究者やメディアは進めていかなければならないのではないだろうか。

＊視点⑥――ミャンマーにおける先住民族（土着民族）の意味、名付けと名乗り

そこで、「ミャンマー」という国を見ていく場合、「民族」という言葉をどのように当てはめていくのか。

ロヒンギャ問題が複雑に見えるのは、実は「民族」「先住民族（土着民族）」という語句を理解した上で具体的な議論を進めてこなかったことに原因の一つがある。これはロヒンギャ問題を考えていく上で決して学術的な問題ではなく、実際にロヒンギャが置かれている状況を伝えるには必要不可欠な基本情報なのである。

そこで「ロヒンギャ」を日本でどのように言い表すかである。英語で「Rohingya Minority」とあった場合、以前なら「少数民族ロヒンギャ」で通じたかもしれない。だが、現在では「少数派ロヒンギャ」と訳す方が、その集団の存在を否定することなく、言語・習慣などの多様性を認めることになる。

また、ミャンマーでは、民族の区分けと同じくらいに混乱をきたすのが、民族名をどう呼び習わすのか、という問題である。例えば「カレン（民族）」を見てみよう。英語ではこれまで“Karen”と表記し、日本語でも「カレン」と呼ぶのが一般的であった。現在のNLD政権は、軍政時代に決められた公式名称（外部からの名付け）として、ミャンマー語の“Kayin”「カイン」という呼称を英語でも積極的に使い始めている。（ちなみにカレン語では、カレンの多数派のスゴー・カレンの場合、自分たちのことをポカニョン〈筆者註：人間の意〉と呼ぶ）。ところが、実生活ではカレン人でも、英語で「カレン」と呼んだり、ミャンマー語で「カイン」と呼んだりしてまちまちである。実際、政府系英字紙であっても、この「カレン」と「カイン」が混在している。

ロヒンギャの場合は、単純に民族の呼称だけではなく、「名付け」と「名乗り」の問題が重要で、外部から「民族」と名付けるか「ムスリム」と名乗るかで政治的な意味合いが含まれてしまうのである。

①ミャンマー人は、ロヒンギャをバングラデシュからの移民として（合法・非合法を問わず）「ベン

ガリ・ムスリム」と名付ける。

②現在のミャンマー政府（NLD政権）の一部は、やや穏健気味に（バングラデシュ出自の）「ラカイン・ムスリム」と名付ける。

③あるロヒンギャたちは、我々は土着の「ロヒンギャ民族」だと名乗る。

④別のロヒンギャたちは「ロヒンギャ・ムスリム（ムスリム人）」と名乗る。

現在、外部の我々が目にしているのは、この①と③の決定的な対立である。

①のミャンマー人は、自分たちの上座部仏教文化と歴史が貶められたと感じるため、この立場をとる。

③のロヒンギャたちは、自分たちが迫害されてきた実態を解決するには、民族としての地位が必要であると訴える。さらに、数世代にもわたって実際にミャンマー・ラカイン州での生活実体があったのに、今更、ベンガリ（バングラデシュ人）という名付けは受け入れられない、とする。

混乱の第二として、多くの人は「民族」という言葉を政治的・文化人類学的にのみ考え、ときに歴史論争（どちらがより古く、その地域に暮らしていたか）に巻き込まれているのである。今、「ロヒンギャ問題」を解決するためのヒントとしては、ミャンマーにおける「民族」を国内法的・国際法的にどう捉えるのか、という視点を加える必要がある（法的に捉えられてこなかったから問題が複雑化してしまったということでもある）。

ロヒンギャの人たちは、果たして「先住民族」（土着民族）の権利を求めて「ロヒンギャ民族」と名乗っているのだろうか。筆者の取材では、そうではない。筆者の出会ったほとんどのロヒンギャたちは、ミャンマー国民のロヒンギャ・ムスリムとして平和に暮らしたいと願っているだけである。

ミャンマー国内でスーチー氏に次いで民主化活動に影響力を持っているのは、「八八年世代平和オープンソサエティ」（通称、「八八世代組織」）という団体である。その「八八世代組織」を率いているのは、一九八八年の民主化デモの際に活動していたミンコーナイン氏やココジー氏といった元学生たちである。彼らは、今や五〇代半ばを過ぎているが、今でも地道に草の根の活動を続け、政権与党であるNLD党員に負けないくらい一般の人びとからの支持を得ている。

「八八年世代組織」の大幹部の一人は、ヤンゴンの喫茶店で行った筆者の取材に「ロヒンギャたちに市民権を付与するのは、何ら問題ない」と、他の人には聞こえないように、こっそりとだが明確に答えてくれた。ミャンマー国内では今、「ロヒンギャ問題」や「ロヒンギャ難民の問題」を取りあげる際、他の人がいる前では、ロヒンギャという言葉を発することのできない雰囲気がある。それは、後述（二二四ページ参照）するようにこの問題を報道しようとしたロイター記者が逮捕されてしまったことに見られるように、非常に「危険」を伴う単語ともなっている。

また、「八八年世代組織」の代表者の一人であったココジー氏は、二〇二〇年末に予定されている総選挙に立候補するために政党を立ち上げた。ココジー氏はそれを機会に二〇一七年、日本財団の招待で来日した。彼はその際、NHKのインタビューに、次のように答えている。

「国民の多くは彼らを民族としていませんが、市民権が付与されるべきで、その権利があります」と、ロヒンギャたちに好意的な発言をしている。

✶視点⑦──ミャンマーにおける少数民族問題

では、この「先住民族」問題に先立つ、ミャンマーでの「民族問題」は「いつ」「どのようにして」生まれたのか。そのことも考え直す必要がある。

通説となっているのは、植民地時代の英国による「分割問題」が独立後の多数派ビルマ民族と少数民族との対立を生んだ、とされている。元駐ミャンマー大使の山口洋一氏（在任一九九五─九八年）も次のように解説している。

「少数民族問題を一層難しくしてしまったのは、少数民族が植民地時代に受益者だったという事実です。イギリスお得意の『divine and rule』で、六九パーセントものミャンマー族を最下層にして農奴やドックヤード（筆者註：造船所）の肉体労働に位置づけ、その上にカレン、カチン、チンといった少数民族を警察官や郵便局員などに起用したわけです。さらに彼らの上にインド人を置いた。イギリス自慢の間接統治で、ミャンマー族は少数民族と対立し、殿上人のイギリス人には刃向かわないという構造をつくりました。この政策がミャンマーの民族問題を複雑化しているんです」（山口洋一・寺井融『アウン・サン・スー・チーはミャンマーを救えるか？』、マガジンハウス）

このような解釈は、ミャンマー問題を考えようとしている人の多くに共有されている。

ここで留意しておかねばならないのが、従来の「民族問題」に関する説明が、多数派ビルマ民族の政府によるものであり、特に軍政時代に主張され続けてきた内容だということである。ミャンマーの抱える「民族問題」が、果たして少数民族側からの説明が紹介されてきたことがこれまであっただろうか。

ミャンマーに関心のある人なら、一時停戦しているとはいえ、カレン民族同盟（ＫＮＵ）が長年、政府に対して武装抵抗闘争を続けてきたことを知っている。その「民族問題」の出発点はやはり、多数派ビルマ民族と少数民族カレン民族との衝突であることは疑いのない史実である。それは、日本軍が当時のビルマに侵攻していた一九四二年、イラワジ管区（現エーヤワディ地域）のミャウンミャ県で起こった事件である。

この衝突の経緯を、ミャンマー史が専門の池田一人氏の説明から読みとってみる（「ミャンマーにおけるカレン民族問題の起源とタキン史観に関する覚書き」、大阪大学言語社会学会、EX ORIENTE Vol. 24)。

要約すると、少数民族のカレン民族が多数派のビルマ民族よりも優先的に政府官吏や軍に雇用されていたというのは、現象面からみればそうだが、それはカレン民族だから優先されていたのではなく、カレン民族がそれなりの教育を受け「近代行政の作法を身につけた人材」だったからである（ビルマ民族だとかカレン民族だとかは直接関係がない）。

次に、平野部を「管区ビルマ（ミャンマー）」としてビルマ民族に、平野部を囲む山岳地域を「辺境ビルマ（ミャンマー）」として少数民族に支配させたという分割統治によって「両地域の交流が妨げられ、互いの民族感情が離反していった」という主張も実証はなく、軍事独裁政権のプロパガンダがそのまま広められ今に至ったといえる。

カレン民族自体はもともと（今も）、その人口の約八割を仏教徒が占めており、そのアイデンティティは仏教をよりどころにしていた。そういう意味で、ビルマ民族もカレン民族も両者は同じ仏教徒（広義のビルマ人〈ミャンマー人〉）であった。その後、反植民地運動の政治闘争の過程で、運動を主導するビルマ民族の側からカレン民族側に対して、「(親英)政庁協力民族カレン」という一方的なレッテル貼りが起こった。その結果、同じ仏教徒である広義のミャンマー人(カレン人を含む)から、狭義の仏教徒ミャンマー人と仏教徒カレン人という区分けが発生した。いわば、ビルマ民族独立運動家による当時の社会状況の認識不足と運動方針の過ち(英国という「敵」を作ることによって、人びとをまとめようとすること)が、その後の民族問題の萌芽を生み出した。

この狭義のミャンマー人(ビルマ民族)による反植民地活動はその後、通称タキン党と呼ばれる団体が主導し、反英国の植民地闘争へと引き継がれていく。タキンとはミャンマー語(ビルマ語)で「主人」を意味していた。つまり、われわれこそがミャンマーの主人であり、英国という植民者に対して抵抗運動を起こしたミャンマー人主導の独立運動であるのだ、と。スーチー氏の父アウンサン将軍もタキンであった。

実際にビルマ民族とカレン民族が衝突したイラワジ管区ミャウンミャ県は、一九四二年の日本軍占領時、その進軍経路にあたっていなかったため、「(狭義のミャンマー人主体の)二〇代の大学生や若者たちがタキン党やＢＩＡ(筆者註：ビルマ独立〈義勇〉軍)を自称して行政権を握っていた。その自称ＢＩＡやタキンたちが、カレン民族という存在を対ビルマ民族という形で異なる立場に位置づけることになった(確かに親英的なカレン人は少数いたが、ミャンマー人はそれを拡大解釈し「カレン」全体にひろげた)」。このミャウンミャ県の衝突によって、最終的な犠牲者は不明だが、「『一八四〇人』のカレンが殺された」「おそらく死者は総数で五〇〇〇人には届かないものと推測される」(池田一人「日本占領期ビルマにおけるミャウンミャ事件とカレン」『東南アジア―歴史と文化』第三四号、山川出版社)との記録があるが、おそらくインド系（ムスリム）の犠牲者も多いと推測される。

なぜこの衝突が重要かというと、ミャンマー人はこれまで、中国系やインド系の人びとと少なからず流血の「民族」紛争を繰り広げてきた。だが、彼らはあくまでも外国人であった。しかし、ビルマ民族とカレン民族の衝突は、ここで初めて、土着の民族同士の争いとなったのである（ビルマ民族は土着の民族であるが、少数民族ではない。しかし、カレン民族は少数民族であり、かつ土着民族〈先住民族〉である。この「少数民族」と「土着の民族〈先住民族〉」の違いは一七四ページ参照）。これらの紛争の性質の違いをある程度理解しておかないとロヒンギャ問題の解決の道を探るのは難しい。

ミャンマーにおける民族紛争の代名詞といえる、このビルマ民族とカレン民族の衝突は、すなわち『民族問題の起源＝分割統治』説は、殉教の英雄アウンサンらタキン党が独立を獲得した新たな国づくりを遂行する過程で一般に受容された理論であった」「足元の民族関係を軽視し独立後に民族政策の運営に失敗した歴史を隠蔽し、民族問題を激化・膠着化させた責任を英植民地主義に転嫁する」（傍線筆者。池田一人「植民地支配と分割統治」、田村克己・松田正彦編著『ミャンマーを知るための60章』、明石書店）と説明される。

筆者自身、ミャンマー国内で出会った現地の人に、民族紛争の起源は、と尋ねるとミャンマー人（ビルマ民族）であれ少数民族の人であれ、これまでのミャンマー政府が繰り返してきた英国植民者の負の遺産だ、と答える。また実際、今でもこの言説を、ことあるごとにミャンマーの国営紙は繰り返し報道し続けている。

後述するように、スーチー氏も以前、カレン人はキリスト教徒が多いと誤解していた。また、スーチー氏はこのビルマ民族とカレン民族の衝突のことを次のように語っている。
「一九四二年の終わりごろ、ビルマ独立義勇軍内の無責任なメンバーと、国内の主要民族のひとつであるカレン族との間で衝突が起こり、大規模な流血事件と民族紛争となった。アウンサンは、ミャンマーの異民族間の関係を良好に保つことが、国家統一にとって不可欠であることを知っており、この問題をいつも非常に重視していた。……カレン族とミャンマー族の争いは、アウンサンを大いに悩ませた」（アウンサン・スーチー、マイケル・アリス編、ヤンソン由実子訳『自由』、集英社）
スーチー氏はやはり、国の統一のためには、民族間の和解が必要だということを十分に理解している。だが、その民族問題の起源が、タキンと名乗っていた父アウンサンら反植民地闘争時のボタンの掛け違いから生まれてきたということをどれだけ意識しているのか、筆者としては少々疑問に思う。
というのも、軍政時代から現在まで、「ミャンマーには一三五もの民族が存在し（筆者註：一九八三年、ビルマ政府による国勢調査による）、その民族問題を解決するのは容易ではない」という言説を今のNLD政権も繰り返しているからである。

ミャンマーという〝くに〟の成り立ちとその社会の仕組みを読み解く

✶視点⑧——〝くに〟の成り立ち——国境線と国民の誕生

一九世紀の英国植民地期に、ムスリムであるインド系の人びとがミャンマーにやって来て、そのまま住み続けたことは事実である。しかし、ここで立ち止まって冷静に考えてみたい。よくいわれていることだが、日本社会で暮らしていると、あまり「国境線」について意識することがない。だがミャンマーの事情を考える際には常に、この国境という人為的な線引き（領域）を頭の隅に入れておかねばならない（ミャンマーは、中国・ラオス・タイ・インド・バングラデシュの五カ国と国境を接する）。

では、ミャンマーとバングラデシュ（当時は東パキスタン）が公式に国境を画定したのは、果たしていつなのか？

いくつか説明がある。在日ロヒンギャ・ムスリムの人に話を聞くと、一九七一年にバングラデシュが東パキスタンから独立した時だという。また、軍事独裁政権時代に「泣く子も黙る」と怖れられ、当時の軍政幹部の一翼を担っていたキンニュン元首相がその手記（千葉大学研究グループ訳『ミャンマー西門の難題―〝ロヒンギャ〟がミャンマーに突きつけるもの』、恵雅堂出版）の中で、国境の画定は一九八〇年代と書き記している。いずれにしろ、ミャンマーとバングラデシュの国境線が定められたのは、一九七〇年代以降の解釈である。

しかし、筆者の手元にある日本語資料（「ナーフ河境界線画定に関するビルマ・パキスタン協定」浦野起央編『資料体系　アジア・アフリカ国際関係政治社会史』第二巻、パピルス出版）では、ミャンマーとバングラデシュの国境画定は、国境のナフ河の漁業権を巡る一九六六年である。

ミャンマーの独立が一九四八年であるから、バングラデシュが独立するまで、国境が未画定のまま二〇年ちかく、人びとはある程度両国間を自由に行き来していたことになる。この場合、領域を成り立たせるための国境画定を怠ってきた国の不作為の責任は、当該国がその後始末をしなければならないのではなかろうか。つまりは現在のミャンマー政府とバングラデシュ政府両国に責任があるのだ。

次に、国境の画定と同じくらいに重要なのが、誰が「国民」であるか、その基準である。第二次世界大戦後、民族自立の機運が高まり、アフリカやアジアに多くの新興国が誕生した。そこで、もう少し詳しくその内容を見ると、国ができたことによって、自国民と外国人という新しい分類が生まれたことに注意しなければならない。つまり、「外国人の受け入れ禁止や受け入れの条件設定が『主権国家の固有の権限』である」と国際社会で一般化したのは、果たしていつなのだろうか、ということである。

ヨーロッパでは一七世紀半ば、ウエストファリア条約によって、いわゆる「主権国家体制」が確立した。また同じくヨーロッパで一八世紀に「国民国家」という概念が生まれてきた。しかしながら、国境線が引かれたことが即、自明的にその国の主権によって人びとの移動が規定・制限されたわけではない。それ以前まで、人びとは各地域を自由に移動していたので、人の移動を制限する権限がその当該国にあるということを、どの国も対外的に表明する必要があった。つまり目に見えない国境線を引くという行為は、その国の外側に少なくとも一つの国（相手国）がないとあり得ないことだからである。国内だけの法整備では不十分なのである。

そこで、国民を規定する基準となったのは、米国で一八八〇年代に起こった「中国人排斥法」である。その後、その法律は米国の連邦最高裁で「今日的な意味において外国移民をコントロール、制限するという政策を主権国家の国際法における『当然の権利』を打ち出す」と最終決着された。それを契機に、国際社会において「後に英国、カナダなどの裁判所にも引用されるようになり、世界各地の司法判断や行政実務に大きな影響を与えることになった」（孫占坤「巻頭言　国境を越える人びと」『平和研究』第53号「国境を越える人びと」、日本平和学会）のである。

ここで何が言いたいのかというと、軍政下のミャンマーで一九八二年に制定された「市民権法」の中で、その法律の基準とされた一八二三年という年は、自国民・外国人という考え方や法体制が生まれていなかった時代である。

もちろんある国の政府が法律を制定する際、その国の政府にはさまざまな判断基準を用いる権限はあるが、だからこそ、ここでもやはり、ミャンマー政府が一九八二年の時点で、民意を反映していなかった軍事独裁政権であったという事実を持ち出さざるを得ない。今のミャンマー国民は、軍政当時の法や政策をどう見直すのか（あるいは見直さないのか）ということである。

✶視点⑨――ミャンマーの「市民権法」とは何か

現在のミャンマー政府による「誰が国民であるか」の基準は、ネウィン将軍の軍政時代に制定された、いわゆる「一九八二年市民権法」である。ロヒンギャ・ムスリムたちは、この市民権法によって、国民の外へ排除されているのだ。

ミャンマーは建前上、法の下の平等を謳っている。だが、この市民権法によって、国民（市民）を「市民」「準市民」「帰化市民」と三つのカテゴリーに分けて、事実上、国民を差別してきた（「市民」は一八二三年の英国の植民地になる前からミャンマーに居住していたことが確認できる者。「準市民」は一九四八年の独立前後までの居住が確認ができる者。「帰化市民」はそれ以外の者）。

そこで、この全七六カ条から構成される市民権法の条文を読むと、同国はその当時、「ミャンマー式社会主義」を標榜して国の統一を目指しており、そのような国づくりのための条文として、国民をカテゴリー化することは（あくまでも法に従って物事を進めようとする意味で）条件付きで納得できる部分がある。つまり、その七条に「準市民、帰化市民は、どういう組み合わせであれ、その子が、市民、準市民、帰化市民と結婚すれば、その次世代の子は市民となる」という条項があるからである。法律で平等を謳うミャンマーにあって、時間はかかるが孫の代には、市民となる道を規定しているのである（それが現実に実施されるかどうかは別にして）。同時にその七二条で、この市民権施行後は、「例外な場合を除き、外国人は帰化市民となれない」とも規定している。この一九八二年の時点で、市民権に繋がる「帰化市民」への道は、閉ざされてしまっている。

そもそも、この一九八二年の「市民権法」が目指していたのは、経済的な力をもっていた中国人やインド人を国民化（あるいは国外へ排除）することであった。特段にロヒンギャ・ムスリムを差別することを目的としたわけではなかった。だが、政府内に不正行為が蔓延していた当時のミャンマー社会において、中国人やインド人たちの一部は官憲を買収することによって、外国籍のまま商業活動を続けることができたのである。

一九八二年の時点で、確かに不法とされるロヒンギャの人たちはいたかもしれない。だが、手続きをしなかったために、合法的な立場でミャンマーに暮らすことができなくなってしまった人がいたことも想像に難くない。さらに、どのくらいのロヒンギャの人が、市民権を得るための書類をそろえることができたのか。また、申請したとしても、その申請がキチンと処理されたのか、それも疑わしいのである。

日本に暮らす感覚だと、区役所や市役所などで身分登録するのはそれほどやっかいなことではない。

だが、当時のミャンマーは軍政下で、しかも差別されていたロヒンギャの人びとが役所に出向いて身分登録の手続きをするというのは、極めてハードルの高い作業なのである。

その市民権制定の結果として、多くのロヒンギャたちが、市民権を剥奪される形となり、無国籍状態に置かれるようになった（当時のロヒンギャたちがどのような状況に置かれていたのか。信頼に値する実証研究はまだ少ない。軍政が終結し民政移管した今だからこそ、その作業はすすめられなければならない）。

国境線が未画定だった上に、民族意識と国民意識が混在していた時代、一九七〇年代頃までのミャンマーは、「くに」という地域的な括りで、法的な観点から「近代国（家）」とは呼べなかったことになる。

また、「ロヒンギャ問題」に即して言及されていない事柄がある。それは通称「ナサカ（Nasaka）」と呼ばれる国境警備隊（治安部隊）が、一九九〇年代に始まる独裁者タンシュエ上級大将の時代に設立され、ラカイン州北部に配置されたことも押さえておかねばならない（二〇一一年の民政移管後、テインセイン政権下で廃止）。実際、その「ナサカ」がロヒンギャ・ムスリムを迫害していたという多くの報告がなされているからである。腐敗した軍政下で、その「ナサカ」や役人が賄賂を得ながら、バングラデシュから非合法で人を流入させていたという噂も絶えなかった。この腐敗したナサカという組織は、どのくらいの規模で、実際どのようなことをしていたのか、その実態の検証はほとんどされていない。

これは、筆者の個人的な経験であるが、二〇〇七年にヤンゴンから夜行バスに乗り地方都市のマグウェ地域を訪れたことがある。その際、マグウェでは外国人登録をしていた中国人男性（法的地位は外国籍の居住者）の経営するゲストハウスに泊まることになった。その経営者の彼が言うには、このままビジネスを続けていくのに、わざわざ面倒な国籍取得の申請をする必要はない、ということだった。

また、二〇一八年二月、インドのインパールへと繋がるザガイン地域北部の地方都市を訪れた。そこでお世話になったバイク・タクシーの運転手は、二〇代の中国人男性であった。同じ町に暮らす彼の父親は、ミャンマーの市民権（国籍）を持たず、中国籍で外国人登録をしている身であった。その父親は、町の中で雑貨屋や靴店などの店を経営し、経済的には潤っていた。だが、父親が市民権を持たない（持てない）こともあって、その若いバイク・タクシーの運転手は、自分が外国人登録証しか持たないために大学にも行けず、このまま不安定な身分のままミャンマー国内で暮らしていくことを懸念していた。

実は、ロヒンギャ・ムスリムだけに限らず、どのくらいのインド人や中国人たちが、あるいは他の外国人が、特に地方部において無国籍・外国籍のままミャンマーに暮らしているのか、その実態は把握されていない。

✶視点⑩——ミャンマーにおける同化政策の始まり

第二次世界大戦後、世界各国で脱植民地の動きが加速し、世界中で（主にアフリカ諸国で）独立国が誕生した。もちろんアジア・太平洋戦争を経た東南アジアでも同じように、植民地支配下にあったインドネシア（一九四五年）・ベトナム（一九四五年）・フィリピン（一九四六年）・ラオス（一九四九年）・カンボジア（一九五三年）・マレーシア（一九六三年）・シンガポール（一九六五年）等々が独立した。前述したようにミャンマーの独立は一九四八年である。

それはこの時代、宗主国からの「民族自決」がようやく世界中で謳われるようになったからである。それぞれの民族には、自らの政治的決定は自らが行うという「民族自決」の権利があるのだ、と。第一次世界大戦後において、確かに「民族自決」という主張はあったが、それは欧州に限定されていた（植民地支配の継続のため）。それが、第二次世界大戦後になると、その権利は、主に欧州の植民地であったアフリカ・アジアにまで広がったのであった。

そこで国連は、その「民族自決」という権利に従って、各地での新しい国づくりを後押しすることになった。その国づくりの方向性が、実は「ロヒンギャ問題」に通じる禍根となった。

一九四八年の国連総会が可決した世界人権宣言第一条は、まず初めに自由と尊厳、平等を謳う。「すべての人間は、生まれながらにして自由であり、かつ、尊厳と権利について平等である」しかし当時のこの平等規定は、「人種、言語などの同一性」と「同化を前提」にした平等である。しかしながら、そこにマイノリティ（ここでは少数民族や先住民族）の権利はそれほど考慮されていなかった。これらのマイノリティは多数派に同化すべし、という思想である。それはなぜか。マイノリティに平等の権利があると、各国内に存在する少数民族が自決権を基に国の分裂を主張する可能性があるからである。それゆえ、新興国の政府ほど、マイノリティの権利を抑えて、多数派への同化に強い意志を働らかせることになった。

では、ミャンマーにおける多数派ビルマ民族への同化政策はどのように進められていったのだろうか。ここで再確認しておきたい。ミャンマーは一九四八年の独立以後、一四年の民政期間を経て、一九六二年から二〇一一年まで半世紀におよぶ軍事独裁政権が続いていた。独立直後は、政治家が主導権争いを続ける中、少数民族や共産党の武装闘争で社会の混乱状態が続いた。その後成立したクーデター政権はまずは何よりも、経済を中国人やインド人の手からミャンマー人に取り戻し、国を統一するための強硬な同化政策を採った。

元駐ミャンマー大使の鈴木孝氏（在任一九七一―七四年）が描く「最多数種族のビルマ民族とモン民族及びアラカン族の同化融合が進行中であるほか」「今後二百年ぐらいの間には単一の『ビルマ民族』が形成されることは充分考えられる。その時初めてビルマは『一民族一国家』を称し得ることになり、国名から『連邦』の文字は消え去るであろう」（鈴木孝『ビルマという国』、国際ＰＨＰ研究所）という認識は、当時、一般的であった。

また、同じく日本の元駐ミャンマー大使の田島高志氏（在任一九九三―九五年）は、当時の軍政最高幹部の一人キンニュン第一書記（後に首相）と会談した際に、第一書記の発言を記録している。

「自治地域の設け方も民族間で異なる意見があり、焦って取り扱うとロシアのチェチェンや旧ユーゴのようになる」（田島高志『ミャンマーが見えてくる』、サイマル出版会）

つまり、「軍の力がなければ、少数民族が自分たちの主張を掲げて問題が起き、国を安定的に治めることはできない。ほら、ユーゴスラビアを見ろ」「軍政としては、国の治安維持と統一のためには軍部の力が必要である。少数民族の数は多ければ多いほどいい」という論理である。

それこそが軍政が権力に執着し、いつまでたっても民政移管しなかった理由の一つである。

そもそもどうして少数民族が武装抵抗を続けるのか。同化主義によって諸民族の生活・文化が潰さ

ミャンマー最北のチベット人の暮らすカチン州タフンダン村に入る
直前の橋には、タルチョ（五色の祈祷旗）が張られていた（2007年）

れていく、そのために少数民族は武装抵抗を始めたという理由は棚上げされたままであった。

国の統一のために、同化政策を推し進めるには、民族の数は少なければ少ないほど、都合が良いはずである。しかし、文化的な分類として一三五という民族の数字がすでに示されてしまっていた（その数の変遷はいくつかあり）。そして、一九九〇年代の軍事独裁政権は、この数字を政権維持のために逆に利用したのである。

現在のNLD政府も、この「民族」を問題化させたくないのか、二〇一四年で行った国勢調査の民族の区分けの詳細を発表していない。そしていまだにこの一九八三年調査の一三五という数字を公の場（例えば国連）で、頻繁に使っている。

ミャンマー最北の村にはチベット人が暮らしているが、彼ら／彼女たちは、チベット人としては認められず（自らも名乗らず）、対外的にはカチン人のサブグループのラワン民族のカテゴリーに入れられている（名付け）。彼らの生活は牛の乳を飲み、タルチョ（五色の祈祷旗）を飾る、完全にチベット様式の生活である。ではなぜ彼ら／彼女たちは、チベット人を名乗らないのか。それは、チベットという民族名を出すことで、政治的にミャンマーと中国との関係がギクシャクする可能性があるからである。

ここで注意しておかなければならないのは、ミャンマーにおける同化政策の特殊性である。具体的にはミャンマーでは、多数派「仏教徒ミャンマー人」への同化政策が優先されていたのである。この場合の同化とは、「ビルマ民族」というより、「仏教徒ミャンマー人」というように、仏教の方により重点が置かれていた。かみ砕いていえば、ミャンマー人＝仏教徒であるというのが、多数派のミャンマー人仏教徒の一般的な感覚であったからである。

ビルマの社会経済史が専門の斎藤照子氏は次のように説明する。

「おそらく中国の農村の場合、中国人を支配していたのは、同じ中国人だったと思うんです。しかしビルマの場合、村まで入って税金や小作料をとるのはインド人官吏や地主だったりする。ですから初期は農民ナショナリズムといったような思想が、都市ナショナリズムに先行する。その担い手はビルマでは仏教の僧侶たちと農民であり、『ここは仏教徒の土地じゃないか。異教徒が支配しているのはなぜか』（中略）ですから、社会主義思想が入ってきたり共産党が結成される以前に、激しい農民一揆が起きて、そこでは村の状況を飛び越えて一挙に独立が夢想されたりするということがあった。『異教徒出ていけ』というスローガンが『この土地の主人公は、仏教徒である自分たちだ』となり『ビルマの独立』までかけのぼっていく。ここには、農民レベルのナショナリズムがあったという気がするんですね。その根拠とする思想は、かなり土着的なもので、『仏教の経典のなかには、自分たちの理想とする王国があったはずだ』というように」（アムネスティ・インターナショナル日本支部編『アムネスティ人権報告②　民族とゆらぐ人権』、明石書店）

敬虔な上座部仏教徒であるスーチー氏も文化としてのミャンマー仏教に誇りを持っている。

「不思議なことに、ミャンマー人は、民族そのものよりも、文化を大切に思っていたようだった。彼らはしばしば外国の宗教を信仰しているミャンマー人よりも、仏教やミャンマーの生活様式を取り入れた外国人の方に親近感を持っていた」（アウンサン・スーチー『自由』）。

独立後のミャンマーは、国の統一のために民族政策を十分に考慮する必要があった。実際のところ、民族の区分けを担当していたのは、それが「言語・伝統習慣・宗教・祭祀」という文化の範疇ということで当初は「連邦文化省」、のちの「文化省」という系譜で続いた。しかも、その文化という範疇は当初、ビルマ民族を中心にカレン民族・シャン民族・モン民族等を含めた「複数形の文化」を現すものであった。だが、その複数形が軍政期に、ビルマ民族（仏教徒）への同化を示す「単数形の文化」へと変わった。これは国を統一するため、多数派への文化面（宗教や言語の）での同化という世界的な流れの一つでもあった。

また、ミャンマーの民族の区分けで、重要な役割を果たしてきたのが「言語」の違いである。日本に暮らすミャンマー人は、言葉が少しずつ違う鹿児島の人や青森の人も別の民族だといってもいい、「関西人」や「東北人」という民族も可能だという説明をしてくれた。それは、各地域に方言があり、言葉使いが異なるからである。実際、ミャンマーでは以前、「民族」を名付ける際に、ヤンゴン族、マンダレー族という名称も挙がった事例がある（高谷紀夫「ミャンマーの文化政策」、鈴木政崇編『アジアの文化遺産』、慶應義塾大学東アジア研究所）。

もちろん言語以外にも、風俗や生活実態などの違いを使って、それぞれの地域に暮らす人びとを「民族」として分類することも可能であった。だからこそ、この「民族」をどう扱うかを「ロヒンギャ問題」を前にして、今一度、考えてみるべきなのである。

二〇一九年二月、ミャンマー東部のモン州で知り合いのムスリムの男性と話をしていて、「ムスリムは差別されているそうですが……」と尋ねると、「まったくその通り。パゴダの建立は進められるが、モスクの新規建設は難しい」と険しい顔をして答えてくれた。それこそが「汎ビルマ（バーマナイゼーション/Burmanization）」（筆者註：汎ミャンマー化／Myanmarfication とも）なんだ」と、立て続けに強い口調で、ムスリムの置かれている差別状況を説明してくれた。

この「汎ミャンマー化」とは、「少数民族政策はビルマ語、ビルマ文化、そしてビルマの仏教を核にした『ミャンマー化』あるいは『ビルマ化』が中心となっている……。さらに政府はさまざまな仏教儀礼を国家行事として用いるが、これが『ビルマ化』の核にもなる」（土佐桂子「民族紛争のなかの宗教指導者　ミャンマー連邦カレン州の僧侶の『仏教布教』」、黒田悦子編『民族の運動と指導者たち―歴史のなかの人びと』、山川出版社）ことを示している。

この「汎ミャンマー化」（ミャンマー語を話す上座部仏教徒）という政策は、歴代の軍政が国を統一するために採った重要な柱であり、筆者自身がミャンマーに暮らすムスリムやカレン武装抵抗組織の幹部たちと話をする中で、幾度も彼等の口から直接耳にした言葉である。

✶視点⑪――ミャンマーは日本の家父長制の国家ではない〝くに〟

ミャンマー国境が近いタイ北西部ターク県メソット(Mae Sot)の空港で二〇一九年二月、シャンティ国際ボランティア会（ＳＶＡ）のアジア地域ディレクター・八木沢克昌さんと偶然、遭遇した。八木沢さんと飛行機の離陸までの待ち時間に、現在のミャンマーの状況について立ち話をした覚えがある。八木沢さんはＳＶＡで、東南アジアや南アジア各国において主に生活支援・教育支援の活動を四〇年にわたって続けている。

そんな八木沢さんと筆者がミャンマーの現状認識について一致したのは、「今のミャンマーは日本でいえば、明治維新、アジア・太平洋戦争の敗戦直後、ＩＴ革命が同時進行で起こっているようですね」という点であった。

一九四八年に英国から独立したミャンマーは、一九六二年から二〇一一年まで、およそ五〇年間の軍事独裁政権の支配に置かれていた。その後、五年間の移行期間を経て、アウンサンスーチー氏が事実上の国のトップに就いて、二〇一六年から新しい国づくりが始まる。おおざっぱになるが、日本の近代の始まりである明治維新の一八六八年が、ミャンマーの二〇一六年であろうか。

スーチー氏は、長い海外生活から母国に戻った一九八八年（折に触れ、帰国していたので、ミャンマーの事情に疎かったわけではない）、軍政下で苦しむ人びとの有様を改めて目にして民主化運動に本格的に関わり始めた。そしてミャンマーの象徴ともいえるシュエダゴン・パゴダが建つ（九一ページ参照）敷地内で「これがミャンマー第二の独立闘争です」と大観衆を前に声を上げた。

それからおよそ三〇年という軍政期を経て、ようやく新しい国づくりが始まったのが今のミャンマーである。そこでまず、ミャンマーに即して「国家」の成り立ちというものを改めて考えてしまうのである。というのも、日本で生まれ育って教育を受けた筆者が、ミャンマーの「ロヒンギャ問題」を取り上げるとき、「どうして、そう考えるのか？」という場面によく遭遇するからである。その一つが「国家」という表記である。普段、あまりにも慣れ親しんだ、この「国家」という呼び方を改めて考える必要に迫られたのだ。日本語ではよく、主権国家、国民国家、古代国家（中世国家／近代国家）とも言いあらわされる。

筆者がここでいう「国家」とは、政治制度や社会制度のことを言っているのではなく、「国家」の「家」の方である。というのも、「くに」を表すのに単に「国」だけでは不都合なのだろうか。実はミャンマーと日本では「家」に対する考え方が少々異なるからである。

日本で「国家」として使われる「家」は、もともと家父長制を基にして明治時代に使われ始めた（家父長制とは、江戸から明治に代わった日本が国づくりのために採った政策で、日本は天皇を家長〈父親〉として、妻および子供たちに対して、「生殺与奪の権」のような絶対的支配権をもっていた考え方をもとにしている）。しかし、日本では一九四五年のアジア・太平洋戦争の敗戦以後、法律上、家父長制度をもとにした政策は廃止された。それゆえ本来なら「国家」という言葉から「家」を取り去らねばならないはず。「主権国家」は、単に「主権国」でいいはず。「国家権力」というよりも単に「国の権力」で話が通じるはず。だが、例えば国家から家を取ると、「国家論」が「国論」、「国家と戦争」が「国と戦争」となってしまい、確かに収まりが悪く感じる（かもしれない）。また、「国家」は、「国家主権」や「国家公務員」などと使われてきているので、今更、「国家」を「国」だけに言い改めるのは、語調が不自然で語呂も悪い。

しかも代替の語句がないから、研究者もメディアもなんとなく使い続けている。もちろん、その時々の社会状況や時代によって、この「国家」の「家」にその時代特有の意味を付与することは可能である（現代なら「家庭」の「家」という意味を）。

実は、その家父長制度を引きずった日本の「国家」をそのままミャンマーの文脈に当てはめることはできない。

ミャンマーの人は、アウンサンスーチー氏を敬愛を込めて短く、アメー・スー（Suu）と呼ぶことがあるからだ。これを日本語にすると、「スーおかあさん（mother Suu）」という意味になる。ミャンマーでは国とは、「よき政府とは『家庭でいえば母親のようなもの』という発言から、国家を一つの家庭として考えているのかもしれない」（伊野憲治『ミャンマー民主化運動』、めこん）とも説明される。

つまり、ミャンマーで「国家」という場合の「家」は、強権的な「父」という意味よりも、慈愛に満ちた「母」をイメージする方がより現地の実情に合っている。父権ではなく、母権の方により重きが置かれる。

スーチー氏自身、次のように言う（三上義一『アウン・サン・スー・チー』）。

> 一番よい政府は、人々がその存在を意識しないですむような政府です。家庭でいえばお母さんのようなもの。お母さんは、だれもことさらその存在を意識しなくとも、必要な時にちゃんと食べる物、着る物を用意してくれるでしょう。このような政府でなければなりません。

さらに日本では、戦後の一九五六年と一九八五年に市川崑監督によって二度映画化された『ビルマの竪琴』の宣伝パンフレットで、「日本兵が子どものように純粋にふるまうことによって母親のようなやさしいビルマの人々に受け入れられる物語」（福間良明『「反戦」のメディア史』、世界思想社）と説明されるように、ミャンマーには父親に対してよりも母親の方がより強くイメージされている（実をいうと日本では明治以前まで、民俗学者・国文学者である折口信夫の「異郷意識の起伏」〈『妣が国へ・常世へ』、青空文庫〉に著されるように、国のイメージは母であった）。

✶視点⑫――ミャンマーには独裁者がいた

ミャンマーは、軍事政権だったと多くの人は知っている。実のところこの国は軍事独裁国で、独裁者がいた。では、その独裁者の名前を知っていますか？　と問うと、「ロヒンギャ問題」に興味を持っている人でも、「知らない」と首を横に振る。北朝鮮の独裁者、金正恩《キムジョンウン》やイラクのかつての独裁者、サダム・フセイン（米軍によって捉えられた後、二〇〇六年イラクで処刑）の名前を知っている人でも、民政移管（二〇一一年三月）の直前までミャンマー国内で存在感を放っていた独裁者、タンシュエ上級大将という名前を知る人は多くない。独裁者の存在を知らずしてロヒンギャ問題に取り組もうというのは、ややハードルが高いといわざるを得ない。

では、そのタンシュエ上級大将とはどのような人物だったのだろうか。

タンシュエ氏は一九三三年、象祭りで有名なミャンマー中央部のチャウセーで生まれる。少年時代にどのような教育を受けたのか不明な部分もある。ミャンマーの男性で、上座仏教徒なら必ず経験する得度式（出家して見習い僧になること）を経たのかどうかも不明である。タンシュエ氏は高校を卒業した後、郵便局員を経て士官養成学校を修了。国軍では当初、どのような位に就いたのか……それは、公式記録をどこまで信用してよいのか分からない。

タンシュエ氏は一九八三年、最年少の軍管区司令官として、第八八軽歩兵師団の司令官から南西軍管区司令官に大抜擢される。そして翌八四年の国営紙に、彼の写真が初めて載った（ちなみに、現在の国軍の最高司令官ミンアウンフライン上級大将が国営紙のトップに登場したのは、筆者の記録では二〇〇九年一月一五日である）。

そんなタンシュエ氏が「台頭した一因には、直属の上官を怒らせなかったことがある」、また彼は「謙虚で、おとなしくへりくだり、質素な生活を好み、忠実で、野心を見せず、インフラ整備に熱心という性質」「脅威として受け止められなかった」とも評されている。

一九八八年の民主化デモの際、タンシュエ氏は国防副大臣に任命された（前の独裁者ネウィン将軍は民主化デモの圧力を受けて自ら退陣する。この時期、国内は騒乱状態となり、国のトップはめまぐるしく交代することになった）。一九九二年、彼は一九八八年のクーデターで政権を掌握した国家法秩序回復評議会（ＳＬＯＲＣ）議長に就き、国家元首となった（ベネディクト・ロジャース、秋元由記訳『ビルマの独裁者タンシュエ』、白水社）。

それなのに、なぜ軍の実力者だった独裁者タンシュエ上級大将の名前がそれほど国際的に認知されてこなかったのか。その理由の一つは、ミャンマーにはアウンサンスーチーという、軍政に対する抵抗のシンボルで民主化闘争の指導者が存在していたからである。一人の女性が敢然と国の暴力機関(軍部)に立ち向かっていくというのは、メディア的には絵になる存在で、国際的にはニュース価値があった。しかもスーチー氏はインドや英国で教育を受けたことから流暢な英国式英語を話し、国際的なメディアにも取りあげられやすかったからである。

もっとも、ミャンマーの軍事独裁体制は、他の国に見られるような絶対的権力を前面に押し出した、単純な独裁者崇拝の体制ではなかった、という研究者の指摘もある。

「ミャンマーの軍事政権における政治指導の特質は、個人独裁と制度独裁が独特なかたちで結びついていることにあった。……個人支配に付随しがちな家産制的政策(筆者註：独裁的な君主が、領土や国民を一家の私有物のように取り扱うこと)と個人崇拝的傾向といったものが多分に欠けていたことである」(中西嘉宏「軍と政治的自由化―ミャンマーにおける軍事政権の〈終焉〉をめぐって」、日本比較政治学会編『体制転換/非転換の比較政治』、ミネルヴァ書房)

実際のところ、国営紙の一面には繰り返しタンシュエ上級大将の写真が載せられており、現地の人の意識には独裁者の存在がすり込まれていた。そこで、経済が疲弊し自由が制限されているという、人びとが経験する日常生活の息苦しさは、軍事体制というよりも歴代の独裁者を何よりも嫌悪することにつながっていた。

さらに、日本ではミャンマーの軍事政権に対して軍事独裁政権という認識が弱かった上に、もう一つ見落としている点がある。それは反軍政という立場にも大きく二つあったことだ。例えば反軍政という言い方だが、もう少し深く掘り下げると、〈軍政〉対〈①民主化勢力+②少数民族〉という図式が描かれ、実は①と②ではその抵抗運動の内容や方針は異なっていた。

人口の約六割以上を占める多数派ミャンマー人（ビルマ民族）の民主化勢力は、主に政治的な民主化を求めていた。しかし少数民族側は、単に民主化を求めるというよりも自治権の獲得闘争の方により重点を置いていた。さらにその少数民族の反軍政の勢力の姿は、民政移管以降も、多数派ミャンマー人（ビルマ民族）の視野には入っておらず、やはり政治交渉の外側に置かれているのが実情である。スーチー氏率いる現在のNLD政府は、何よりもまず国内の統一を最優先するあまり、必要以上に「汎ミャンマー主義」に舵を切っている。そのような政治状況の下、多数派ミャンマー人（ビルマ民族）や少数民族の「外側」に位置するのが、国籍を剥奪されたロヒンギャ・ムスリムなのである。

★視点⑬―名前の表記

次に、アウンサンスーチーという名前の表記を取りあげる。

アウンサンスーチーに「・」や「＝」を入れないのは、ミャンマー人には、苗字（姓）がないということを改めて示すことが必要だからである。

具体的にはこういうことである。

北朝鮮のキム・ジョンウンやイラクのサダム・フセインは、「・」で「苗字と名」を分けて表記する。しかし、「苗字」がないミャンマー人を、「アウン・サン・スー・チー」と表記するのは不適切である。アウンサンスーチーに区切りの「・」や「＝」を入れないという表記は、ミャンマー人には苗字がないという海外事情を、より正確に日本の人に伝えるために必要だからである。ミャンマーに関する報道を見ていると、新聞社や出版社、研究機関によっては従来の表記が優先され、「アウン・サン・スー・チー」とされている。

ところで、日本の高校の教科書が、アウンサンスーチーをどのように表記しているのか確認してみた。山川出版社の教科書『新世界史　改訂版　世界史B』(二〇一七年)では、「アウン＝サン＝スー＝チー」という表記で、単語の間に区切りの「＝」を使っている。しかし、同じ山川出版社の『もういちど読む山川世界史』(二〇〇九年)では、「アウン・サン・スー・チー」と「・」を使っている。教科書と一般書では、その表記が統一されていない。

そこで、別の出版社の教科書、実教出版の『世界史B　新訂版』(二〇一六年)を見ると、「アウンサンスーチー」と表記され、「・」を入れずにより正確な記述になっており、実教出版の教科書の方が、この点に関してミャンマー情報がアップデートされている。

ちなみに山川出版社のように、単語と単語の区切りに「＝」を入れる例は珍しい。アラビア語の「イスラームの家」を英語表記すると【dar al-Islam】となり、それをさらに日本語にする場合は、「ダール・アル＝イスラーム」となる。「＝」は、単語と単語を区切るのではなく、冠詞(英語でいえば、the や a)と単語を明確に区別する際に使われるようである(ただ、アルコールのように、語源はアラビア語だが英語を経て、すでに日本語に定着したアルコール〈al-kuhul〉などは、「＝」を入れて分かち書きしない)。あるいは、本書で引用した文献の著者テッサ・モーリス＝スズキのように、旧苗字モーリス(Morris)と婚姻後の苗字スズキを「＝」で併記する例もある。

また「アウンサン・スーチー」というように、「アウンサン」と「スーチー」の間に「・」を入れた表記も稀に見かける。これはスーチー氏の父親で独立の英雄アウンサン（将軍）をわざわざ強調するための表記だが、この表記にも首をかしげざるを得ない。というのも「アウンサン」は父親の名前である。また「スーチー」の「スー」は祖母の名前の一部から、「チー」は母親の名前の一部からとったものである。アウンサンスーチー氏という一人の人物を表記するのに、男性側の名前だけを強調する表記は不自然である。

スーチー氏は、英国の大学を卒業するとミャンマーには戻らず、マー・タンイー（Ma Than E）というミャンマー人女性の誘いもあり米国ニューヨークへ渡り、ニューヨーク州立大学の大学院を経て、そのまま米国の国連本部で働き始める。マー・タンイーは父親アウンサウンや母親キンチーと親しく、スーチー氏自身は彼女のことを「わたしの身元保証人」とも呼んでいた。そのマー・タンイーがスーチー氏を次のように言い表している。

「思うにスーの不屈の精神力と、たぐいまれな人となりの根底にあるものは、父アウンサン将軍の輝かしい思い出と素晴らしい母親ドオ・キンチーの教育であろう」（マ・タンイー「スーの魂が花と開いて」、アウンサン・スーチー『自由』）

つまり、アウンサンスーチーという一人の人物を表現するには、父と母（と祖母の）名前が必要で、その名前の間に「・」をいれずに表記することこそが必要なのである。ただ、実際の運用上、アウンサンスーチーというのは長い名前なので、一度アウンサンスーチーと表記すれば、スーチーやドー・スーと略される（ミャンマー語で「ドー〈Daw〉」とは、年長の女性への敬称として付けられる。未婚の女性は「マー〈Ma〉」。男性はそれぞれ「ウー〈U〉」と「コー〈Ko〉」）。

✶視点⑭――上座部仏教社会における女性の位置づけ

筆者は、とある日本の外交官がミャンマー人女性の社会的位置づけに関して記述した文章を、目にしたことがある。

「ミャンマーの伝統的な社会では法的には男女平等である」「ミャンマーの社会における、（食卓での優先順位は男性が先、男女が歩くときには……女がわずかに遅れて男の後を行く）このような役割、位置づけの差異やそこからくる種々の社会習慣は当然のこととして受け止められており、これに疑問が差し挟まれることはない。このような差異が男尊女卑という意味合いで捉えられることはなく……」

果たして、これもその通りなのか。

ミャンマー人の女性で、声を上げて社会改革や政治的な主張をする人はまだまだ少ない。そこで、ミャンマーの女性作家たちが描いた文学や小説を読むと、彼女たちの考える男尊女卑のミャンマー社会を見て取れる。作家ジューは、次のように言う。

「大多数の女たちは、決定権者たる男たちに抗うことはできません」

「ミャンマー語には性的所有者たる夫（カーマバインヤウチャー）という語があります。それは、性生活において妻が夫に必ず妥協しなければならないという意味として受け取られています」

「ミャンマー人の家庭に関する一般的な調査からは、離婚率がかなり低い。……離婚率の低さは家庭が平和で円満であるからだと考えるむきもあるでしょう。しかし、現実はそうではありません」（南田みどり編訳『ミャンマー現代女性短編集』、大同生命国際文化基金）

仏像を磨く際、女性は仏像と同じ高さに立つことはできず、
また頭部に触れることはできない（ヤンゴン、2008年）

また、次のようにミャンマー文学の解説からもミャンマー人女性の立場を読みとることもできる。「女性が家庭内外の労働にいそしみ、男性が政治経済の権力中枢に接近するという『分業』は、伝統的に定着してきた」（同右『ミャンマー現代女性短編集』）

ミャンマー政府は二〇一五年、仏教徒とムスリムとの衝突（二〇一二年）の後、反イスラームを煽り続ける一部の過激な僧侶集団の圧力を受け、ムスリムの人口を抑制する意図で「民族宗教保護法」を定めた。その法律の解説を読むと、実は、仏教徒女性もこれまで、不平等な法の下で暮らさざるを得なかった実情が浮かび上がってくる。

「（この法に含まれる）『一夫一婦法』はこれまで仏教徒慣習法上、男性のみに認められてきた重婚を禁止する点で画期的な法案であった」「同法施行後、慣習法上男性にのみ許されてきた重婚や不貞の結果、妻に訴えられる仏教徒男性が頻出した」（飯國有佳子「宗教と民族の境界を護る、越える」川島範子・小松加代子編『宗教とジェンダーのポリティクス』、昭和堂)。

二〇一六年と一七年に起こった、国軍と治安部隊によるロヒンギャ・ムスリムに対する迫害は、無差別殺人やレイプなどの被害が報告された。だが、多数派ミャンマー人やラカイン人の男性の多くは、社会における民族や宗教の位置づけを優先して考え、ロヒンギャ・ムスリムに対する迫害を容認し、その加害の事実に口を閉ざしてきた。実際、今も沈黙したままである(といってもよいだろう)。だが、現実に被害に遭ったロヒンギャ女性たちの状況に思いを馳せる他民族や異なる宗教の女性たちは、民族や宗教の壁を越えて、特に女性たちの被害のありようを国際社会に訴えている。

ロヒンギャ難民の大規模流出直後の二〇一七年九月、少数民族の女性団体「カレン女性機構(The Karen Women's Organiztion)」は、カレン人・シャン人・カチン人だけでなく、ロヒンギャ・ムスリムへの国軍による蛮行を非難する声明を出した。さらにその二年後の二〇一九年八月二五日、「ミャンマー女性連盟(WOMEN'S LEAGUE OF BURMA)」は、ロヒンギャだけでなく国軍の暴力の被害に遭った少数民族の女性に対する声明を出した(この声明文では、ミャンマー国内で禁句にもなっているRohingya〈ミャンマー語で「ロヒンジャ」〉という語句が使われた)。

軍政から民政移管したばかりのミャンマーではようやく、被害者である女性たちの一部が、「民族」や「宗教」という枠組みを越えて女性の立場から声を上げ始めている。国外のミャンマー支援者は、これまで目を向けられてこなかった同国の実態に、女性の立場や障碍者の位置づけなど、少数民族問題だけではなく、以前とは異なる視点からの目配りの必要を迫られている。

アウンサンスーチー氏は〝政治家〟である

✶視点⑮──「自由で民主的なミャンマーの指導者として、暴力の使用も辞さない」

国際社会ではアウンサンスーチー氏に対する風当たりがすこぶる強い。要は、ロヒンギャ・ムスリムたちが苦しんでいるのに、ミャンマーの事実上の最高指導者であるスーチー氏が、適切な対応をしていないというのである。もちろん国境管理や国防・国内の治安に関しては軍部に管轄権があり、たとえスーチー氏に法的な権限がなかったとしても、スーチー氏は人道的な観点から声を上げるべきではないのか、という指摘である。

ここで簡単にスーチー氏の系譜をたどる。

一九四五年六月　ミャンマーで誕生。一五歳まで国内のミッションスクールで教育を受ける
一九六〇年　母ドー・キンチーのインド大使就任に伴いインドへ
一九六二年　〈ネウィン将軍クーデターを起こす。軍政が始まる〉
一九六四年　英国オックスフォード大留学
一九六九年　米国大学院に籍を置く。米国で国連職員として勤務
一九七二年　英国人マイケル・アリスと結婚（主婦＋研究者）
一九八五年　来日（京都大学東南アジア研究所〈一年間〉、客員研究者）

一九八八年　母親の看病のためミャンマー帰国
　民主化運動に関わり始め、ＮＬＤ（国民民主連盟）の共同創設者となる
一九八九年七月　一回目の自宅軟禁
一九九〇年　〈総選挙でＮＬＤが圧勝、軍政は政権委譲を拒否〉
一九九一年　ノーベル平和賞受賞（自宅軟禁中）
一九九五年　自宅軟禁解除（一回目）
二〇〇〇年九月　二回目の自宅軟禁
二〇〇二年五月　自宅軟禁解除（二回目）
二〇〇三年九月　三回目の自宅軟禁
二〇一〇年一一月　自宅軟禁解除（三回目）
二〇一一年三月　〈軍政から民政移管〉
二〇一二年　国会議員補欠選挙当選、国会議員となる
二〇一六年　外務大臣兼国家顧問として、同国の事実上の最高権力者となる

一九八八年の民主化運動で倒れたネウィン軍政は、軍部のクーデター政権に引き継がれた後、一九九〇年に総選挙を実施する。そこでクーデター政権はＮＬＤに大敗することになった。ところが軍部は政権委譲をせず、そのまま権力の座に居座り続ける。その理由として、民政移管の前にまずは新憲法が必要なのだ、という後出しのこじつけの論理であった。そこで軍政は、タンシュエ上級大将

のもと一九九三年から二〇〇八年まで、自らが影響力を及ぼすことのできる代表者を選んで制憲議会を続け、最終的に軍部にとって都合の良い「二〇〇八年憲法」を制定した。

つまりその憲法は、議会の議席の二五％はあらかじめ軍人に割り当てられている（国民投票による国会議員選挙は残り七五％の議席を巡って実施される）。さらに国軍・内務省・国境省を所轄する大臣は、国軍最高司令官によって任命されることになっており、国防や国内治安に関して、スーチー氏の影響力を排除している。また、国軍最高司令官は非常事態を宣言する権限を有しており、民政移管したとはいえ、今のミャンマーはやはり軍部の力が強いと言わざるを得ない。

軍政下で作られた「二〇〇八年憲法」の五九条(f)項には、配偶者や子どもが外国籍の人物は大統領になることができないという規定があり、スーチー氏は大統領職に就けない。そのためスーチー氏は現在、その憲法の規定にはないが、法律には違反しない「国家顧問」という立場で事実上、国のトップの地位に就いている。もっともミャンマー国内でのスーチー氏は、独立の英雄アウンサン（将軍）の娘として絶大な支持と人気を博し、国軍もその存在を無視することができない位置づけでもある。

後述（二二二ページ参照）するが、これまでミャンマーでの民主化運動を率いてきたスーチー氏は、前々の独裁者ネウィン将軍や前の独裁者タンシュエ上級大将と直接対峙して、民主化への道を進めようとしていた、実は粘り強い政治家でもある。しかしながら、そのスーチー氏に対する国際社会の評価は、二〇一七年八月のロヒンギャ難民の流出まで、政治家というよりも非暴力の人権活動家としての面が強調されてきた。

では外からの評価を別にして、スーチー氏自身は、ミャンマー政治の中で自らをどのように位置づけているのか。

筆者が重要に思えた、スーチー氏による問答がある。

——自由で民主的なミャンマーの指導者として、あなたが、人間に対して暴力を用いる決定を、明らかに人を殺すことになる武力を発動する決定をしなければならないところを想像できますか。

スーチー：状況によっては、政府の一員は、誰でもそのような決定をしなければならないかもしれません。

——それでは、武器と暴力の「たくみな」使用も、いわば政治家に付随する領域としてやむを得ないと……。

スーチー：それは、政治家の「職業に伴う危険」です。

（アウンサンスーチー『希望の声』）

この問答を行ったアラン・クレメンツ氏は、一九七〇年代と八〇年代の長い年月をミャンマーで過ごし、そのうち五年間の修行期間を経て、ミャンマーで米国人として最初の僧侶になったジャーナリスト兼作家である。

このアラン・クレメンツ氏との対話が行われたのは一九九六年、スーチー氏の第一回目の自宅軟禁が解除された後である。このインタビューが行われた当時、まさかその二〇年後に軍政が終結し、スーチー氏が事実上の国の元首までなると想像した者はいなかったであろう（スーチー氏はその後二〇〇〇年九月に二回目の自宅軟禁に処される）。

さらにスーチー氏はこのときの対話で、「自由で民主的なミャンマーの指導者として、暴力の使用も辞さない」という発言をしている。その意味で、スーチー氏は一九八八年にミャンマーの政治史に登場して以来、一貫して政治家であったのである。

では政治家としての今のスーチー氏を、われわれはどう評価すべきなのか。

スーチー氏は、父親アウンサン（将軍）の果たせなかった夢、すなわちミャンマーの統一に、つまり民主的な国づくりに向けて腐心している。そのミャンマー統一の最大の課題は、なによりもまず「民族問題」の解決である。

スーチー氏の人柄について、ジャーナリストや友人、自らも設立に関わった国民民主連盟（NLD党）の仲間たちから、人づてにさまざまなエピソードが語られる。そのエピソードの内容は、間違いないだろう。だが、より重視すべきは、スーチー氏自身の生の声である。先に挙げたアラン・クレメンツ氏との対話『希望の声』、『自由』（集英社）の他、伊野憲治編訳『アウンサンスーチー演説集』（みすず書房）は、スーチー氏の人となり、思想がそのまま参照できる。スーチー氏を語る際に必須の文献である。

これらの著作とスーチー氏に関する文献から、スーチー氏自身のことを簡単に読み取ってみたい。自分自身のこと、軍部のこと、自らも共同創設者となった国民民主連盟（NLD）のこと、少数民族や民主主義のことについて明確に語っている。

スーチー氏は、父親であるアウンサンの性格にも触れて、自分の「気が短い」のは父親譲りであると自ら述べている。また軍部と対立するつもりはなく、軍は国防に専念すべきで政治に関与すべきではないなど、国軍の存在を尊重している。さらにスーチー氏は、海外生活が長いにも関わらず流暢なミャンマー語を話し、ミャンマー社会の文化や仏教文化に精通していることも分かる。民主主義を支えるのは、国民であり、不法な命令には抵抗するのが国民の義務である、とも言い切っている。

「私は、国軍に対して深い愛着を感じております。父が創設した国軍なのです」

（『アウンサンスーチー演説集』）

「ミャンマーには軍は必要ではないと言ったことはありません。世界の状況は、まだ軍事力を必要とすることは認めます」

（アウンサンスーチー『希望の声』）

このような発言は、単なる非暴力主義者ではない、政治家としてのスーチー氏の姿を彷彿とさせる。ただ、自らが政治家として活動するには、一九八〇年代のスーチー氏は時期尚早であった。ここに、スーチー氏が政治家となるべく十分な判断力をもっていることを示すエピソードがある。

前の独裁者ネウィン将軍がミャンマーを支配していた頃、世界で最も名の知れたミャンマー人といえば、一九六一年から七〇年まで国連の第三代事務総長を務めたウー・タン（ト）であった。一九七四年に亡くなった彼の遺体が米国から軍政下のミャンマーに戻った際、反政府活動をしていた学生たちはウー・タン（ト）の葬儀が彼の偉業にふさわしい国葬扱いをされないことに反発して抗議運動を起こし、その結果多数の死者（不明）を出す暴動にまで発展した。

スーチー氏はその時、生活の場であった英国からミャンマーに一時帰国していた。アウンサン（将軍）の娘が反政府活動に加わらないかスーチー氏の動向に目を光らせていた政府当局に対してスーチー氏は、国外に暮らしている自分が何らかの政治行動に参加するつもりはない、と意思表示していた。当時のスーチー氏は、まだその暴動が自らが全面的に支持できる反政府運動だとは見なしていなかった。当時のミャンマーの社会状況を、冷静に見ていたのである。

✶視点⑯――スーチー氏のムスリムや少数民族に対する態度

一九九七年三月頃、仏教徒の少女がムスリムの男性に襲われたという噂をきっかけに、中部マンダレーの僧侶がモスクを荒らし回ったという話が広がった。当時の軍政はその噂の原因を次のようなお触れを回すことによって、スーチー氏が書記長を務めるNLDを批判した。

「国内に社会不安を引き起こそうとたくらんでいる分子（NLD：筆者註）がつけこみ、マンダレーの仏教界の一部を扇動してイスラム教徒地域といくつかのモスクを攻撃させた……。これは、表面的には宗教衝突のようにみえるが、実際にはきわめて政治的な狙いをもったものである」

それに対して、スーチー氏は次のように反論している。

「宗教対立がおそらくある種の政治的な意図をもった者によって仕組まれたのではないかという点ではまったく同意見であるが、しかしNLDはこの種の卑怯な政治とは無関係であると、絶対の自信とけがれのない良心をもって言うことができる。われわれは不法と暴政、強固に団結した民主化運動の妨害をもくろむすべての動きに抵抗する責任はもとより、胸を張って維持すべき資格を有しているのである」（アウンサンスーチー、土佐桂子・永井浩・毎日新聞外信部訳『新ビルマからの手紙』、毎日新聞社）

上座部仏教徒が多数のミャンマー社会の一部には、ムスリムに対する嫌悪感があるのは事実である。その嫌悪感が生まれてきた背景をスーチー氏は理解し、同時に、政党活動を続けるNLDは宗教対立とは無関係であるとして、軍政のプロパガンダに反論している。つまり、情報が少なく噂が蔓延する軍政の生み出す社会の体質こそが、問題の出所であると人びとに訴えているのである。

ただ、ムスリム一般に対するいわれなき差別を理解しているスーチー氏でさえその当時、ラカイン州北部の「ロヒンギャ問題」に関しての言及が全くなかった。そんなスーチー氏は現在、果たして、どこまで「ロヒンギャ問題」を的確に把握しているか未知数でもある。

というのも、二〇一三年四月、日本を二七年ぶりに訪れたスーチー氏は、東京の日本記者クラブの記者会見で、現在ミャンマー国内では禁句ともなっている「ロヒンジャ（ミャンマー語読み）」という語句を使って、「今のミャンマーに必要なのは「法の支配（rule of law）である」と語っていたからである。スーチー氏はその時、公の場で「ロヒンギャ」と口に出していたのである。

ロヒンギャという呼称は現在、前章で説明したようにロヒンギャ＝ロヒンギャ民族と想起させることから公の場では使われない。ミャンマー政府はその代わりに「ラカイン・ムスリム」を使う。だが、二〇一三年の時点でスーチー氏は、この問題の深刻さをそれほど理解していなかったのではなかろうか。

スーチー氏はその六年後の二〇一九年七月、首都ネピドーで開催された国家顧問省設立の三周年記念式典で、二〇一六年一〇月に始まる現在の「ロヒンギャ問題」は、思いがけない（unexpectedly）事態だったと述べている。実はそのスピーチには、この（unexpectedly）が二度、使われている。すなわち、二〇一六年三月に政権に就いたばかりのスーチー氏にとって、当時のＮＬＤ政権の最優先の課題は、軍部との関係を修復し少数民族との停戦和解を進め、二〇〇八年憲法の改正問題や麻薬撲滅に取り組み、さらには経済政策のために雇用を創出することだった。

前章で触れたように（一五二ページ参照）、スーチー氏は、コフィー・アナン元国連事務総長を議長に据えた諮問委員会を設置して、ロヒンギャ問題を解決しようとしていた。政権に就いたばかりのNLDは、自らが可能と思える範囲でこの問題を解決しようとしていた。ところが、それは上手くいかなかった。スーチー氏の想像以上に事態は悪化していたのである。

また、筆者には気になることがある。それは次に挙げるように、スーチー氏は演説などで、少数民族の位置づけに対しては何度も言及するなど、なるほど「気遣い」を示している。

「全ての民族が団結する必要があります。現在、多数民族はミャンマー人です。多数民族であるミャンマー人は、少数者である諸民族と団結していくように特に努力する必要があります。より力を持っている者が、よりいっそう努力する必要があります」（『アウンサンスーチー演説集』）

だが、次のような発言で、筆者はスーチー氏の少数民族に対する事実認識はどの程度なのかも、やや疑問に感じざるを得ない。

「カレン族の多くはキリスト教徒で、宗教の違いが両民族間のギャップを拡大した」

（アウンサン・スーチー『自由』）

実際のところ、カレン民族の約八割は仏教徒で、キリスト教徒は二割程度だからである。基本的な事実の誤認が見られるのである。

✶視点⑰——スーチー氏のロヒンギャ問題に対する態度

スーチー氏自身は軍事独裁政権時代、ミャンマーの民主化のために精一杯の努力を惜しまず、時には命を賭けて行動を起こしてきた。それは動かしようのない事実である。実際、スーチー氏自身、直接命を狙われた経験が何度もある。外国人の多くは、ロヒンギャのためにスーチー氏は声を上げていないと指摘する。だが、スーチー氏は、軍部の凶行に対して声を上げていないのは、対ロヒンギャ問題だけではない。

二度目の自宅軟禁を解除されたスーチー氏は二〇〇三年五月、自らの政党（NLD）活動のために地方遊説へ出かけていた。ミャンマー第二の都市マンダレーから西北に位置するザガイン地域のディペインで、その事件は起こった。スーチー氏とNLDの党員が軍部の影響下にある暴力組織の集団に襲われたのだ。その時、NLDの党員七〇～一〇〇名（政府の公式発表は四名）が虐殺されたのだ（ディペイン事件）。

スーチー氏はこれまで、「私たちは、ただたんに同僚であるだけではありません。お互いに対して、本当の思いやりと愛情を抱いています」と言うほど、自分の信頼と愛情をNLD党員に寄せてきた。その仲間である党員が目の前で虐殺されたのである。この「ディペイン事件」直後、スーチー氏は悪名高きインセイン刑務所に一時期、収監された。スーチー氏とNLD党員たちに危害が加えられたというニュースは、すぐに世界に発信された。事件の一〇日後、国連特使のラザリ・イスマイル氏がミャンマーを訪れ、スーチー氏の安否を確認することとなった。その際、スーチー氏は、ラザリ氏に告げた。

「今回の事件を水に流して、ミャンマー国民の幸福のためなら、政府の代表と会って話し合う用意があると当局に伝えてください」（ティエリー・ファリーズ、山口隆子・竹林卓訳『銃とジャスミン―アウンサンスーチー、7000日の戦い』、ランダムハウス講談社）

このようにスーチー氏は常に、加害者を憎まず、起こったことはそれとして受け入れ、対話を持って解決しようとする姿勢を崩さない。この「ディペイン事件」の真相が闇に葬られているままなのに、スーチー氏はこの件に関して、公の場で一切、口を閉ざし続けている。軍政時代に、軍部によるさまざまな弾圧事件が起こった。だが軍との和解を目指すスーチー氏は、「ディペイン事件」と同じように事件の真相を究明しようとしない。そのため、多くのミャンマー人は公の場所で個人的な被害について声を上げていない。スーチー氏は次のように言う。

「母親としてのより大きな犠牲は、息子たちを手放すことでした。しかし、他の人々は私以上の犠牲を払ったということを、いつも意識しています」（アウンサンスーチー『希望の声』）

スーチー氏がこのような態度をとり続けるのは、なぜか。それは、軍部の協力がなければ、少数民族との和解と憲法改正が進まないからである。スーチー氏が語っていないのは、ロヒンギャ難民の被害や迫害だけではない。スーチー氏は、昔も今も、現実重視の政治家なのである。もちろん現実重視という意味は、ミャンマー社会に合致した理想の社会を目指すという思想を常に持っているということも忘れてはならない。

✶視点⑱――スーチー氏は単なる〝人権活動家〟ではない

しかし、そんなスーチー氏に関して、気になる点が二つある。

ロヒンギャ問題に関して調査報道を続けていた、ロイター通信の現地記者ワローン記者とチョーソーウー記者の二人が二〇一八年九月、ミャンマーの裁判所にて禁固七年の有罪判決を受けたのである。

この二人の記者は、二〇一七年八月にラカイン州北部インディン村で起こった事件——ロヒンギャ・ムスリム一〇人が、国軍と治安部隊、それにラカイン人仏教徒によって虐殺された事件を取材していた。ミャンマー国軍と治安部隊は、国際人権団体などから、過激派の掃討作戦と称してロヒンギャ・ムスリムを虐殺・レイプ・放火していると非難されていたのである。ミャンマー国軍や政府は当初、あくまでも過激派に対する合法的な掃討作戦だったと主張して、これらの弾圧の事実を一切否定していた。

二人の記者は二〇一七年一二月、当局の仕掛けたおとり役の警察官に関係書類を渡された直後、逮捕された。政府の治安部隊の活動に関する関係書類を不法に手に入れたという容疑で、「国家機密法」違反に問われたのである。事件に関わった警官は、その後行われた裁判の審理において、報道を封殺させる目的で二人に罠を仕掛けたと証言している。虐殺の事実を暴いたことに対する報復が記者の逮捕という訳である。ミャンマー政府はその後、インディン村で一〇人のロヒンギャ・ムスリムの虐殺があった事実を認めた。二人の記者は、最終的に五〇〇日収監された後、恩赦を受けて解放された。

二人が報道した内容は、二〇一九年の米国ピューリッツァ賞（調査報道部門）にも輝くスクープ記事であった。だが、二人が法律を冒したという、また、有罪を受けた事実は政府の発表では残ったままである。そもそも、二人にかけられた国家機密法違反という容疑は、一九二三年の英国の植民地時代に制定された法律で、ロヒンギャ問題を調査報道する二人に適用するには無理があった。

「ワーロウン《引用ママ》氏とチョーソーウー氏は植民地時代の国家機密法第三条(1)(c)に違反したとされている。同法のもと、『敵に有益』な可能性のある『あらゆる公式（中略）文書または情報を取得、収集、記録、出版、または他者と共有』した個人は最高一四年の刑を科される。また同法の厳格な条項に基づき、情報開示が実害リスクをはらんでいなくても、文書を共有しただけで刑事罰を適用することができる。これは表現の自由をめぐる国際標準に反するものだ」（『ヒューマン・ライツ・ウォッチ』、二〇一八年七月二日）

スーチー氏は、このロイター記者の逮捕・裁判に関して、あくまでも法によって対応していると言い続けてきた。もちろん、行政のトップであるスーチー氏の立場からすると、司法に口出しをすることはできない。だが、誰がみてもこの記者二人に植民地時代の法律を適用するのは無理がある。

筆者が気になるのは、軍政下で民主化運動に携わっていたスーチー氏こそが、

「その不当な命令・権力に対して反抗することを決意したのです。……権力への反抗運動の最初の段階は、出版の自由を制限している命令・権力に対する反抗です」

「『大多数の国民が同意していない命令・権力すべてに対して、義務として反抗しなければならない』という、西欧の政治思想で培われた市民的抵抗権とは異なる市民的抵抗義務を主張するようになった。もっともここでいう『反抗の義務』とは『非暴力による不服従の義務』」

（傍線筆者、『アウンサンスーチー演説集』）

と国民に語っていたことである。

憲法改正には積極的に動くスーチー氏であるが、法律の改正には及び腰なのはいったいどういうことなのだろうか。

もちろん、民政移管したとはいえ、ミャンマーにおいて、軍部との対立を避けつつ、国の運営を続けていくのは極めて難しい。軍部に対してある程度の妥協や配慮をせざるを得ない政治家スーチー氏の胸中は穏やかではないであろう。一九八八年に民主化運動に関わり始めて間もない頃、スーチー氏

は、「政治家としての人生には魅力を感じません」と発言している。

なのにスーチー氏は、政治家となることで人びとの期待を背負う責任を全うする道を選んだ。いったん決めたら最後まで行動で示すのを信条とするスーチー氏は、時には間違いを認めつつ、その歩みを止めない。

「すべての国民の要望に応える政治改革を一挙に成し遂げられる政府などありません。新政府は当分の間、国民からの突き上げに悩まされるでしょう」（アウンサン・スーチー『自由』）

しかし、である。「ロヒンギャ問題」について、外国のメディアや援助機関、人権団体などによるスーチー氏に対する一方的な批判は、過剰ではないかと筆者は感じている。いわゆるスーチー叩きである。それらの批判者は、ほんの数年前までミャンマーが世界に悪名を轟かせた軍事独裁国だったということを忘れている。半世紀に及んだ軍政に対抗してきたスーチー氏を、闘う人権活動家だと過剰にみなしてきた国際社会こそ、その偏った見方を払拭すべきなのである。

スーチー氏は、国内外の事情に通じた政治家である。武力を占有している軍部を批判せずに、スーチー氏を批判してもミャンマー国内の政治は動かない。国外の批判者は、その批判の矛先を、まずは軍部に効果的に向けなければならない。だが、国際的なメディアは、スーチー氏を批判することで、その報道内容に「やっている感」を付け加えているように、筆者には思えて仕方がない。

「人権活動家のスーチー氏は変わった」と批判する外国人は、政治家スーチー氏を理解しているようには思えない。外国人の間では一気に評判を下げたスーチー氏ではあるが、国内ではまだまだ絶大な人気を誇っているのだ。

✶視点⑲――〝政治家〟スーチー氏の今

気になるもう一点は、スーチー氏自身が、事実上の国の最高指導者としての立場を、自らどこまで理解しているのかである。

スーチー氏が七四歳の誕生日を迎えた二〇一九年六月一九日の翌日、ミャンマーの国営紙を見て驚いた。紙面の一面は、バースデーケーキにナイフを入れるスーチー氏の写真がトップだったからである。筆者が危惧しているのは、このような個人崇拝を漂わせる記事の掲載は、まるで軍政時代を思い起こさせるのである。

スーチー氏自身かつて、「私は、個人崇拝はイヤです。ミャンマーには、もう十分独裁者がいました」（三上義一『アウン・サン・スー・チー』）と語っていたからだ。

ミャンマーの国営紙『ミラー』は、大統領夫妻に囲まれてバースデーケーキにナイフを入れるスーチー氏の写真を一面トップに掲載した（2019年6月20日）

夫の故マイケル・アリス氏もスーチー氏を評して次のように記述している。

「個人崇拝などというものは、彼女がだれよりもきびしく非難していたものだったからである。スーがいつも言っていたのは、信条に対する忠誠は個人に対する忠誠よりも重要だ、ということだった」

（アウンサン・スーチー『自由』）

それなのに、このような国営紙でのスーチー氏の取りあげられ方は問題である。スーチー氏自身、この記事の内容を知っているのだろうか。記事の内容を知っていれば問題だし、知らなければ知らないのも問題である。個人崇拝を許すような空気が政権内に広がっているのだろうか？　スーチー氏の目指す民主主義国とはどのようなものなのか、非常に気になる。

筆者の立場

✶視点⑳――出発点は中米エルサルバドル

よく言われることだが、海外の事柄を日本に紹介する際、〈誰が・いつ・どのような立場〉でその外国のことを述べているのかを、その情報の受け手の側がある程度留意しておく必要がある。また紹介されている海外事情が、現地滞在者・旅行者・研究者・支援者・政府関係者・写真家・報道関係者たちの、それぞれの活動範囲や情報の偏りから生み出されていることも織り込んで見なければならない。さらに、読み手の側の誤解だけでなく、実は外国事情を伝えるメディア自体が情報のアップデートを怠っているという状況もある。

そこで、「ロヒンギャ問題」を解説するにあたって、すぐに「ミャンマーは……」「ロヒンギャとは……」と決めつける姿勢は眉唾物であろう。情報の発信者が少しでも謙虚であろうとするなら、その説明の行間に、ある程度のたしなみが感じられる方が良い。そこで今回、ミャンマーという外国の事柄を解説する際に、自覚するにはある程度の限界はあるが、事前に筆者の立場を明らかにしておきたい。

筆者のミャンマーとの関わりは、一九九三年五月の初入国から現在まで、およそ二七年である。現地には毎年足を運び、本書の執筆段階で訪問回数は四三回を数え、延べ四年半以上滞在している。とりわけ筆者の経験で特徴的なことは次の二点である。一つ目は、軍政後期の約二〇年間の状況を現地滞在の中で肌で感じとったことにある。もう一つは、現地の人も移動を制限されていた軍政期のミャンマー全土に足を踏み入れた、おそらく唯一の外国人であることであろう。

特に二〇〇二〜〇三年は、一年間を通してほぼ国内に滞在した。二〇〇六〜〇七年の一年間は、ビザの関係で断続的に出国したこともあったが、こちらもほぼ一年間、国内に滞在することになった。ミャンマー軍事独裁政権下で緊張と弛緩を繰り返しながら暮らすという経験は、幸か不幸か、今や願っても、もう二度とできない。ちなみに現地の人とのコミュニケーションは、二〇〇二年の滞在時にヤンゴンで三カ月かけて、ミャンマー語（ビルマ語）の会話を集中的に学んだ。もちろん何ら不自由なく意思疎通できるというレベルではないが、とりあえず地方に出かけて、その土地の人と最低限の会話ができる程度にはなった。

実はミャンマーの取材と並行して一九九二年から二〇〇四年まで、日本から見て地球の反対側、「米国の裏庭」とも呼ばれる中米のエルサルバドルやグアテマラにもたびたび足を運んでいた。その理由は、ある取材対象にのめり込むあまり、一つの考え方だけに囚われたくない、という想いがあったからである。東南アジアの軍事独裁国ミャンマーが民政移管したらどうなるのか、軍政から民政移管を経験した中米の国々では一体どういうことが起こっているのか、そのことを知っておきたかったからである。そもそも、筆者の取材者としての出発点は、軍政から民政に移行する間際の、中米エルサルバドルやグアテマラであった。

もっとも、単に軍事政権といっても、その形はさまざまである——そこに独裁者がいるのかいないのか。軍政下の人びとは、どのようにして軍の暴力と隣り合わせにして暮らしているのか。そこに抵抗運動はないのか。もしあればそれは、平和的な運動か武装抵抗か。軍政の背後に特定の国の関与はないのか。国連や地域の連合組織（中米機構：東南アジアの「アセアン〈東南アジア諸国連合〉に類似する）からの支援はないのか。特有の人種問題や民族問題は、あるのかないのか。もちろん、中米で隣り合うエルサルバドルとグアテマラの両国でさえ、細かく見るとその状況は異なっていた。

中米最小の国エルサルバドルは一時期、その勤勉な国民性で「中米の日本」とも呼ばれていた。だが、国民の富はいわゆる「一四家族」（エルサルバドル特有の言い回しで、特権的な少数者が国土を支配する体制を指す）と称される一部の支配層に集中し、貧富の格差が広がっていた。

グアテマラは、人口の約四割を「先住民族」が占めるが、彼ら／彼女たちの社会的地位は長年、極めて低く抑えられ、その生活状況は厳しいものであった。

グアテマラでは内戦後、軍部によって虐殺された村人の秘密墓地が明らかにされている。その発掘現場で、先住民族であるリゴベルタ・メンチュウ氏（1992年にノーベル平和賞受賞）が死者を悼む（2004年）

この二つの国に共通していたことがある。それは、長年の貧困に苦しんでいた人びとの政府に対する抗議運動が革命運動へと拡大し、当時の米ソの「東西冷戦構造」の中に組み込まれてしまったことである。そこで、反共主義に徹した北の巨人・米国の干渉はすさまじく、経済援助・軍事援助を受けた両国の政府（事実上の軍政）は拷問や虐殺などで人びとの抵抗運動を徹底的に弾圧した。

エルサルバドルは一九九二年、政府軍とＦＭＬＮゲリラ勢力（ファラブンド・マルティ民族解放戦線）が和平を結び、新しい国づくりを始めた。だが平和な社会への移行は、そう簡単ではなかった。ＦＭＬＮゲリラ兵士として自動小銃を手にしていた少年少女たちは停戦後、学校教育を受けようにも、教室の中でじっとして座ることができないほど内戦の後遺症を引きずっていたからである。ＦＭＬＮは停戦後の総選挙で勝利し、一時期政権に就いた。だが、国の再建は進まず、現在は右派・

左派でもない中道勢力が政権を担っている。

グアテマラは一九九六年、公式に内戦が終結した。しかし、武装抵抗の主体でもあった先住民族たちは今も、政治経済の中枢から排除されたままである。そのグアテマラの戦後で特筆すべきなのは、国民自らが国内の裁判所で有罪判決を勝ち取るまで、軍政時代の独裁者の戦争犯罪を追及したことである（後日、裁判の手続きに瑕疵があった理由で判決は取り消される）。

また、民政移管した両国に共通した問題は、戦時中から続く暴力の蔓延である。

筆者は、この両国への取材体験からミャンマー軍政問題への繋がりを考えざるを得なかった。つまり、軍政から民政移管したからといって、問題がそうたやすく片付くわけではない。むしろ軍政が長期化した原因や問題の背景が見えてくることによって、軍政の期間に悪化した人権侵害などの問題がその後、さらに複雑化していくことが見えてきたのである。つまり、民政移管後のミャンマー国民が、軍政時代の戦争犯罪とどのようにして向き合うのか、ということである。

さらに、この東西冷戦期の米国とミャンマーとの関係も振り返っておく必要がある。米国政府は、人権侵害で国際社会から避難を受けてきたミャンマー政府に対して、一貫して圧力をかけていたわけではない。というのも、米国はアジアにおいて対中国戦略を考えておく必要があったからである。

「冷戦中、とくに一九六〇年代後半から七〇年代にかけてビルマ軍政といちばん親密な関係にあったのはアメリカ政府で、軍事訓練を行ったり、当時のネーウィン将軍をワシントンに迎えたりしていた」のだ（傍線筆者。タンミンウー、秋元由記訳『ビルマ・ハイウェイ』、白水社）。

また筆者は、オーストラリアを訪れた際、南半球から見ると、北半球に位置する東南アジアの政治や経済の動きがどのように見えるのかを考えたこともある。地理的な認識を頭の隅に入れることもあった。オーストラリアを見るときは、やはりアボリジニと呼ばれる先住民族の状況のことも考えた。英国による植民地支配の結果、オーストラリアの先住民族であるアボリジニは一時期、その人口が絶滅の危機に瀕したこともある。アボリジニは、先住民族としての独自性を認められることなく、親と子が引き離されるなどの人権侵害も受けた。その政策は、多数派による少数者への「同化政策」の際だった事例でもある。

場所を東南アジアに戻すと、中央政府とイスラーム勢力との武力衝突が五〇年以上続くフィリピンのミンダナオ紛争は、一五万人以上の犠牲者(推定)と一〇〇万人近い避難民を生み出している。また、中央政府と南部のイスラーム地域との紛争（一九六〇年代後半に活発化し、八〇年代には沈静化し、その後九〇年代後半から悪化する）が激化しているタイは、二〇一三年以降だけでも、五〇〇〇人を超える死者を出している。これら東南アジアの紛争は「宗教紛争」と見なされがちだが、いずれも中央政府によるイスラームへの無理解と政策の不手際から起こっているものである。

その中米やオーストラリアやミャンマーでの取材から得たことは、あるいは東南アジアの事例から学んだことは、紛争を簡単に「民族紛争」や「宗教紛争」としてはならない、ということであった。もちろんロヒンギャ問題は、この二つのどちらでもない。

✶視点㉑——偏見から逃れられないことを自覚する

そもそも筆者がミャンマーと関わり始めたのは、タイと国境を接するミャンマー東部カレン州で武装抵抗を続けていた「カレン民族同盟（KNU）」への取材が発端であった（カレン民族の多くは、カレン州と南西部エーヤワディ地域に暮らしている）。少数民族カレンたちの六三年間に及ぶ戦闘は、二〇一二年に民政移管後の新政府と結んだ一時停戦まで、一つの国の中で続いていた世界で最も長い内戦（武装抵抗）であった。筆者の関心事は、カレンの人びとが生活環境の厳しいジャングルでの暮らしに耐えながら、どうして半世紀を超えて闘い続ける意思を持つことができるのか。その実態を知りたかったからである。

英国の植民地支配を脱した独立直後のミャンマー（ビルマ）は一九五〇年代から、人口の約六割を占めるビルマ民族を主体に、同化政策を採りつつ国の統一を急いだ。そのため、少数民族や共産党との武装闘争で国が内乱状態に陥った。その後、その内乱状態を抑えるため、クーデターによって政権を握ったネウィン将軍が、ますます武力で少数民族を抑え込んで圧政を敷くようになる。それが一九六二年に始まる軍事独裁政権の始まりであった（二〇一一年まで続く）。

そのカレン民族への取材は当初、ミャンマー東部カレン州の山岳地帯への潜入であった。筆者は最初、その精力の約八割をカレン州に、残りの二割を最大都市ヤンゴン（旧首都）を中心に他の地域へ振り分けていた。しかし、カレン州中心の取材を一〇年近く続け、同時にカレンに関する資料を読み漁っていたが、筆者にはどうしても、カレン人たちの長期間にわたる武装抵抗を続ける力の源泉を探り当てることができなかった。

そのうちカレンの武装抵抗の問題を突き詰めようとすると、カレンだけを取材していても全体像が見えないということに思い至った。そこで、改めてミャンマー問題（民主化問題・少数民族問題・麻薬問題・世界から孤立した軍事独裁政権の抱える問題やそこから生まれる差別問題など）を振り返ってみることにした。すると、カレン問題の本質は、カレンにあるのではなくミャンマーの抱える諸問題の中に潜んでいるのではないかと考えるようになった。

つまり、カレンの武装抵抗闘争もミャンマーの中で行われている抵抗運動の一つで、カレン以外の問題を意識することによって、ミャンマー問題におけるカレンの武装抵抗闘争の位置づけがぼんやりと見えてくるようになるのでは、と。それ以後、二〇〇二年を境に、ヤンゴンを中心に国内を八割、カレン州を二割という具合で、取材の力点の割合を変更するようになった。

また、一〇年に及ぶ山深いジャングル地帯での取材は過酷を極めていたので、筆者はそれらの経験から必要以上にカレンへの思い入れを深めてしまい、ミャンマーを客観視しようとする自らの視点を曇らせてしまっていたのである。つまり、ミャンマーの問題を外から客観的に見ようとしていたのが、現場通いをしているうちに、いつの間にか自分も内側からミャンマーを見てしまっていることに、ハタと気づいたのである。

「ロヒンギャ問題」もまさにこの通りで、ロヒンギャ難民の救援に全力で関わるなら、まずはロヒンギャ難民の問題を優先して考えるべきである。だが、難民問題を解決するためにロヒンギャ問題をより深く理解しようとするなら、ミャンマーに関わる自らの視点にも問題があることを意識しながら、改めて同国が抱える問題を一つひとつ冷静に見つめ直す必要があるのではないだろうか。

また、ミャンマーに長年関わっている筆者として注意しておかねばならないのは、現地に長く関わっている、あるいは訪問回数が多いからといって必ずしもその場の状況をキチンと把握しているわ

ミャンマー西部ラカイン州、ムラウー近郊の村で
農作業に励むロヒンギャの人びと（2010 年）

けではなく、逆に長く関わっているからこそ見えなくなってしまうものがあるのだ。

つまり、すでに筆者は、通り過ぎる人の新鮮な目でミャンマー問題を見ることができなくなっており、ある意味「ロヒンギャ問題」の原因を見当違いで判断している可能性があるかもしれない。ついついそんなことを思ってしまう。でもその一方、通り過ぎる人が採りがちな、複雑な問題には深入りしないという、ある意味無責任な視点ではこの「ロヒンギャ問題」には対処できないであろうとも思うのだ。また「ロヒンギャ問題」に関して、現地のミャンマー人や在日のミャンマー人から、これはミャンマーの問題なのだから外国人であるあなたは口出ししないで欲しいと言われたことがある。そういう彼らに対しては、ミャンマー人だからこそ見えない点があるのだと反論したこともある。いずれにしろ誰もが自分の偏見からは逃れられないということを自覚をしている。

そういった自覚を胸に、ヤンゴンを中心に飛行機・夜行バス・自動車・自転車、さらに自らが運転する車やバイクなどを駆使してミャンマー全土を踏破したのは二〇〇七年のことであった。「ロヒンギャ問題」に関していえば、ラカイン州へは空路で三度、陸路でアラカン山脈を車で越えたことが一度ある。二〇一〇年の訪問では、ラカイン州内の農村で普通に暮らすロヒンギャ・ムスリムたちとも出会った。また、二〇一五年には州都シットゥエーにあるロヒンギャの国内避難民キャンプを訪れ、ロヒンギャ難民たちに話も聞いた。また、バングラデシュ側のロヒンギャ難民キャンプには二〇〇九〜一〇年、二〇一二年と訪問したことがある。

★視点㉒──軍政下の緊張

それは忘れもしない二〇〇七年六月一九日、最大都市ヤンゴンの中心部に位置するNLD旧本部前でのことであった。どうして六月一九日をはっきり覚えているかというと、その日がスーチー氏の誕生日だからである（一九四五年六月一九日生まれ）。

その日、民主化を求めるNLD党員たちが、二度目の自宅軟禁に置かれていたスーチー氏の誕生日を祝うため、また他の政治囚の解放を求めるため、NLD旧本部前に三々五々集まってきていた。国外ではほとんど報じられていなかったが、軍政に抵抗する人びとの活動は国内では実に粘り強く続けられていた。

その様子を観察すべく、NLD旧本部前をさりげなく通り過ぎていた筆者は、彼ら／彼女たちの活動を撮影するかどうか、実はかなり迷っていた。というのも四車線のシュエゴンダイン道路を隔てた

NLD 旧本部前に集まった民主化を求める人びと（2007 年）

旧本部前には、私服の秘密警察官や制服の警察官が、パッと見るだけで数十人の集まりとなってＮＬＤ党員の行動を監視していたからである。あたりを見渡してみても、筆者以外の外国人の姿は全く見当たらない。もし、カメラを持って、警戒中の警察官の前に姿を晒すことになると……。もしかして、拘束されてしまうのか？　もし、そんなことになれば、迷惑をかけてしまう人が大勢でてしまう恐れがあった。最悪の場合は、さて、どうなるのか……。軍政下での軽率な行動は極力控えなければならない。

外国人の筆者は、たとえ逮捕・拘留されたとしても、最終的には国外退去になるであろう。その場合、自分の名前が要注意人物としてブラックリストに載ってしまい、二度とミャンマーに入国できないかもしれない。その時すでに、この国を継続的に一五年近く取材していたが、それ以降の取材は、諦めなければならない。まあ、それは仕方ないことか。

それよりも重要なのは、現地に暮らす知り合い、とりわけミャンマー人の友人・知人の身の安全確保を優先しなければならないことである。筆者が逮捕されることで、当局から彼ら／彼女たちに嫌がらせがあるかもしれない。もしかすると知り合いの中から逮捕者を出してしまうかもしれない。ＮＬＤ旧本部前での、次の行動をどうすればいいのか、正直、迷った。

ミャンマー軍政を継続的に取材する際に取材者がためらいを感じるのは、自分の身に降りかかるかもしれない事態よりも、実はこのように誰かに迷惑をかけてしまうかもしれないという、その怖れの方なのである。

筆者がその時、ＮＬＤ旧本部前で判断した決め手は、取材者として何のためにその場にいるのか、と自分に問い直したことである。なんとかしてその場面を、写真で記録しておかねばならない、ということであった。人びとが軍政に抗議し、平和裡に行動を起こしているという事実を目の前にし、それを後日、ただ書き記すだけでは不十分だ、証拠写真が必要なのだ、と。そこで、カメラを握りしめ、民主化を求めていたＮＬＤ旧本部の前に一歩踏み出したのである。

いったん覚悟を決めたら、あとは思い残すことなく行動するだけである。カメラのレンズを向けるのは、ＮＬＤ党員やその支持者だけでなく、実は民主化運動を抑える側の人びとも撮しておかねばならない。それに、当局の治安要員たちが一体、何を考えているのかも知りたくなったのである。そこで、ＮＬＤ旧本部前の道路を渡り、ずらりと並んだ私服警官たちの一団の間に分け入り、彼らの一人に、ミャンマー語で尋ねてみたのだ。

――あなたたちは、ここで何をしているのですか、と。

NLD 旧本部前で公安関係者に囲まれる（2007 年）

十数人の睨んだ目が一斉に、筆者に注がれた。緊張で胃の奥がギュッと締めつけられる。誰も何も答えてくれない。彼らの持つカメラのシャッターが切られ、ビデオカメラのレンズが筆者に向けられる。再度、同じ質問を投げかけるが、反応は同じ。誰も何も言わない。

気まずい間合いが数十秒続く。仕方なくその場を立ち去る。ＮＬＤ旧本部前に戻ろうと道路を半分ほど渡りかけると、腰に無線機を付けた男が一人、筆者の後をつけてきた。背後からひと言、何か声をかけたようだ。一瞬のことで、彼が何を言っているのか分からない。

そこで私の方から英語で「あなたたちは警察官ですか？」と聞いてみた。すると彼は、困惑した表情で、「ノー、ノー」と答える（そもそも、無線機を腰にした一般人なんているはずはないのだが）。

筆者はそこで、皮肉を込めて「そうですか？

NLD 党員の胸のワッペンに、筆者が 1996 年に撮影した
スーチー氏の写真が使用されていた（2007 年）

まあでも、監視のお仕事をがんばってください。じゃあね（well then, do the surveillance job...working hard!,bye!）」と、間を置かず続けてみた。すると彼は、「ありがとう、あなたもがんばって」と笑顔で返してくれた。筆者はその場の雰囲気から、彼が筆者に向かって「そう、あなたも監視の仕事をがんばってね」と言っているようにも受け取った（彼はどうやら筆者を、日本からの公安関係者と誤解したようである）。

その後、そのままNLD旧本部側で写真を撮り続けていた。すると突然、雨期特有の気まぐれな大粒の水滴が落ちてきた。民主化を求める人びと、特に若者たちはびしょ濡れになりながらも、旧本部前に陣取っている。このぐらいでいいかなというタイミングで、筆者はその場を後にする。その時、何人かのNLD党員が、スーチー氏の写真をワッペンにして胸につけていることに気づいた。そのワッペンの写真を見て、公安関係者に囲まれながらも撮影を敢行した自らの行動に納得することになった。というのも、ワッペンの写真はスーチー氏が一度目の自宅軟禁を解除になった一九九六年に、筆者が撮った写真だったからである。筆者は、「その写真、私が撮った一枚ですよ」と口に出しかけたが、一瞬、間を置いてやめた。筆者自身は、活動家ではなく取材者であるという立場を意識的に保とうとしていたからである。だが、さすがにその時は、自分が軍政に対してはっきりとノーという立場を突きつけているんだ、ということを、なぜか納得できた瞬間であった。先ほどまで頭の中で冷静に抱え込んでいた恐れが、なぜか急に心の温かさとなった。

近くを走っていたタクシーを止め、急いで乗り込んだ。

とりあえず、なんとか拘束はされずに済んだ。しかしここで安心はできない。タクシーの後部座席から、チラリと後ろを振り返る。やはりというか、当然というか、タクシーの後をバイクが一台、ピタリとついてくる。ヤンゴン市内の中心部では民政移管後の今も、一般の人はバイクに乗ることはできない。バイクを利用できるのは政府関係者だけである。この場合、私服警官が筆者の後を尾行しているのは、間違いない。自分は前を向いたまま、背後に迫ってくるバイクにカメラを向ける。手ぶれをしないようゆっくりとシャッターを切り、タクシーの運転手に話しかけた。

「後ろに変なのがついてきている。何とかしてくれる?」

運転手は、チラリとバックミラーに目をやり、ハハハと大声で笑った。

「オーケー、オーケー(まかしておけ!)」と、彼はタクシーのスピードを上げてくれた。無事に尾行をまいたものの、これでしばらく、身を隠さねばならなくなった。翌々日、ヤンゴンを出て、ミャンマー北西部に位置する、遠方のチン州に向かった。ミャンマーという軍事独裁政権下で(日本でいえば「戦前」

をイメージすればいいのだろうか?)、二四時間・三六五日間、暮らし続けるというのはなかなか理解されにくいものである。恐怖と緊張、それに平穏な日常が同時に存在しているからである。

二〇〇二年から二〇〇三年までの一年間、ミャンマーで生活した最後の一カ月は、実はほぼ毎日、緊張のあまりお腹を下していた。もし出国までの残り一カ月、自分がこれまで撮影してきた写真を当局に押収されたらどうなるのか。現地の人に話を聞いたことが当局に知れて問題となったらどうしよう。外国人の筆者は数カ月の拘留と国外退去ぐらいで済むだろう。だが、筆者と交流のあった現地の人は一体どのくらいの迷惑を被るのだろうか——と。

ひっそりと隠れ住むようにして暮らしていたゲストハウスの部屋の扉が、当局の関係者によって、いつノックされるのか、常にそのことにおびえていた。また、特に根拠があるわけではないが、何度か、気になることがあった。具体的には分からない〝何か〟である。第六感とでも言えようか。そんな時、滞在中のホテルをチェックアウトせず、いったんヤンゴンを離れ、近郊の町バゴーかパティンに移動するのだ。ヤンゴンから自分の姿を消すのだ。筆者がミャンマー国内で取材活動をしていると知っている日本人からは「どうして国外退去にもならず、いつもいつもミャンマーに居ることができるのだ?」という疑問を投げかけられたことも多々あった。そういう〝何か〟を感じ取る細心さが、どこかで役立っていたのかもしれない。

もちろん、軍政下の暮らしはそれほど悪くなかった、という外国人がいるのも事実である。だが、それはどこまで軍事独裁政権の裏の顔に近づいていたのか、ということに尽きると思う。

ミャンマーとイスラーム

✶視点㉓――ミャンマーにおける差別意識

ミャンマー国内で、ロヒンギャ・ムスリムは差別されているというのは、動かしがたい事実である。そこで、差別されているとは、一体どういうことなのか、改めて立ち止まって考える必要がある。例えば、日本にもさまざまな差別がある。障碍者差別・男女差別・性差別・外国人差別・被差別部落差別等々。また近年では、「ヘイトスピーチ」といわれる民族差別も広がっている。どの差別も明らかに不合理で不条理である。そこで、差別意識を作りだし、強化し、人びとに植え付けていくのは、常に権力を持った多数派＝マジョリティ側が多い。では、「ロヒンギャ問題」はどのような差別に当たるのか。

ミャンマーの場合でいえば、確かに軍事独裁政権は武力を背景に恐怖で人びとを支配していた。見方を変えると、独裁者の側は自分が行使する権力に正統性がないことを十分に承知しており、実は独裁者の方が人びとの抵抗の力を恐れていたともいえる。人びとが団結して独裁者に、軍事独裁政権に反対の声をあげないようにしておかなければならない。そこで、絶えず人びとを分断、分裂させておく必要があった。そのために軍政側が採ったのは、人間の負の面でもある妬《ねた》みや嫉《そね》みを利用して、軍政下で経済的に苦しむ人の間に差別意識を涵養させ構造化させることであった。これは、非常に単純な図式であるが、単純なゆえにとても有効な方法だった。ミャンマー軍政の方針として当初、差別政策を押し付けていたが、経済的な苦しみなどから多くの人はやがて、無意識的に少数者を差別するようになっていった。第Ⅰ章のロヒンギャ難民の公式キャンプと非公式キャンプの対立でも見られたように、多くの人がまずは目の前の利益・不利益に目が行きがちになる。

筆者は一九六三年生まれで、七〇年代から八〇年代にかけて学校教育を受け、その際、日本の被差別部落の歴史を学んできた。日本では江戸時代に強化された「士農工商」という身分制度で被差別部落が固定化され、明治の解放令によってその差別は、公には廃止された、と学んだ。だが、最近の研究によると、この「士農工商」という区分けは正確ではなく、現在の教科書でこれらの呼称は使われていない（『中学社会　歴史　未来をひらく』教育出版、『中学生の歴史　日本の歩みと世界の動き』帝国出版、『新編　新しい社会　歴史』東京書籍）。

このように「差別」という言葉に対応する社会的な構造（士農工商）を、実は不正確に学んできたという経験がある。社会は変化しているのに、自分の意識や考え方をアップデートしないままでいたのである。

筆者は当初、ミャンマーのロヒンギャ問題を、差別の実証研究が進む前の、知識がアップデートされる前の「士農工商」という日本の被差別部落問題の差別構造と同じように考えていた。つまり、最上位にミャンマー人仏教徒を置き、最底辺にロヒンギャ・ムスリムを位置づけていた。だが、よくよく考えてみると、ロヒンギャ・ムスリムたちは、これまで持っていた国籍を剥奪され、国民として認められなくなってしまったので、この階層の外側に置かれているということになる（無国籍状態）。筆者の認識は間違っていたのだ。実際、ロヒンギャたちは、国民の外側へとはじき出されたのであるから。

そこで、かつてのミャンマー社会では、人びとは他者（他民族）に対して、どのような差別意識を持っていたのだろうか（あるいは、特に持っていなかったのか）。そのことに特化した記録や論文を目にした覚えはあまりない。そこで、ミャンマー人の書いた文学作品や小説の内容から、人びとの間で、他民族や他宗教に対する差別意識を類推することにした。

以下に取り上げるのは、ミャンマーを代表する作家マァウンティンが著した『農民ガバ』（河東田静雄訳、大同生命国際文化基金）である。日本でミャンマーに関する読み物といえば『ビルマの竪琴』といわれるように、ミャンマーで日本に関する読み物といえば、この『農民ガバ』という物語が取りあげられる。

マァウンティンはこの著作で、ミャンマーの王朝時代とそれに続く英国植民地支配層によって虐げられる農民層の生活をありのまま描いている。本文中に、民族の違いによる行動を戒める内容があるのだが、裏返していうと、そのような傾向が独立前のミャンマー社会にはある程度感じられたのだろうか。小説の中で語られているインド人は、別のところで「ベンガルに帰ったよ」という所からムスリムであろうと想像できる。だが文中では、「民族」出自による大きな差別意識を語っているわけではない。

「肌の色が白か、黒か、褐色か、そんなことはガバ（筆者註：主人公の農民の名前）にはどうでもよい。インド人たちがインド本国に送金していることにも関心がない。中国人が商売に精を出し、金持ちになる、それも人それぞれの功徳のせいであるとガバは思っている」

「中国人、インド人たちがミャンマーに来て金儲けしているのはけしからんといって、彼らと張り合う傲慢な気持ちはない」

「ガバのような人間は、民族意識の驕り高ぶりに惑わされたり、煽られたりすることはない」

「初めはインド人と中国人が喧嘩をおっ始めたんだとさ。それから、カレン人も加わった。そのうちわしらミャンマー人もおっ始めるぞ。町に着いたなら、中国人だの、インド人だの、カレン人だの、ミャンマー人だのと言い張っている奴らを信用しちゃいかんぞ」

また、先に挙げた根本百合子『祖国を戦場にされて』（八〇ページ参照）では、日本軍支配下に入った「上ビルマ」（筆者註：旧表記。現在のミャンマー中部）のシャン州ヘーホーで、日本軍部隊の炊事係となったインド系のミャンマー人が次のように語っている。

「長年統治していた英軍が突然姿を消すと、この辺りの治安は俄に悪化した。泥棒は横行するし、今まで仲よくつきあっていたインド系や中国系の村人とシャン人の間に争いが頻繁に起きるようになった」

以上のことから、ミャンマーの人は他民族に対して、その出自による差別はそれほど強くなかったようである。また、ミャンマー全土を回った筆者の経験からも、地方の村では異なる民族に対して特に反感を持っていたという覚えがない。人びとの間の諍いは、民族や宗教の違いが原因ではなく、生活苦からくる反発から生まれたといってよいだろう。その反発を時の権力者、ミャンマー軍政が利用し、やがて差別に繋がっていったのだ。

もちろん多数派仏教徒ミャンマー人の中には、ロヒンギャ・ムスリムに限らず、ムスリム一般に対して嫌悪感と反発を抱いているのも事実である。それは、英国植民地時代に、ミャンマー人とインド人（ムスリム）が死傷者を出す血みどろの衝突の記憶が、今も語り継がれているからである。

つまり、ミャンマーが独立して、「我々が『主人（タキン）』の時代になったのに、生活は一向に楽にはならない」というミャンマー人側の反発が生まれた歴史である。政治的な独立を果たしても、経済はやはり中国人やインド人が握っているからだ、と。特に金貸しや地主としてミャンマー人に接していたインド人は、流通業で活動していた中国系の人よりも強い反発を受けた。それに中国系の人は帰化して、できるだけミャンマー人として同化しようとしてきた。だが、ムスリムであるインド系の人は、ミャンマー人化へとは向かわなかった。

ミャンマーの場合、英国による植民地支配からの解放と独立の後に期待された国の統一は、政治体制の変化だけでなく経済活動もミャンマー人の手に取り戻さなければならなかった。だが実際は、そうならなかった。少数民族や共産党による武装闘争で国内が内戦状態に陥っているのに、政治家たちは政争に明け暮れ、都市のエリートによる国づくりは停滞した。国が分裂するのではないかとの危機を感じたネウィン将軍は、クーデターを起こして全権を掌握し、軍の暴力による恐怖で人びとを支配しながら、上座部仏教徒としてのミャンマー人の覚醒と連帯を上から押しつけていったのである。

ミャンマー人とムスリムの人口比は、多数派のミャンマー人約七〇％、ムスリムの約五％（〜一〇％）で、統計の上では圧倒的な差がある。それなのに、一部の上座部仏教徒ミャンマー人の間には、やがてムスリムたちの人口が増えてミャンマー人を凌ぐまでになるとの（軍政が作り上げたプロパガンダの結果の）恐れを根強く持っている。実際、筆者の知り合いのミャンマー人も、「隣国バングラデシュはムスリムの国で、人口が多いじゃないか」とその危惧を口にするのである。

筆者はそんなとき、次のように聞くのである。

「確かに隣国バングラデシュは人口が多い国です。でも、最近の人口増加率をご存じですか？」と。多くのミャンマー人は「知らない」と答える。

そこで、統計を示すことにする。二〇一〇年以降のバングラデシュの人口増加率は一・一％ほどに下がっている（ミャンマーは〇・六％程度）。バングラデシュは、産業構造の変化で社会の仕組みが変わり、教育水準も高まっている。実態としてバングラデシュの人口増加率は抑えられているのである。ところが多くのミャンマー人は、これまで通りの人口爆発の国バングラデシュとそれに伴うイスラーム社会の膨張というイメージを払拭できないままでいるのである。

✶視点㉔──イスラームと国境・国籍を整理してみる

「ロヒンギャ問題」を考える際には、どうしてもイスラームを避けて通ることはできない。そこでまず、このロヒンギャとイスラームを関連づけて考える前に、留意しておかなければならない点がいくつかある。日本語では現在、「イスラム教」という表記が一般的であるが、ロヒンギャ問題を契機としていくつかの参考図書を読んでみると、その道の専門家の多くは「イスラム教」ではなく、「イスラーム」と表記している著作が多い。

この表記に関して、トルコ史が専門の研究者の説明を見かけた。

「イスラームは社会のあらゆる面について守るべき規定を定めており、宗教のわくをこえている点で最近では『イスラーム』とされ、『教』をつけない場合も多い……しかし、宗教に『教』をつけるかどうかは日本語の問題に過ぎません。英語でわざわざキリスト教を Christian Religion、イスラーム教を Islamic Religion とはしません。……ですから日本語として教をつけるかつけないかで、その宗教の性質を指し示そうとするのはいささか不適切です。また長音を付すかどうかも、こだわりすぎる必要はありません。……つまり、『イスラム』でも『イスラム教』でも『イスラーム』も『イスラーム教』も、どれも呼び方としては間違っているわけではないということです」（小笠原弘幸「イスラーム世界という歴史的空間」、山下範久編著『教養としての世界史の学び方』、東洋経済新報社）

また、イスラム政治思想の研究者・池内恵氏も次のように言う。

「『イスラーム』のみを『単なる宗教ではない』と主張して『教』をつけないのであれば、『イスラーム』のみを別格の存在と見なし、『単なる宗教』に過ぎないとされる他の宗教への優越性を含む主観的な合意を分析概念に持たせることになる。そもそも英語の Christianity、アラビア語の masihiya にしてもどこにも『教』にあたる部分はない」（『増補新版　イスラーム世界の論じ方』、中央公論社）

その一方、イスラーム研究者の中西久枝氏は、こう説明する。

「イスラームは、宗教であるばかりでなく、生活様式、文化的価値体系、政治・経済制度でもあり、ひとつの世界観である」（「イスラーム思想」、初瀬龍平・定形衛・月村太郎編『国際関係論のパラダイム』、有信堂）

ここで、筆者が本書で「教」をつけずに「イスラーム」と表記するのは、単に英語の翻訳の問題にしているのではない。イスラーム関連の解説書に目を通すと、「してはいけない」ではなく「しなければならない」という戒律や義務を伴う感覚が、例えば同じ実践信仰である上座部仏教よりも強く示されているからである。そこでイスラームは、キリスト教や日本の大乗仏教とやや異なって、心の中で神や仏を信奉するという内面的なことがら以上に、規律を重んじ外面的な行動によって人の生き方を律さなければならない信仰だと解釈した方がいいと筆者は捉えている。つまり仏教は基本的に、個人の意思で守る、守らないを決めることができる。だが、イスラームを信仰するならばその規範は神の前で強制力を持つ教えである、と解釈できるからである。

もっとも筆者自身、イスラームを専門的に勉強したわけではないので、本来的なイスラームの教義と実生活のイスラームの違いを十分に理解できていない（前述の「イスラーム」と「イスラーム教」の違いの説明は不十分かもしれない）。そこで、まず手始めに書店に行ってイスラームの関連図書を物色してみた。すると、初めに気がついたのは、イスラームの解説書は中東のイスラームが中心で、筆者が探していた東南アジアのイスラームを紹介している一般書は極めて数が少なかったことである。さらに、ロヒンギャ・ムスリムたちが、イスラームの信奉者として、ミャンマー国内でどのような位置づけであるのかを解説している一般向けの参考図書は皆無だった（難民としてのロヒンギャに関する文献はいくつかあったが）。

前章で説明したように、「ロヒンギャ難民問題」を理解するためには、まず「ロヒンギャ問題」を理解しなければならなかった。その「ロヒンギャ問題」を理解するためには、その遠因となったミャンマーの軍政問題を理解しなければならなかった。さらに、ミャンマー問題を適切に理解するためには、われわれのミャンマーを見る視点に問題があることも押さえておかねばならなかった。イスラームを考える際も同じようなことが言える。

まず、(1)イスラームとは何かという、全体的な理解が必要である。(2)次に、日本でイスラームと言えば、実は中東地域のイスラームを指すことが多く、東南アジア地域のイスラームとは少々違いがあることを意識しなければならない。⑶さらに、東南アジア域内のイスラームの中でも、特にミャンマーのイスラームにはどのような特徴があるのか、そこを理解することも必要である。

おおざっぱにいって、この⑴⑵⑶の三点を分けて考えないと、ロヒンギャ・ムスリムへの理解は進まない。ただ、この⑶に関しては現在、専門家の間でも研究があまり進んでいるわけではない。そのため、筆者は本書でごくごく簡単に触れるのが精一杯である。以下、⑴～⑶に言及してみたい。

⑴アジアのイスラームの専門家に、日本で一般的にイメージされるイスラームとは何ですか、と尋ねてみたことがある。

「すぐにテロと結びつけられる」

「女性への迫害が強調される」

という二点を即答してくれた。

日本の人の多くが冒しやすいイスラームに対する誤解は、主に欧米経由のイスラーム報道から起こった。つまり、近代化が欧米諸国、つまりはキリスト教国と接することで成り立ってしまった日本は、実際にムスリムに接触した経験が薄弱で、イスラームとは何かを感覚的にイメージすることが苦手であるのだ。

最近のイスラームに関するイメージで、世界的に強いインパクトを与えたのは二〇〇一年九月一一日に米国で起こった同時多発テロ（「９・11事件」）であろう。米国東部、ニューヨークの摩天楼の象徴の一つでもあった貿易センタービルに旅客機が突入し、高層ビルが崩れ落ちる映像は衝撃であった。

また二〇一〇年代初めから、中東・北アフリカ地域で広がった民主化運動（「アラブの春」）はその後、エジプトではクーデターが発生し、シリアでは先の見えない内戦が続くことになる。人びとが拳を振りあげて、反政府抗議の運動を繰り広げる映像が世界中に伝えられた。いずれも暴力が想起されるイメージが主に報道されている。また、サウジアラビアでは二〇一八年になってようやく、女性が車を運転するのを許されるようになり、さらに、アフガニスタンやパキスタンでは女子教育が制限されているという報道も続く。

また、日本の人が理解しにくいイスラーム観とは、例えば、「イスラームやキリスト教は唯一絶対神しか認めない。仏教や多神教の神道とは相性が悪い」という解説もありつつ、同時に「イスラームはアニミズム（精霊信仰）と親和性がある」とも説明されたりすることで、混乱してしまうのである。さらに現代のキリスト教や仏教では、宗教は政治とは切り離されるべきだという〈聖〉と〈俗〉という棲み分けがあり、聖の修道士や僧侶は修道院や僧院で、祈りや瞑想に専念し禁欲的な生活をおくるのが基本形である。

しかし、イスラームは異なる。

「イスラーム世界で広く共有されている理念においては宗教と政治は『不可分』であり、『一致』しているものとされる」「神と人間の関係、および人間同士の関係を取り結んでいくことが、イスラーム教の根本的な要素である。この啓示法の秩序を貫徹した理想的共同体こそが『ウンマ』である」（池内恵『増補新版　イスラーム世界の論じ方』）

したがってムスリムにはこの「ウンマ」こそが大切であって、ムスリム以外が一般的に使っている「国家」「国境線」「国民」「国籍」「民族」「人種」「貧富の差」という考え方は基本的に、イスラームの教義とは相容れないのである。

(2)東南アジアのイスラームについて考えてみる。

繰り返しになるが、現在、日本で理解されているイスラームに関する情報の多くは、まずは世界に広がった中東やアフリカの紛争に関連する、欧米の英語ニュースでの事件報道から定着してきた。そのせいか、日本でのイスラーム観が、実は東南アジアのイスラームではなく、中東のイスラームに偏っていることを、まず留意すべきである。ここでの問題は、いったん定着してしまった知識や情報は、なかなか変更しづらいことにある。

また、日本で紹介される中東でのイスラームは、スンナ派イスラームのアラブとトルコなどが、シーア派のイランのペルシャ・イスラームと同じイスラームであるかのように一括りにされてしまっている場合もある。また、スンナ派とシーア派が延々と血みどろの対立を続けているのだと、イスラームが宗派間の争いを続けているように伝えられていることもある。だがこれは、教義上の違いというより、地域や国を支配する為政者が、宗派の違いを理由にして意図的に政治権力や経済的利権を濫用しているからである。

自らがムスリムであり、かつイスラーム研究者である中田考氏は、イスラーム圏を「アフリカから南アジアにまでわたる広大なイスラーム圏」（島田裕巳・中田考『世界はこのままイスラーム化するのか』）という見方をしている。中田氏の説明からは東アジアや東南アジアのイスラーム社会への言及はほとんどなく、東南アジアのイスラームは中東のそれとは別物である、と解釈してしまう。ちなみに中東のイスラームと東南アジアのイスラームの違いを称して専門家は、「中東のイスラムはイスラム教の教えなり原理に忠実な形で信仰が護られている地域、（中略）一方、東南アジアなどはイスラム教の原理ほど強烈には生きていない地域」「仮に中東のイスラムが『戒律のイスラム』と規定できるならば、東南アジアなどの中東以外の地域のイスラムは『寛容のイスラム』と解説している（今永清二『東方のイスラム』、風響社）。

また、紛争の続く中央アジアのアフガニスタンで三〇年以上にわたって支援活動を続けてきた中村哲氏（二〇一九年一二月武装勢力によって殺害される）は、「アジアの中に保存されてきた多様性を尊重することですね。これは文化ですよ。イスラム教を含めた一神教どうのこうのは単に外面の覆いですよ。……アフガニスタンで敬虔かつ古典的なイスラム教徒が頑なに一神教を信じているかというと、そうではない」（「変革期のアジアと宗教」国際宗教研究所『現代宗教２００９』、秋山書店）と、中央アジアでの体験をもとに説明していた。

その東南アジアのムスリムであるが、これも一括りにできない。というも、マレーシアのマレー・ムスリム、タイ南部のマレー・ムスリム（国籍はタイ）、フィリピンのムスリム、さらには一つの国の中で世界最大数のイスラーム信奉者をかかえるインドネシアのムスリムは、国境線によって分断されたため、その土着度の強弱によって、アイデンティティも社会習慣も異なっているからである。

数少ない東南アジアのイスラームを解説した『東南アジアのイスラーム』（床呂郁哉・西井凉子・福島康博編著、東京外国語大学出版会）には、筆者の持っていたイスラーム観を覆すような事例が紹介されている。

マレーシアに国境を接するタイ深南部の西サトゥーン県では、ムスリムが僧侶として出家し再びムスリムに戻るというのだ。そもそも「『イスラーム』という言葉は『従う』という意味」（中田考『イスラーム　生と死と聖戦』、集英社新書）である。つまり絶対の唯一神であるアッラーに絶対服従することである。そこで、ムスリムから仏教徒に改宗するということは、その絶対神を否定することになる。つまりは背教である。

「日本ムスリム教会」のウェブサイトを見ると、次のようにある。

「背教と見做される言動とは『アッラー以外にも神々がいる』などの発言、仏像に額ずいて祈るといった行為など、イスラームの教義に反する言行を指します」

つまり、ムスリムが改宗（棄教）するとはイスラーム法において、死刑に値する罪で、ムスリムが出家するとは（さらに再びムスリムになるとは）、教義上あり得ないことである。

また、日本でも時に、東南アジアでのイスラーム関係の紛争が報道されるが、それは表面的な伝え方である。フィリピン・ミンダナオの紛争の原因は「政府の国内移住政策によって大量のキリスト教農民が移民としてミンダナオ島に送り込まれた」からである。また、タイ南部のイスラームを巡る紛争は宗教ではなく、「その地域で話される言葉（マレー語）を理解できない政府の仏教徒である官吏と、ムスリム住民の齟齬がある」と指摘される。これらの、東南アジアのムスリムを正確に解説した一般書は今のところ、前掲の『東南アジアのイスラーム』ぐらいである。だが、残念なことに、この著作には、ミャンマーのイスラームに関する記述はない。もちろん、これまで東南アジア諸国のどこの国よりも反イスラーム傾向が強く、つい最近まで軍事独裁国だったミャンマーで、ムスリムを研究対象にするにはハードルが高すぎた経緯もある（そんな中でも、斎藤紋子『ミャンマーの土着ムスリム』〈風響社〉は、ミャンマーのムスリムに関して知ることのできる貴重な参考文献である）。

最後に、⑶ミャンマーにおけるロヒンギャ・ムスリムの語られ方について考えてみたい。

筆者はイスラームへの理解を深めるため、二〇一六年に出版された五〇〇ページを超えるイスラームの解説本（池内恵『増補新版　イスラーム世界の論じ方』）を手に入れた。その「まえがき」に「中東やイスラーム世界が専門ではない、好奇心の高い読書人・職業人を読者として念頭に置いた」という紹介文に惹かれたからである。もしかしてその大著に、ロヒンギャ・ムスリムや「ロヒンギャ問題」について、なぜ日本で一般的な話題として語られないのか、そのヒントがあるのではないかと期待したからである。

そこで、その著作にひと通り目を通してみた。だが、そこにロヒンギャに関しての記述は一つもなかった。さらに巻末の二〇〇四年から二〇一六年までのイスラーム関連の年表一三ページ（全五二七行）を細かくたどって見た。だがそこにも、二〇〇九年と二〇一五年のロヒンギャ難民の流出や、二〇一二年の仏教徒とムスリムの衝突は見当たらなかった。その年表は、やはりというか、中東のイスラーム事項が中心であった。もっとも、その年表の中には、国連に関する事項が二八カ所、欧米の事項が四三カ所、日本の関連が六カ所あった。ちなみに東南アジアのイスラームに関しては五カ所のみであった。

この解説本を読んで、東南アジアのイスラームに対する関心の低さを感じざるを得なかった。二〇一二年以降、メディアでたびたび取り上げられるようになった「ロヒンギャ問題」について、中東が中心のイスラーム研究者の解説には限界がある。つまり、上座部仏教徒が多数派のミャンマーでは、少数派のムスリムが差別されているという話が主になり、実は、この国には出自の異なるムスリムが存在し、どうしてそこでロヒンギャ・ムスリムだけが差別されているのか、という解説にはなっていないからである。

二〇一七年八月にロヒンギャ難民の大流出が起こった際、中東のとあるイスラームの専門家がSNS（ツイッター上で）で「民主化するとかえって多数派市民の不寛容が民意を体現した政府・政治家による政策として（筆者註：ムスリムを迫害する施策を）採用されてしまう傾向もある」と、この「ロヒンギャ問題」に言及した。

ミャンマーの実情をある程度知っている筆者からすれば、ロヒンギャ・ムスリムへの迫害は、民主化以前から延々と続く四〇年に及ぶ構造的な差別である。民主化されたから急に発生した問題ではない。イスラームの専門家だからといって、必ずしも的確にロヒンギャ・ムスリムの実態やその問題の背景を説明できるとは限らない。

前述したようにミャンマーには、大まかに八大民族（ビルマ民族・カチン民族・シャン民族・モン民族・カレン民族・カヤー民族〈カレンニー民族〉・チン民族・ラカイン民族）が存在している。その大枠の民族は、さらに細かく分けられる。例えば、ラカイン州にはラカイン系のムロ、テッなどのサブ・グループがある。カレン人にもスゴー・カレン人やポー・カレン人というサブ・グループがある。

これと同じように、ミャンマーには「ムスリム人」という大きな括りがあり、そのサブグループに、ミャンマー・ムスリム、パンディ・ムスリム（中国系）、パシュー・ムスリム（マレー系）、カマン・ムスリム（中東系／その他）、ロヒンギャ・ムスリム（ベンガル系）がいるのである。

つまりロヒンギャというのは、筆者の理解では、ミャンマーに暮らすベンガル系ムスリムというのが適切である（ロヒンギャ・ムスリムをラカイン・ムスリムとすると、歴史的にラカイン州に暮らす、容姿の似たカマン・ムスリムと同一視されてしまうおそれがある）。実は、ロヒンギャ・ムスリムをベンガル系と分類するのが、ミャンマーでは実態に合っている。

✶視点㉕――「ムスリム人」という認識

第Ⅱ章で簡単にその経緯を説明したが、ミャンマー全土を回っていて、あなたは何人ですか？という質問を、現地で出会う人びとに繰り返し投げかけてきた。その結果、二〇〇〇年代以降、ビルマ民族・カチン民族・カレン民族・シャン民族……等々と名乗っていた人びとの多くが、ミャンマー人と答えるようになっていった。これは、ミャンマーの人びとが、民族的アイデンティティから国民アイデンティティへと徐々に変わっていったことを如実に示している。ただ留意しておかなければならないのは、それぞれのアイデンティティは単に、例えばカレン民族かミャンマー人かという二者択一的なものではなく、カレン民族であり同時にミャンマー人（国民）である、というような重層的なものである。

ただ、その中でこの二〇年近く、その自らのアイデンティティが一貫して変わらなかった人びとがいる。それが、ムスリムたちであった。ミャンマー語で言いあらわすなら、「ムスリム・ルミョー（人）」という意識である。つまり「ムスリム人」である。

そこで実際、ムスリムを人（民族）としている例が他にないか調べてみた。するといくつか見つかった。

東西冷戦後の一九九〇年代、東欧旧ユーゴスラビアでボスニア・ヘルツェゴビナ内戦が激化した際、いわゆる「宗教」をそのまま「イスラム族」や「ムスレム族」にした例である。

そのユーゴスラビアの現場取材をしたルポルタージュ、高木徹『ドキュメント戦争広告代理店』（講談社文庫）で「セルビア人・クロアチア人・ムスリム人が銃火を交えた」という報告がある。

また、学術的にも以下のような記述がある。

「ボスニアのムスリム（イスラム教徒）たちは、すべての人に人のナショナリティを名指しするように求めたユーゴスラヴィアの人口統計調査にさいして、エスニックな呼称として『ムスリム』人という名前を採用することに決定した。これは、ボスニアのムスリムたちの多くが、すでにイスラムの信仰と実践とに帰依していないという事実にもかかわらず、おこったことである。それでもなお、ナショナリティと宗教的な区分とが密接に絡みあうボスニアのような社会では、彼らは長期にわたって住まいとしてきた地域の名前よりはむしろ、ムスリムであるということを自分たちの標章として選び、（かつてムスリムであったという事実にもとづく）宗教的系譜によって、自分たちを識別し、他者からも選別されていた。とはいえ、ムスリムたちは、彼らの共同体意識や差異の意識が、ユーゴスラヴィアの社会的・政治的義務という圧力のもとで、一定水準の意識と共通認識に達したときにのみ、あの多民族システムのなかの一つの統計上の名前として、ムスリムを採用することが必要であると感じるにいたった」（アントニー・D・スミス、巣山靖司・高城和義他訳『ネイションとエスニシティ』、名古屋大学出版会）
インドの南東に位置する島国のスリランカは、一九八〇年代初めから二〇〇九年半ばまで、人口の七割を占める仏教徒シンハリ人と人口の二割に満たないヒンズー教徒のタミル人の間で内戦が続き、約一〇万人が命を落とした。そのスリランカにも少数であるがムスリムが暮らしている。
そのスリランカの人口構成を細かく見ると、タミル語を母語としているタミル人とスリランカ・ムスリムがいる。そこで、ムスリムを人（民族）の意味で用いたうえで、彼ら／彼女たちは「アイデンティティの基礎を言語（タミル語）ではなく宗教（イスラーム）においており、自らをタミル人ではないと考えている」との説明もある（松田哲「言語と民族紛争」、月村太郎編著『地域紛争の構図』、晃洋書房）。
もちろん、ムスリムを「民族」としない立場や表記もある。
「さきほど『ムスリム人』という言葉を使いましたが、これは現在ではボシュニャクと呼ばれてきている人間集団のことです。……イスラームは世界宗教であり、イスラーム信者の呼称であるムスリムをここで転用するのは、どうしても違和感があります」（植村和秀『ナショナリズム入門』、講談社現代新書）
しかし、植村氏は同書で、「仏教」や「キリスト教」のように宗教に「教」をつけて記述する一方、「イスラーム」には「教」を付けずに「イスラーム」と記述している。ということは、イスラームを単に信仰（宗教）という枠組みではなく、それ以上の意味合いを含んでいると認識しているのではないだろうか。
もちろんムスリム側からすれば、線引きされた領域によって成り立った国と深い関連性のある「民族」という考えは、イスラームの教義とはなじまない。そもそも「民族」というのは政治的な意思を持った人の集団であり、その集団を束ねるのは共通の言語・歴史・社会的な慣習や身体的な特徴だからである。かつてイスラーム帝国内には、さまざまな民族が共存していた、彼ら／彼女たちは異なる民族であるがイスラームを信奉する人びと（ムスリム）という点で同胞であった。前述した、自らがムスリムであり、イスラーム研究者の中田考氏によれば、「イスラームは地域や民族を超えた普遍宗教で「ムスリムには、国籍も血統も関係なく、誰でもなれます。（中略）ムスリムになるには、アッラーを信ずることだけで十分なのです。誰がムスリムかを決めるのはアッラーなのですから」（『イスラーム生と死と聖戦』、集英社新書）と説明する。

ただし、現在の「国民国家」を基本とする国際社会で、国籍（市民権）を持った国民として生活していくには、なんらかの法的な位置づけが不可欠である。その際にムスリムは国民と同時に「ムスリム人」として暮らしていくという、重層的なアイデンティティを持った柔軟な立場を取っているのである。それが大多数の穏健なムスリムである。イスラームは戒律に縛られた信仰だとイメージされるが、実は柔軟さを兼ね備えているということも押さえておかなければならない。

筆者自身、ラカイン州の田舎で出会ったロヒンギャの村人、国内避難民キャンプに押し込められたロヒンギャ難民、さらにコックスバザールのロヒンギャ難民キャンプで話を聞いてみると、ほぼその九割近くが「ロヒンギャ民族」よりも「ロヒンギャ・ムスリム」という呼称が好ましいと答えてくれた。

✶視点㉖――同胞ムスリムへのまなざし

ミャンマー中部に位置する同国第二の都市マンダレーで、パンディ・ムスリムのモスクを訪れた際、そこの責任者にどうしてロヒンギャ・ムスリムが差別されるのですか、と尋ねたことがある。すると彼は、「彼等ロヒンギャは、ミャンマー国民ではないからだ」という答えであった。また、ヤンゴンのモスクで金曜礼拝を終えたムスリムたちに同じ質問をすると、カマン・ムスリムやインド系のムスリムも全く同じ答えであった。つまりロヒンギャ・ムスリムはミャンマー国籍を持っていないから差別されていたのである。そこに、他のムスリムからも同胞ムスリムだという一体感を、筆者にはあまり感じられなかった。

ただ、そうはいっても、中東のムスリムと東南アジアのムスリムという区別は、例えば同胞のムスリムが苦境に陥っていれば（例えそれが政治的な意図があったとしても）手を差し伸べようとする事例もでてきている。それが、二〇一二年の仏教徒とムスリムの衝突の後、中東トルコの外相とエルドアン首相夫人がバングラデシュ・コックスバザールのロヒンギャ難民キャンプを訪れ、支援を申し出た例である（内藤正典・中田考『イスラームとの講和』、集英社新書）。

以下、中田氏が指摘しているのだが、イスラームを巡る状況はやはり複雑である。というのも、内戦が続くシリアから数百万人に及ぶ避難民が国外に逃げ出した。しかし、その後の詳しいいきさつは、日本の人にはほとんど伝わっていないのだが、シリア人難民はすぐ近くのサウジアラビアやクエートには向かわない。シリア人難民はヨーロッパに向かうのである。

どうしてか。

実は、サウジアラビアを支配しているのは、「西洋の教育を受け、非イスラーム的領域国民国家システムの中で育った人」が支配する独裁的な政府だからである。全世界に散らばるムスリムの義務の一つは、サウジアラビアにあるメッカ巡礼である。それゆえ、「サウジアラビアはイスラームが非常に強い国に見えますが、実態は違います。西欧の近代思想の影響を受け、政治にイスラームを持ちこませない政教分離をした世俗主義的な国です。ですから、権力をにぎるサウジアラビア政府は、（中略）自分たちの体制に不満を持つスンナ派イスラーム主義者（筆者註：シリア人難民）が増長するのではないかと恐れていました」（島田裕巳・中田考『世界はこのままイスラーム化するのか』）と、中田氏は説明する。

考えれば考えるほど、イスラームと国や政治体制（国）との関係は複雑である。繰り返しになるが、ミャンマーにおいてムスリムたちは、市民権（国籍）の有る無し、国境線を意識したり無視したり、自らをイスラーム教徒の「ムスリム人」と呼んだり、イスラームの専門家からすれば、教義から外れることばかりなのである。だが多くのムスリムは、現実問題として世俗的な事柄とうまくつきあいながら、実生活を成り立たせている。

ロヒンギャ問題を考える際には、ミャンマー人や外国人を問わず、そのイスラームの教義を知識や情報だけでなくミャンマーにおける生活の実態（ミャンマー語を母語とするかどうか、巻きスカートのロンジーやエインジーと呼ばれるミャンマー特有の上衣を身につけたり、女性ならミャンマー独特の白粉《おしろい》タナッカーを頬に塗ったり）を知っているかどうか、イスラーム観が欧米諸国の感覚に染まっていないか、その認識の度合いで、この問題への関わり方も自ずと決まってくる。

そこで英国から独立以降の、ミャンマー国内でのロヒンギャ関連年表を簡単にまとめてみた。

一九四八年　ミャンマーが英国から独立
一九六二年　ネウィン将軍によるクーデター
一九六六年　バングラデシュとの国境画定（一九七〇年代、一九八〇年代説も）
一九七八年　ロヒンギャ難民の大規模流出（一回目、約二〇万人以上、その後大半が帰国）
一九八二年　市民権法（国籍法）改正（ロヒンギャの市民権〈国籍〉剝奪）
一九八八年　軍事評議会によるクーデター（後にタンシュエ上級大将が権力を掌握）
一九九一年　ロヒンギャ難民の大規模流出（二回目、約二七万人、その後、大半が帰国）
二〇〇八年　「二〇〇八年憲法」（二一五ページ参照）
二〇〇九年　ボートピープルとしてロヒンギャ難民の大規模流出
二〇一一年　軍部主導の民政移管（テインセイン大統領就任）。ナサカ解体
二〇一二年　ラカイン州で仏教徒ラカイン人とロヒンギャ・ムスリムが衝突（国内避難民化）
二〇一三年　ミャンマー中部メッティーラで反ムスリム暴動発生
二〇一五年　ロヒンギャ難民の大規模流出
二〇一六年　アウンサンスーチー政権誕生（本格的民政移管）／ARSA（アラカン・ロヒンギャ救世軍）活動開始
二〇一七年　ARSAによる治安施設攻撃、それに対する国軍の掃討・弾圧で七〇万人以上のロヒンギャ・ムスリムがバングラデシュに流出

日本とミャンマー／ロヒンギャ問題

ロヒンギャ問題をより深く理解しようと思えば、どうしても日本とミャンマーとの関わりを、今一度見直さなければならない。それはやはり、ロヒンギャ問題を生み出したミャンマー社会がどういった社会であるかを、日本人がミャンマーとの関係をどう認識していたかを再検証することで見えてくるからである。

✶視点㉗──日本が抱える少数者問題から考える

例えば、日本のことについて知りたいと思った外国人があなたに、「『沖縄問題』とは何ですか？」と問いかけてきたら、さて、あなたは何と答えるか？　先のアジア・太平洋戦争で最大の地上戦があった場所、日米安保に絡んだ基地問題、歴史的に独立地域であったことなど……さまざまな要因が重なり、ひと言では説明できないであろう。

また、北海道の「アイヌ問題」を外国人にどのように説明することができるだろうか。日本では二〇一九年、アイヌが法的に初めて「先住民族」として明文化された（「アイヌ民族支援法」）。だが、「先住民」と「先住民族」とは何が違うのか（一七六ページ参照）。アイヌの文化的（舞踊や言語）な説明以外に、先住民族として「権利主体」とは何なんですかと問われたら、おそらく多くの人は戸惑い、法的な問題を説明することのできる識者も限られているだろう。

さて筆者が、なぜここでアイヌの先住民族の問題を持ち出すかというと、一九九〇年代から国連の議題になり始めたこの「先住民族」という枠組み（ミャンマーの文脈では「土着民族」）をある程度把握しておかないと、「ロヒンギャ問題」の理解が進まないからである。前述したが、「ロヒンギャ問題」はこれまで、歴史問題・政治問題としての側面が強調されてきたが、実は、「民族」の法的な面での説明がされてこなかったからである。

このように知識や情報だけでなく、その問題を理解するための考え方も手直し（アップデート）する必要がある。日本国内の事柄はまだその情報を入手しやすいが、外国の事柄をより正確に把握するのは難しい。

ロヒンギャ問題に関しても同じである。歴史的・文化的・社会的・法的な要因が絡んで、ひと言でこれが「ロヒンギャ問題」とは説明できないのである。まさに、そこに国の成り立ち、それぞれの歴史や文化を理解する我々側の理解度が問われているのである。

繰り返しになるが、もちろん今、目を向けなければならないのは、とりあえず目の前で、厳しい生活状況に置かれている、世界最大級の一〇〇万人を超える「ロヒンギャ難民問題」にどう対処していくかであり、それと並行して「ロヒンギャ問題」を理解することが必要である。それを念頭に置きながら、話を進めなければならない。

いずれにしろ、複雑な問題にはさまざまな要素が絡んでおり、多面的な見方に耐えることのできる（持久）力が必要であり、ことが複雑なために息切れする怖れもある。

さらに、ミャンマー人は日本人に似たところがあり、なかなか率直に本音を語ってくれない。「ミャンマーの人達は概して遠慮深く、聞き手の気持ちを害さないようにとの配慮が先立つためか、本音を聞かせてもらうのがなかなか難しい。一度の取材で成功することは少なく、二度三度と訪問を重ねるうちに互いに気心が分かってきて、初めて納得のいく結果が得られる。それでも話は大抵の場合、控え目なのである」

ミャンマーで日本軍兵士は何をしたのか――現地のミャンマー人に聞き書きを繰り返した『祖国を戦場にされて』の著者・根本百合子氏も、そう記述している。筆者の米国や中南米、カンボジアやタイでの取材経験と比べても、この点に深く同意する。

✶視点㉘――日本の中のロヒンギャ差別

ロヒンギャに対する差別は、ミャンマーやバングラデシュだけでなく、実は日本国内にも存在する。日本には今、約二万人のミャンマー人（ミャンマー出身の少数民族を含む）が居住している。それに加えて北関東を中心に約三〇〇人のロヒンギャたちが暮らしている。ロヒンギャ以外の在日ミャンマー人は基本的に、ロヒンギャをミャンマー国民としてその存在を認めていないし、さらにロヒンギャと名乗ることを許さないという者もいる。日本人には見えないところで、在日ミャンマー人による在日ロヒンギャに対する差別がある（この両者は、おおきな括りでは、〈同じ在日ミャンマー人〉であるが、彼らの間には、一方的に区別と差別、分断がある）。

二〇一七年のロヒンギャ難民の大流出の後、日本国内にもロヒンギャ難民が居住しているということで、日本のメディアが在日ロヒンギャ難民の声を取り上げた新聞記事やテレビ番組をいくつか見かけた。その報告記事や番組は、在日ロヒンギャ難民たちが母国で、あるいは隣国バングラデシュで受けた酷い差別や迫害について紹介している内容が多かった。実際、その話は事実であろう。日本に暮らすロヒンギャ難民たちが、軍政下でどのように迫害され日本に逃れてきたのか、彼ら／彼女たちが（日本語で話す）内容は、確かに説得力がある。

だが、テレビや新聞で報じられた彼ら／彼女たちの経験談を確認してみると、筆者にはそれらの証言が、必ずしも正確に「ロヒンギャ問題」を反映しているとは思えなかった。なるほど彼ら／彼女たちの「ロヒンギャ難民」としての経験は本物であろう。だが、ロヒンギャたちが、なぜ／どのような歴史的経緯と社会的な背景で差別されてきたのか、そのことを的確に説明している報道をほとんど見かけなかった。また、日本のメディアは単純に「ロヒンギャ」という呼称を前面に出し、彼ら／彼女たちが「民族対立」や「宗教対立」のために迫害されてきた、という論調に落とし込んでいるようにも思えてしまった。

日本に来てまでロヒンギャの人びとが差別を受け続けている事実がある。しかし、その問題が日本国内では、「ロヒンギャ難民問題」から「難民問題」という日本社会が抱える別の難民問題（他の先進諸国に比べ難民認定数が極めて少ない。入管で非人道的な拘留が続いている問題）へと転化してしまっていた。

そもそも、ロヒンギャに対する差別は、いったいどのようなところから生まれてくるのか、という報道が日本のメディアでほぼ皆無であった。つまり、ロヒンギャの人びとへのインタビューに加えて、ロヒンギャ以外の在日ミャンマー人に直接、この「ロヒンギャ問題」に関して問いかけるテレビ番組や記事は（筆者の見る限り）なかった――ロヒンギャたちはなぜ、どうして日本にまで逃げて来ても、なお差別されるのか（差別しているのか）――そういう問いかけがなかったのである。その理由はおそらく、日本国内でのロヒンギャ差別問題に触れると、迫害を受ける「ロヒンギャ難民」の話から、その差別の理由がより複雑な「ロヒンギャ問題」へと踏み込まざるを得なくなり、日本のメディアはその部分を意図的、あるいは無意識に避けていると思わざるを得なかった。

さらに筆者は「ロヒンギャ問題」を考える際、いつも気になっていることがある。それは、多数派のミャンマー人（ビルマ民族）たちの眼差しが、少数民族や少数者（異教徒や性的マイノリティなど）に対して、いわゆる〈上から目線〉で接しているように感じることがあったのだ。例えばミャンマー人（ビルマ民族）の多くは、シャン語やカレン語による伝統的な現地呼称を無意識的にミャンマー語（ビルマ語）読みしてしまい、それがまるで一般的であるかのように振る舞って、少数民族の文化や立場をないがしろにしている部分がある。

そこで、ミャンマー事情に通じていない日本人が、なんとかしてこのロヒンギャ問題を理解しようとして、在日ミャンマー人に話を聞く場合に問題が生じる恐れがある。在日ミャンマー人（少数民族の人も含めて）たちは、日本語にもミャンマー語にも通じており、彼ら／彼女たちからロヒンギャ問題の誤解――ロヒンギャはバングラデシュからの不法移民だ――という話を直接聞くと、彼らの一部は噂レベルの伝聞を確信を持って話すので、日本人の側は「それはおかしいのでは？」という疑問の余地を挟んだり反論したりすることは、ミャンマーに関してよほど深い理解と知識がないとできない。

しかしこの二七年間、ミャンマー全土を踏破して少数民族の置かれてきた実態を取材してきた筆者の経験からすると、多数派ミャンマー人たちのロヒンギャに関する説明は、やはりおかしいと言える。多数派の少数派に対する無頓着な部分に気づいてしまうと、外国人にはなかなか見えづらい階層・格差・眼差しが、当然ミャンマー社会にもあるのだということを再確認できるからである。

また一部のミャンマー人は、外国人はこの「ロヒンギャ問題」に口出しするな、という態度をとる者もいる。ミャンマーの歴史を知らない外国人が、ミャンマー国内の問題に関わるな、ということである。でも、そういうミャンマー人（ビルマ民族）自身も自国の少数民族の置かれた状況を知っているわけではない。軍政下の人権問題を追及してきた在日ミャンマー人たちも実は、日本に来るまで、ロヒンギャ問題がこれほどまで深くミャンマー社会に根深く潜んでいる問題だったと意識していなかったのである。そういう多数派ミャンマー人たちは、どういういきさつでロヒンギャが差別されてきたのかを理解しようとしていない。そんな少数民族に対する無理解やイスラームに対する知識不足などによって、少数派の中でも最も存在感の薄かったロヒンギャ・ムスリムたちは、無国籍者としてどこの国からの保護も受けることのできない状況に置かれ続けてきたのである。

しかし、である。在日ロヒンギャの人たちもかつて、日本の人にロヒンギャの実情を訴える街頭デモを行ったことがある。その際に使用した横断幕には日本語で「ロヒンギャ民族」と描いていたのである。これまで説明してきたように、このような訴えかけは、ロヒンギャ以外の在日ミャンマー人にとっては、認めがたい主張でもあった（在日ロヒンギャの組織は現在、公に「民族」という呼称は使っていない）。

第Ⅱ章で説明したように、自分たちへの人権侵害を止めようと〈「民族」を主張する〉ロヒンギャの人たちがいる一方（法的側面）、ロヒンギャの人びとが「民族」を主張することで自文化や歴史が否定される（文化的側面）と感じるミャンマー人やラカイン人が存在する状態が続いているのである。

ロヒンギャ問題に関して情報収集をしていたある日、インターネット上で見過ごしにできない誤解の一例を見かけた。日本に暮らす、とある南アジア出身の上座部仏教の高僧が自らのウェブサイト（日本語）上で、一般信者と次のような問答を掲載していた。影響力があると思われる僧侶だけに気になった部分である。

――問「ミャンマーでのことなんですけど、今、ロヒンギャの問題があります。ミャンマーは仏教の教えを聞く機会が多くうらやましいと思いますが、そういう国で、ああいう問題がなぜ起きるのかと不思議に思います。それについて、何かご助言をいただけないでしょうか」

――回答（高僧）「わたしもあまりこの問題に詳しくないので、どう答えればいいのかわからないんだけど。とにかく、仏教を破壊しようとするプログラムが終わっていないということです。まずキリスト教が来て、仏教の破壊活動を始めた。つぎにイスラム教が来て、破壊活動をしようと。そうすると、すべての人間が覚っていないんだから、ケンカしますよ」

この高僧は「ロヒンギャ問題」に詳しくないと言いつつ、「仏教を破壊しようとするプログラムが終わっていない」と言い切る。さらに次のように史実に合致しない内容を続ける。

「まずキリスト教が来て、仏教の破壊活動を始めた。つぎにイスラム教が来て、破壊活動をしようと」

史実では、ミャンマーにはキリスト教よりもイスラームが先に伝わっている。さらに、指導的な立場にある高僧が、イスラームが「破壊活動」をしていると語るのは、その説明の仕方が諭すような感じで穏健な調子だけに深い危惧をいだいてしまった。そのように上座部仏教の高僧が語ることによって、ミャンマーに関して深い知識を持たない日本の人びとが、知らず知らずに反イスラーム的な扇動に乗っかってしまう恐れがある。

✶視点㉙——日本とミャンマーの歴史を知る

筆者は二〇一〇年一月、ロヒンギャ難民の取材のため、バングラデシュ東南部の町コックスバザールに滞在していた。そのコックスバザールから乗り合いバスで約一時間、難民キャンプのあるウキアという町に近づくと、近隣の村人が海外からの支援者やメディア関係者がキャンプに入るのを阻止しようとしていた。バングラデシュの村人たちからすれば、どうして外国人は、難民という厄介者だけを助けるのだ、という思いがあるのだ。ミャンマー語・英語・ベンガル語に通じた知人の説明によると、バングラデシュ側からすると、「バーマジャ（ミャンマー人）たちは出て行け」、ということらしい。

筆者は、ウキア近郊の村人の反発を受けて難民キャンプに入るタイミングを逃したある日、コックスバザール市内をうろつき回っていた。その際、雑貨屋を兼ねた書店で、一人の中年女性に話しかけられた。

「あなたは日本人？　それならこれを記念に持って帰ってください」と。

そう言われて、彼女から『ラカイン話』（"RAKHINENALOK"）というタイトルの小冊子を手渡された。英語とベンガル語で記述されたその冊子は、マウンセインというラカイン人によって二〇〇八年に出版された、コックスバザールのラカイン仏教施設とその歴史を紹介する内容であった。そこで、改めてその前書きを見て驚くことになる。そこには次のような献辞があったからである。

「一九四二年四月の日本軍による爆撃によって六五歳で亡くなった祖母に思いを馳せて……」

筆者自身、当時の日本軍の行動には直接的な責任はない。だが、日本軍の侵攻によってコックスバザールでも現地の人が亡くなり、そのことが二〇〇八年になっても語り継がれているということを改めて認識したのだ。

ロヒンギャ難民の取材から日本に帰国後、『戦史叢書　ビルマ・蘭印方面　第三航空軍の作戦』（防衛庁防衛研修所戦史室、朝雲新聞社）を開いてみると、日時までは細かく確定できないが、確かに日本軍がラカイン方面からコックスバザール方面に爆撃機を飛ばしていたという記録があった。

その後、「ロヒンギャ問題」の関連資料を改めて読み進めていくと、連合国軍と日本軍が交戦した「アラカン作戦」（後述）において、連合国軍側はムスリムを、日本軍側はラカイン仏教徒を自軍に引き入れて戦わせた、という記録を思い出すこととなった。実はその史実は以前から知識としては知っていた。そして実際、日本軍の侵攻によって被害を被った人びとがいたという事実がコックスバザールで今も語り継がれていることを目の前に突きつけられると、この「ロヒンギャ問題」が、ミャンマー政府とロヒンギャという関係から、日本とムスリムとの関係を再考せざるを得ないという様相を呈してくるのであった（後述の「カラゴン事件」）。

また、本章「筆者の立場」で書いたように、カレン民族による半世紀を超える内戦取材をしていた一九九八年、カレン民族同盟（KNU）の議長であったボーミャ将軍（当時）に言われたことも思い出す。「われわれの戦いはいいんだ。それよりもあなたたち日本人こそが、ビルマ政府をなんとかしなければばならないのではないのか。どうして日本政府は今も昔も、ビルマ軍事政権を支持するような関係を持つのだ。そもそもビルマ国軍は日本が作ったんだろう。後始末をしたらどうなんだ」

もちろん、筆者が戦後、日本に生まれたのは自分で選んだことではない。しかし、筆者は現実には日本のパスポートを持って、否が応でも日本の一部分を背負ってミャンマーに入っているのである。いくら自分は日本軍と関係はないと思っても、現地の人の幾人かは私にかつての日本軍を投影しながら接するのだ。

アジア・太平洋戦争時に日本軍が英領ビルマに侵攻したことは、「インパール作戦」や「泰緬鉄道」のことが各種メディアで取り上げられる際に言及されることが多い。特に「インパール作戦」は、無謀な計画を推し進める代名詞として取り上げられ、現在の日本政府の政策を批判する文脈でも使われることもある。

ミャンマーと関わって四半世紀にもなる筆者にとって、日本でこの「インパール作戦」や「泰緬鉄道」が話題となるとき、どうしても腑に落ちないことがある。それは、ミャンマーで亡くなった日本軍兵士の総数およそ一九万人という数字（根本敬『物語　ビルマの歴史』、中公新書）が専門書などでは示されるのだが、果たして現地のミャンマー人はどのくらいの人が命を落としたのだろうか――数百と出版された日本軍兵士の手記、それに加えて新聞や雑誌で取り上げられるインパール戦記や泰緬鉄道の記事には、その具体的な数字は現れていない。もっと言うと、数字どころか現地の人の戦争被害について伝えている部分が極めて少なく、日本が引き起こした侵略戦争であるにも関わらず、日本軍兵士の被害を記述しているのがほとんどというのが実情である。また、戦後になって出版された日本軍兵士による一般向けの戦記には、現地ミャンマー人への被害をまとめた部分が思いのほか少ない。いったいそれはなぜなのだろうか。

戦後出版された戦史の記録に目を通すと、日本の本土が受けた被害や日本軍兵士が侵略先で現地の人に与えた加害事実を語っても、日本がミャンマーに軍政を敷いたという史実に対する関心は、戦後の日本社会では極端に低かったとしか思えない。戦後七五年を経た今でも、あくまでも自分たちの戦争被害と、加害をわずかに語るだけの繰り返しで時が止まっている。

では、ミャンマーにおけるあの軍事支配とはいったい何だったのか。ミャンマーに関わるようになった筆者は、日本が引き起こした戦争の記録と記憶、そしてその伝え方の難しさに立ちすくんでしまうのである。そこで、その難しさに立ち向かうべく、その疑問への答が分からないとしても、日本とミャンマーに関わりのあるいくつかのトピックを取りあげて、両国の関係を考えてみたい。

✶視点㉚——語られない日本軍の加害（戦争責任）——カラゴン事件

ビルマ現代史が専門の根本敬・上智大学教授は、次のように記述する。

「しかし、カラゴン事件を除けば、占領期においてビルマの人々が受けた最大の被害は、間違いなく泰緬鉄道建設工事への強制的な労働力動員だったといえる」（『物語　ビルマの歴史』）

根本氏が挙げたそのカラゴン事件とは、ビルマで最初に開かれたＢＣ級戦犯裁判（Ｂ級戦犯：「通常の戦争犯罪」、Ｃ級戦犯：「人道に対する罪」）で、実際、泰緬鉄道建設やインパール作戦に比べて日本の人にほとんど知られていない事件である。それは、日本軍兵士による犯罪、つまりアジア・太平洋戦争時における戦争犯罪を追及していく過程で表に出た（日本軍兵士による加害）事件の一つである。
インパール作戦の失敗からビルマ戦線の状況は格段に悪くなり、ビルマからタイ側へ敗走していた日本軍兵士が敗走中に東部モン州で、英国軍に通じたムスリムの村人六〇〇人以上を虐殺した事件である（村人の証言では八〇〇〜一〇〇〇人の被害者）。この事件の概要とその後の裁判に関しては、岩根承成氏の論文「ＢＣ級戦犯裁判にみるビルマ・カラゴン事件」（『共愛学園前橋国際大学論集』第七号）に、次のような生々しい記述として描かれる。

兵が教えてくれた。〝小隊長、井戸を見てごらん〟と。そこには前日虐殺された五百数十名の死体が、上からおおわれたアンペラ（筆者註：ムシロ・敷物）のつぎめから、死体の腹部の浮上していたのが散見された、どの井戸も死体で一杯だった。正に目をおおうばかりの惨状である。（中略）尋問し、拷問し、あげくの果てに、無実の女、子供を〝この子だけはお助けを〟と叫ぶ母を、母にすがるあどけない泣き叫ぶ子供を、次々に殴り殺して井戸になげ込んだと言う。はじめは男子壮年のためし切りから、無情にも女性の陰部に青竹を挿入し悶絶させたとか、子供を逆さにふり回して井戸の内壁にぶっつけてザクロの如くにわったとか、全く言語道断、悪鬼羅刹の所業、兵はその後の口の端々に、戦争の業火をいまさらながらおぞましく、戦りつをもって綴らなければない《ママ》ことを悲しいことだと思います。（中略）大隊長は大隊本部のおびただしいほかく（捕獲―筆者注）の荷駄に前後して、色の黒い若いその部落の少女数名を行軍の列に交えていた。全員虐殺の筈なのに。なんとしたことだろう。兵のささやき交わすことばのひわいさ。（中略）その少女の姿も数日後には行軍のなかに見出すことは出来なかった。噺はいろいろであった。

論文に引用されたこの部分は、元少尉が連隊の戦友会誌に編集者の依頼により書いた素原稿の一部である。しかしながら、この部分は戦友会誌では割愛され、掲載されなかったという。

筆者は二〇一六年一二月、実際にモン州のカラゴン村を訪れ、現村長から話を聞いてみた。村長は、昔あった事件は事実だと話してくれた。そのとき筆者は、村人の厚意により、今は土で埋もれてしまった二〇ほどあるかつての井戸の跡を案内してもらった。ミャンマーにおける「最大の住民虐殺事件」という史実は日本では今、ほとんど知られていない。

戦犯裁判は勝者による一方的な断罪との指摘もされる。だが、「カラゴン事件」の裁判は、英国の法曹資格を持った判事や弁護人によって法廷が開かれ、判決文も残っている。この事件は戦後の一九四六年になってラングーン（現ヤンゴン）の軍事法廷・戦犯裁判で一七日間審理され、判決が言い渡された。起訴された日本軍兵士一四人（聯隊所属兵八名・憲兵隊員六名）のうち四人が死刑判決を受け処刑され、六人に有期刑が言い渡された。

日本とミャンマーの歴史を振り返ると、アジア・太平洋戦争時において日本軍は、ミャンマー西部で連合国軍と「アラカン作戦」（後述）で交戦してムスリムと闘い、その後ミャンマー東部ではムスリムを虐殺していたのだ。

ミャンマー東部モン州カラゴン村内に残るかつての井戸の跡（2016 年）

✶視点㉛——皇軍兵士のまなざし

アジア・太平洋戦争時の一九四二年、ミャンマー（ビルマ）へ侵攻した日本軍は、アジアを一つにまとめる盟主は日本であって、その他のアジア諸国は日本に従うのが良いという考え方を持っていた。そのため日本軍は、ミャンマー支配のための手段として一九四二年六月、現地に軍政を布告し、形の上では現地のミャンマー人を国家元首兼首相にして傀儡政権を立てた。

当時の日本人が現地の社会や人びとの暮らしをどのように見ていたのだろうか。日本軍の報道班員としてラングーン入りした作家・高見順の記録を見てみる。

> そしてラングーン市がその外観からしてもビルマのラングーン、ビルマ人のラングーンというよりも全く英人のラングーンであるといふ、（中略）ビルマ人はいはばその空いたところに、大抵場末に薄汚い「居留地」をつくっているのである。（中略）ベンガル、パンジャブ、チッタゴニア、タミール、——これらは私たちの目には一様にインド人にしか見えない。（中略）インド人は数が多いだけでなく、ラングーンを（従ってビルマを）経済的におさえているのはインド人だという。……ビルマ人は、だから自分の国でありながらインド人や支那人に経済的におされて了っていたのだが、そのせいもあってか、ビルマ人のインド人に対する憎悪は大変なものである。
>
> （高見順「ラングーン通信」『大東亜戦争陸軍報道員班手記　ビルマ戡定戰』、大日本雄弁会講談社）

もちろん、日本人たちが出会った現地の人に対する記憶は、当時の首都ラングーン（現ヤンゴン）

か地方都市、あるいは田舎に暮らす人ではその印象は異なり、一概には言えない。というのも、英国植民地下のラングーンは当時、英国・ロンドンからオーストラリア・シドニーへの航空便、オランダ・アムステルダムからインドネシア・ジャカルタへの飛行機の経由地となり、高等教育も整えられた国際都市となっていたからである。

そこで、以下では主に、インパール戦やアラカン作戦に関わった日本軍兵士たちが、インドやバングラデシュの国境地帯のミャンマー山中で出会った少数民族の人びとに対する印象を挙げてみた。

このあたりの集落（筆者註：ミャンマーとインド国境）には、チン族やクキ族が住んでいる。かれらの集落は全て山頂を切りひらいて、家屋が密集している。ほとんどが裸体に等しいみなりをしているし、誰もが入れ墨をしている。……原始的な素朴な暮らしをしていて、日本軍に対しても、警戒心を持たなかった。

（伊藤桂一『遙かなインパール』、新潮文庫）

「野獣のような原住民どもも敵のかたわれだ、殺してやる」

私は銃を下ろした。逆上がさめていった。考えてみれば、山岳人に罪はない。日本軍が米を略奪するから英印軍につくのだ。かれらには、文明社会のように、得をするために悪いやつにもつくという、みにくい打算や策謀も背信もない。自然のままに行動しているのである。

（黒岩正幸『インパール兵隊戦記』、光人社ＮＦ文庫）

ビルマ人は毎日、時には日に何回も水浴して体を清潔に保っている。……日本兵の間には、ビルマ人の生活の簡素なのを見て、とかくそれを嘲る気配があったが、誤りだと思った。それは主として自然条件からくる生活習慣の差にすぎない。

（荒木進『ビルマ敗戦行記――一兵士の回想』、岩波新書）

日本軍の戦いを陰で支えたのが、ビルマ人による義勇軍であった。現地に通じた兵士たちが、偵察や物資の輸送などを行った。また一般住人も、至るところで、日本兵に水や食料を提供したのである。

「イギリスの植民地支配から祖国を解放してくれる」

日本軍に大きな期待が寄せられていた。

――それはよう協力してくれた。それで日本軍がイギリス軍を追い払ってくれたということに感謝しとった。

――英国領でせん《（ママ）》か、ビルマそのものは。奪還してビルマの土地になったというので、ビルマ（の人々）は喜んどったですよね。

――われわれが（第二次アキャブ作戦で）アキャブ（筆者註：ラカイン州州都シットゥエーの旧名）にいてから、帰りには何じゃ（何も）ないようになっとんじゃけんな。最初に行ったときには、ニワトリもおるし、ブタもおるしな。……もう何もないんじゃもんな。ほんま気の毒なことをしたと思った。

――「もうインパールで敗退して……。（筆者註：ビルマ人は）今まであんだけ協力してくれよったに思いもかけないいうて、変身がひどかったな、やっぱり。……やっぱり、われわれに歯向こうてきたんは、手の平を返したようには感じたのだけれども、向こうの本心だったかもわからんな。

（「第一章　徳島県・歩兵第一四三連隊～ビルマ　濁流に散った敵中突破作戦」〈NHK「戦争証言」プロジェクト『証言記録　兵士たちの戦争③』、日本放送出版協会〉）

日本軍兵士の、現地の人を描いた数少ない手記から感じられるのは、もちろんいくつかの例外はあるが、大まかにいうと、「辺境」のミャンマー人は素朴で未開の人だ、ということである。そこから、文明国・日本によるミャンマー支配を当然視する感覚を持つにいたったのである。

✶視点㉜――インパール作戦・アラカン作戦の記憶と語られ方

アジア・太平洋戦争に関連して、ミャンマーに関する情報がアップデートされない理由の一つに、メディアの影響が大きいと感じざるを得ない。

例えばインパール作戦を題材として、日本の人に大きな影響を及ぼしたものに、NHKで制作されたテレビ番組が二つある。一九九三年の「責任なきインパール」と二〇一八年の「戦慄の記憶インパール」である。この二つの番組はその後、その内容をまとめてそれぞれが単行本として出版されている。この一九九三年と二〇一八年の番組は、実に二五年、四半世紀という年月が経っている。だが、そのテレビ番組の内容は基本的に変わっていない。いかに日本軍がインパール作戦で無謀な作戦を行って、多くの日本兵を死に追いやったかという流れである。だがそこに、現地の人にどのくらいの迷惑をかけたかという視点が非常に弱いといわざるを得ないのだ。

NHKはその後、二〇一八年の番組の続編として「インパール　慰霊と和解の旅路」という番組をBS―1で放送した。だがそれはインド側の地元の人の話が中心の番組で、ミャンマー側の話はほとんどない。インパール戦でいう「白骨街道」「靖国街道」と称された最も凄惨な地点は、ミャンマー側のフミヘからトンヘに至る道であるのに。

また、日本では今も「インパール作戦」という言葉が一人歩きしているようだ。

二〇二〇年七月に始まる予定であった「東京2020オリンピック・パラリンピック大会」が、世界に広がった新型コロナウイルスの影響で中止ではなく翌年に延期、と決定された。そのニュースを受けて、いったん決まったことを止めることのできない「インパール作戦の再来」という論調が、一部のリベラルな記者からも漏れ出た。政府の愚策を指摘する日本国内の文脈からすれば「あの無謀なインパール作戦の繰り返し」ということであろう。しかし、そのような論調は、かつてミャンマー（ビルマ）に侵攻した日本軍がインパール作戦において現地の人びとに多大な迷惑をかけたことを、戦後になっても振り返ろうとしないという点では、相変わらず現地の被害者に想いを馳せることのできない日本側の所作を繰り返していることになる。

加害者が自らの立場を振り返り、ああ、戦時中は悪いことをした、その償いをせねば、というだけでは歴史は前に進まない。その加害性とは、侵略者の側が被侵略者側を遅れた者（野蛮・未開）・同化

される べき者としてとらえる「植民地主義」に無意識だからである。

ミャンマー側の被害についての言及が極端に少ないのは、日本軍兵士や現役の報道関係者が日本人に向けて伝える戦争の内容を、これもやはり日本人中心の聞き取りと編集に偏っている証拠であろう。記録や史実の内容はもちろんのこと、その伝え方も手直し（アップデート）できていないのではないか。これまで日本の人が得てきたミャンマーとの関わりや、侵略戦争や植民地に関する知識や考え方をアップデートしておかないと、「ロヒンギャ問題」を考える際に迷路に入ってしまうのだ。

もっとも、それほどミャンマーに興味を持たない日本人の目線には、これらＮＨＫのインパール戦に関する番組や書籍は非常にすぐれている作品だと映る。実際、筆者もそう思う。ただ、ミャンマーの歴史や文化などをある程度知るようになると、日本軍はその昔、現地の人へ多大な迷惑をかけたという目配りがもう少しあっても良さそうなものではないか――筆者はそう感じざるを得ない。もちろん、被害を受けた現地の人への補償や謝罪を後回しにし、日本人による日本軍兵士への慰霊を中心にする報道を続けているのはＮＨＫだけではない。多くのメディアがその傾向から脱していない。

このインパール作戦のいきさつは次の通りである。

一九四一年一二月に米国ハワイの真珠湾を攻撃した日本軍は、四四年一月頃になると米軍の反撃により太平洋上での制海権は徐々に狭められていた。また中国大陸内部では、英米の軍事物資の支援を受けた蒋介石の抗日部隊と銃火を交えていた。そもそも日本軍がビルマへ侵攻した主目的は、この蒋介石への支援ルートにあたっていたビルマ国内の「援蒋ルート」を遮断するためであった。インドのインパールは、撤退した連合国軍の作戦拠点となっており、ここを日本軍は攻略しようとして、四四年三月、作戦を発動した。もしこのインパール作戦が成功すれば、徐々に戦況が悪くなっていた南方地域へのてこ入れとして、またインド東部への侵攻の足がかりにもなるという副次的な意図もあった。「天長節（四月二九日＝昭和天皇の誕生日）までにインパールを落とす」と豪語し、およそ三万人にも及ぶ将兵を犠牲にしたのが牟田口廉也中将（三師団を束ねる第一五軍司令官）であった。

しかし、このインパール作戦は「後方補給の点で致命的な欠点があり、当初は方面軍、南方軍、大本営とも反対していたが、牟田口廉也中将の堅い信念」（防衛庁防衛研修所戦史室『戦史叢書　インパール作戦―ビルマの防衛』、朝雲新聞社）に引きずられる形で決行されてしまったのである。

その牟田口司令官の下に、佐藤幸徳師団長（第三一師団・烈師団）がいた。佐藤師団長は、このあまりにも無謀な作戦のために部下の生命を犠牲にすることを良しとせず、司令部の命令に反して自らの兵士を独断で退却させることになった。この行動は「抗命事件」とも呼ばれる陸軍の統制を揺るがす大事件であった。というのも、師団長の要職は、天皇が直々に任命する立場であったからである。

実は、そんな無謀なインパール作戦に先立つ二カ月前、今のラカイン州で「アラカン作戦」（「ハ号作戦）が、インパール作戦の前哨戦として行われていた。インパール作戦の失敗を考えるなら、この「アラカン作戦を押さえておく必要がある。

先のアジア・太平洋戦争を振り返る資料として参考にされるのが、防衛省防衛研究所戦史研究センター（現）によって編纂された『戦史叢書』（全一〇二巻）である。その戦史にはもちろん、インパール作戦のことも詳しくまとめられている。また、それらの全集以外に、陸上自衛隊幹部学校戦史教官執筆の『陸戦史集』(陸戦史研究普及会、第一期全二〇巻、原書房)がある。後者の第一九巻には、『戦史叢書』にはない『アラカン作戦』というタイトルでラカイン州での戦闘が丸々一冊編まれている。

地理的に見ると、インパールの南側で展開された「アラカン作戦」は、「インパール作戦を容易にするための牽制作戦(インパールに駐留している英軍を南部のアラカン地方に注意を向けさせるための作戦)」として計画されていた。日本軍が、もしこの「アラカン作戦」の失敗を教訓としていたならば……、もし英軍による戦闘方法が変わったことを理解していれば……、インパール作戦の悲劇を完全に防げなかったとしても、犠牲者の数は少なからず減らせていたのではなかろうか。ではどうして、日本軍は「アラカン作戦」で英軍に敗れたのか。その一つの理由は、「日本軍の作戦計画が、残らず英軍に知られていたという事実である」(高木俊朗『戦死　インパール牽制作戦』、文春文庫)。

「アラカン作戦」が失敗に終わったもう一つの敗因は、「日本軍が伝統として誇る包囲作戦(作戦を率いた桜井徳太郎は日本古来の楠流の戦法〈包囲すれば勝つという日本軍の信条〉を踏襲して自信満々であったが、この「アラカン作戦」中の「スィンズエユワ(シンゼイワ)盆地を包囲」(同右書)する戦闘で敗れたことによる。制空権を支配した当時の英軍は、スィンズエユワに閉じ込められた自軍のために、日本軍の裏をかいて大量の飛行機を運用し、圧倒的な物資を補給し続けた(二〇日間で一六二六トン)。この戦闘が続くあいだ、日本軍は逆に兵站路を断ち切られ、世界でもっとも厳しい雨期のアラカン山中に孤立することになり、多くの兵士が命を落としたのだ。

その「アラカン作戦」では、花谷正陸軍中将が前線の部隊に「全員戦死の決意をもって攻撃することを要求」した。一時期、英軍三〇〇〇人に対し日本軍中隊八〇人という状況にも陥り、前線の棚橋連隊長（大佐）は命令に反して部隊の撤退を決定することになる。まさにその数カ月後に始まるインパール作戦における牟田口司令官と佐藤師団長の関係が、アラカン作戦で花谷正陸軍中将と棚橋連隊長の間ですでに起こっていたのであった。

話を「ロヒンギャ問題」に戻す。

陸戦史研究普及会編の『アラカン作戦』を紐解くと、「ロヒンギャ問題」の舞台となるラカイン州北部の地名で、ロヒンギャ・ムスリムたちが暮らす村、マウンドー（モンドウ）・ブーディーダウン（プチドン・マユ山系）などの名前が登場する。とりわけその中で興味のある村の名前にインディン村がある（マウンドーとラカイン州都シットゥエー〈Sittwe〉の中間点）。『アラカン作戦』には「インデンの殲滅戦」として登場する。

一九四二年、ビルマに侵攻した日本軍は、インド（当時）と国境を接する西部地域において、ラカイン州の州都シットゥエー（アキャブ）を占領した。そこは「基地にすれば、ビルマに対する水陸両用作戦ばかりでなく、マレー半島、アンダマン＝ニコバル諸島への上陸が容易になる」地点でもあった。しかし、制空権を奪おうとする英米連合国軍はアキャブを激しく空襲していた（日本軍の航空兵力二一〇機に対して英米軍は一二〇〇機）。このアキャブの支配権を巡る戦いの一つを日本軍側は三一号作戦（第一次アキャブ作戦）と名付け、英軍と激しい戦闘を展開した。インディンの殲滅戦は、その三一号作戦の戦いの一つで、先に名前を挙げた棚橋連隊長が、インディン村において英軍第六指令団を壊滅させ、旅団長のキャベンティッシュ准将を捕虜にするなどの功績を挙げた場所である。

前述した、ロイター通信の記者二人が、ロヒンギャ・ムスリムの虐殺事件を調査した場所が、まさにこのインディン村なのである（二二四ページ参照）。

★視点㉝――泰緬鉄道の記憶と語られ方

ビルマ（ミャンマー）戦線で有名になった「泰緬鉄道」は、タイの南西部カンチャナブリからミャンマー東部モン州のタンビュザヤまで、全長四一五キロメートル（東京〜岐阜大垣間）を結ぶ大工事であった。この工事によって、日本軍兵士（朝鮮人も含めて）の中から戦後、英豪などの連合国軍捕虜の虐待でBC級戦犯を出すことになる。そこで、日本において「泰緬鉄道」がまず話題になるのは、今も昔も相変わらず、加害者であった日本軍兵士と捕虜として働かされていた連合国軍兵士たちとの和解である。

しかし、ここで忘れ去られている人たちがいる。実際、この難工事に関わった「ロームシャ（労務者）」と呼ばれる、ミャンマーをはじめとするマレーシアやインドネシアなど、東南アジア各地から連れてこられた人びとである。ミャンマー人の中には、植民者英国を倒すという日本軍の宣伝によって、当初は工事に積極的にはせ参じた人もいた。そのことは事実である。だが泰緬鉄道に携わった多くの労務者は実際、自由を束縛され、強制的に工事に従事させられていた。戦後、この労務者たちに心を寄せた人は、日本軍兵士の手記に目を通す限り、そう多くない。

そんな忘れられた労務者に気を配ったのが、泰緬鉄道の語り部として知られた故・永瀬隆さんである。タイ国境からミャンマーに至る「泰緬鉄道」建設に通訳として動員された永瀬隆さんは戦後、日本軍・連合国軍捕虜だけでなく、鉄道建設に動員された東南アジアの労務者たちを慰霊する活動を一生涯続けてきた。

永瀬さんは敗戦直後の一九四五年九月、連合国軍捕虜の墓地捜索隊に通訳として同行し、次のような手記を残している。

筆者がはなはだ残念で恥ずかしく思ったのは、放置されたアジア人労務者の墓地であった。なにぶん日本側は、急場のこととて手がまわらなかったのか、初めからやる気がなかったのか、おそらくその両方であろうが、清掃された連合軍捕虜墓地にくらべて、労務者の墓地はあまりにも対照的に荒れはてて見えた。（中略）労務者の墓地は、墓とはいえ、土まんじゅうの上に割木が一本突き立てているだけで、姓名もなにも書いていない。割木があるのはまだ良いほうで、塚だけのものが無数に並んでいる風景が多かった。

あとで聞いた話だが、労務者たちは死ぬとすぐその場所にそのまま埋められたり、クワイ河に投げ込まれたり、コレラで死亡した者たちは、丸太のようにつみ重ねられて焼かれたとか。もっとひどいのは、線路に土代わりに埋められたという。

（永瀬隆『「戦場にかける橋」のウソと真実』、岩波ブックレット）

永瀬さんの手記や関連資料を紐解くと、泰緬鉄道といいつつ「泰（タイ）」の話が中心で、ミャンマー（緬）側での慰霊活動は数少ない。というのもそれは致し方ないことである。永瀬さんが再び泰緬鉄道の地に立ったのは戦後一八年目、一九六三年であったからだ。ミャンマーはその前年の一九六二年、ネウィン将軍のクーデターにより、その後約半世紀続く軍事独裁政権が始まったからである。

永瀬さんのように、敵味方を区別せず、さらに現地の人びとの状況を記録として残した日本軍兵士の数は少なく、かえってその姿が際立つ。そんな例外的な存在であった永瀬さんの慰霊活動が、どうして長年続けてこられたのかというと、それは永瀬さんの活動がタイ側で行われていたからである。つまり、軍事独裁政権が続いていたミャンマーで慰霊活動をすることは難しかったのである。

また、この泰緬鉄道に関する記録は、日本軍兵士たちによって、数多く出版されてきた（連合国軍の英軍兵士では三〇〇冊以上）。だが、鉄道建設の現場労働者たちでもあった労務者の実態に関して、現地の人による記録は極めて少ない。ミャンマー人作家のリンヨン・ティッルィンは、『死の鉄路』（田辺寿夫訳、毎日新聞社）を戦後になって出版し、当時の様子を書き記している（リンヨンとは名前ではなく、ミャンマー語で鳥の「コンドル」という意味の敬称）。その記録文学を読むと、ミャンマーに侵攻した日本軍に対する現地人の日本人観や当時のミャンマー社会を垣間見ることができる。

日の神の子孫と名乗る日本人がビルマに入ってくれればビルマ全土の人々は（中略）身も心も平和になるだろうとラジオが宣伝した。さらにやむを得ぬ爆撃で破壊した僧院も土のレンガを金のレンガに替えて日本人が修復してくれるとも放送された。

そんな時、政治的にも見識を持ち、世界情勢に詳しい、ほんのひとにぎりのビルマ人をのぞいては、これといった知識のないほとんどのビルマ人は日本サマサマとばかりに信じこみ、頼りきったのだった。

もうひとつ、イギリス植民地体制に対する憎しみの強まった時期であったことも多くのビルマ人が日本を過大評価することにつながった。

私たち労務者のほとんどは農民か、都会の貧民、下層階級の出身だった。金持ちや地主の息子など一人もいない。

もう一つの拷問のやり方も、負けず劣らず下品で野蛮なものだった。

こんどは労務者を川へ連れて行くのではなく、森の入り口へ引っぱって行く。まず後手に縛りさらに両手首を別の縄でくくる。同じように両足首も縛る。こうしてから体を木に縛り付ける。身にシャツやパソー（筆者註：ロンジーと呼ばれる男性用巻きスカート）、ドンゴロスをつけていれば一つ残らずはぎとる。

こうして素っ裸にした労務者を罪が重いと判断すると、三日から七日間も水も食物も与えさせずさらし者にしておく。

縛られたままの労務者は空腹で飢えるばかりではない。蚊、虻、赤蟻などに咬まれ血を吸いとられるという苦しみもなめさせられるのだ。

もちろん大小便は立ったまままたれ流しだった。

誰かが罰を受けて縛られていても、他の労務者や班長、分隊長、通訳、宣伝主任などはどうにも助けようがなかった。

交代で岩山の上に立つ日本軍の歩哨が、縛られているものとその周囲をしっかり見はっているからである。
誰かが近づくと歩哨は銃の引金に手をかけ、大声で怒鳴りつけた。……
労務者の中には日本人よりはむしろ労務者狩りに狂奔するビルマ人追従者を憎んでいる者もいた。

★視点㉞──「慰霊」「遺骨収集」が見落としているもの

戦後、元日本軍兵士やその家族を中心として、ミャンマーに遺骨収集の訪問が続く。だが、その活動は、あくまでも日本人の慰霊が目的である。なかには、戦争の犠牲者となった現地の人を慰霊しているという例はあるが、それはあくまでも限られていて、一般的に広がっていない。日本の人にとって、もしそれが本当の意味での慰霊の旅ならば、かつてのビルマ（ミャンマー）戦で命を落とした現地の人を同じように慰霊するのも、人道上あってもよいのではないだろうか。

実は死者に対する慰霊の感情は、日本とミャンマーでは大きく異なる。日本側には「ミャンマーも仏教を基盤とする社会だから、お互いの理解を得やすい」という誤解が定着している。どちらも今から二五〇〇年前にインドで誕生し、その後、アジアを中心に広まったブッダの教えであるが、日本は大乗仏教国で、ミャンマーは上座部仏教国である。中国や日本に伝わった大乗仏教と、スリランカやタイ、ミャンマーに伝わった上座部仏教では信仰の内容が異なる。

上座部仏教とは、個人が出家し修行することで、四苦（生老病死）から脱して涅槃への到達を目標とする、自己完結型の考え方である。一方、大乗仏教は、個人の外側に仏様などの超越者や救済者を想定し、他者の幸せを自らの喜びとし、できるだけ多くの人が救済されることに主眼を置いた考え方

火葬場のすぐ横には遺灰がうち捨てられている
（ザガイン地域北西部、2018年）

である。

　したがって、日本とミャンマーでは、根本的に信仰のあり方が大きく異なり、死者に対する慰霊の感情も相通じない。現代のミャンマーの一般的な人は、死ぬと火葬され、遺灰はそのまま水に流されて終わる。お墓も位牌を祀った仏壇もない。極端な話、死ねば終わり、である。死を引きずらない。もちろん肉親や親しい知人や友人を亡くしたという喪失感の悲しみはある。だが、それは信仰とはならない（偉人や著名人などを祀った廟や墓はあるが、それは例外的なものである）。

　それゆえ、日本軍兵士の遺骨収集のためにミャンマー入りする日本人の行動は、ミャンマー人にはあまり理解されない。だが、そうだからといって、慰霊の遺骨収集する日本側が、日本軍の兵士だけを対象にするのは、どうも一方的だと思えて仕方ない。慰霊というならやはり、日本人もミャンマー人も区別なしで行われるのが理想ではないのか。もちろん、例えばインパール作戦が闘われた地域は、上座部仏教が支配的な地域ではなく、英国植民地下にあって欧米の宣教師の活動がさかんに行われたために、キリスト教徒が多い少数民族が暮らすチン州やザガイン地域北西部であることも念頭に置いておかねばならない。

国連の迷走とロヒンギャ問題の行方

✶視点㉟――国連の迷走

前述したように、第二次世界大戦後の一九五〇年代から世界各国で新興独立国が誕生していった。国際社会においては、それぞれの国の中には多数派民族と少数民族が存在しているが、いずれ新政府の同化政策によって、少数派は多数派に吸収され、できるだけ共通の言葉や文化に収斂していくような形で、国の統一が図られていくだろうと期待されていた。

一方、ミャンマーは独立後、国民統合に困難をきたしていた。生まれたばかりのミャンマー政府内では政治家たちの間で政争が続き、少数民族の武装抵抗が発生し、国の形を巡って共産党とも銃火を交え、さらに国境線が画定していなかった。そんな政治的な混乱を収拾させるために、独立後一四年たって、ネウィン将軍によるクーデターが発生し、国づくりの時計が止まった（正確には、ネウィン将軍はビルマ式社会主義の路線を標榜して国の形を整えようとしたが、内戦は止まず、国境線の画定も進まなかった）。

そんな中、国際社会は、ミャンマーの軍事独裁体制に目を向け、民政への復活を目指すべく、まずは民主化支援と少数民族への迫害に対応するようになった。その際、バングラデシュ国境で何が起こっているか実態に即した報告は数少なかった。そのため国連は、ロヒンギャ・ムスリムたちがどのような人びとであるかを正確に把握することなく、軍事独裁政権によって抑えつけられている少数者＝少数民族とみなして、人権侵害を抑止しようとしていた。「ロヒンギャ問題」の誤解を生むボタンの掛け違いは、実はこのあたりから始まった。

国連は現在、「ロヒンギャ問題」の解決に当たって、ロヒンギャ・ムスリムをどのように位置づけているのか。そこで国連の一連の文書を見ると、ロヒンギャの人びとに関して、［Rohingya population（ロヒンギャ集団）］［Rohingya Muslim（ロヒンギャ・ムスリム）］［Rohingya pople（ロヒンギャの人びと）］［Rohingya refugee（ロヒンギャ難民）］との表記が見られ、決して「先住民族（土着民族）」としての権利を持つ［Rohingya peoples］という表記をしていない。だが時に、日本の国際連合広報センターの訳文を見ると「ロヒンギャ族」となっていることがある。また、ロヒンギャの暮らす難民キャンプから報告される国連文書（まれに「ethnic Rohingya〈ロヒンギャ民族〉」としている場合があるが、必ずしも権利のある少数民族や先住民族の意味合いではない）が日本語に訳される場合、「ロヒンギャ族」ともされ、混乱に拍車をかける。

問題を複雑にしているのは、今回の「ロヒンギャ問題」の広がりを受けて、ミャンマー政府のロヒンギャ・ムスリムへの対応が不十分だと同国を強く非難する意味で、国連は引用符〝〟を付けて留保しながらも「民族浄化」〝ethnic cleansing〟と表記してしまったことである。

このような煽った表現に、国際メディアが飛びついた。ロヒンギャへの迫害は「民族浄化」である、と。そもそも、この「民族浄化」という言葉自体、旧ユーゴスラビアのボスニア紛争の際に、米国の

PR会社（広告代理店）がキャッチフレーズとして大々的に使い出したものである。この「民族浄化」のような単語を、たとえ〝〟付きであっても、問題解決の役割を担う国連は使うべきではなかった、と筆者は思う。

スーチー氏率いるNLD政権や軍部は、そんな国連に対して不信感を持ち続けている。このロヒンギャ問題のボタンのかけ違いのきっかけを作り、状況を悪くしたのは国際社会、とりわけミャンマーの実情を正確に把握しなかったのは国連だという意識があるようだ。このようにロヒンギャ問題の解決のための足並みもそろっていない。ロヒンギャをめぐる当事者を抜きにした場外戦は、こんなところにも見られる。

✶視点㊱——「アラカン・ロヒンギャ救世軍（ARSA）をどうみるか

ところで、ミャンマー政府からテロリスト集団とされたアラカン・ロヒンギャ救世軍（ARSA、一〇ページ参照）の活動を今後、われわれはどのように見通せばいいのだろうか。ARSAの存在とその主張は実際のところ、一般のロヒンギャ・ムスリムの間では支持されていない。では、その活動はやがて尻すぼみになっていくだろうと、単に放置すればいいのだろうか。

東南アジアの親ISISIS（イスラム過激派アイシス）のネットワーク研究を続けている、シドニー・ジョーンズ氏（IPAC所属：本部インドネシア・ジャカルタ）は、二〇一九年六月の雑誌インタビューで、ISISとロヒンギャの結びつきは今のところ見られないと答えている。果たして、本当にそうなのか。

二〇一九年四月、『テロリストの息子に生まれて』という、ドイツに難民として逃れたシリア人監督によるドキュメンタリー番組がNHK（BS—1）で放映された。

この番組は、二〇一一年から続くシリア内戦がその舞台である。監督はシリアからドイツに避難したシリア人タラール・デルキ氏で、暴力の連鎖の実態を記録すべく祖国に戻って映画撮影を敢行した。そのシリア内戦とは、アサド政権と政権打倒を目指す反政府勢力との戦いであった。反政府勢力の主力は、「聖戦」を掲げるヌスラ戦線である。デルキ監督は、そのヌスラ戦線に接触し、その実態を追った。

その番組の一場面で、イスラームの聖戦（ジハード）の訓練を受ける子どもたちが、司令官からの問いかけに答えている。

「アルカイダに従うのが我々の務めだ……アフガニスタンを守っているのは？」

「アルカイダ」

「チェチェンは？」

「アルカイダ」

「ミャンマーやインドは？」

「アルカイダ」

「シリアで戦っているのは？」

「アルカイダ」

「アルカイダに対する我々の務めとは何か？　彼らに従い、助け、支援することだ。神はそれを望んでいる。いいな？」

番組の中で突然、ミャンマーという国名が出た。シリアで活動するヌスラ戦線とミャンマーのロヒンギャ・ムスリムとは直接、関係はない。だが、同胞のムスリムが抑えつけられているというニュースは今や、インターネットを通じて、世界中に広がっている。行き場のない難民キャンプの暮らしの中で、不満をつのらせたロヒンギャ・ムスリムの中から、ほんのちょっとしたきっかけでテロに走る勢力が生まれて来たとしても、何ら不思議はない。

ちなみに、中東のパレスチナ地域に暮らしていた「アラブ人」が第二次世界大戦後の国際政治の渦中で「パレスチナ人」になった。二〇二〇年現在、ミャンマー国内に暮らすロヒンギャ・ムスリムたちの数は約六〇万人にまで減った。ロヒンギャたちの大多数は今、隣国バングラデシュで難民生活を余儀なくされている。そのうち国際社会が国外のロヒンギャたちを民族としての「ロヒンギャ人」として見なすようになると、ミャンマー国内において彼ら／彼女たちの居場所を見つけるのはこれまで以上に難しくなる。

ARSA（アラカン・ロヒンギャ救世軍）は当初、ムスリムの自治権（独立）を目的として活動を開始した。その指導者はもともとパキスタン出自のロヒンギャが設立に関わっていたこともある。しかしARSAはその後、世界聖戦（ジハード）を掲げるISISとは異なる立場をとるようになった。ところが、パキスタン・サウジアラビア・マレーシア・インドなどに、数十万人にもおよぶロヒンギャたちが離散して暮らしている実態もあり、その中にはISISに関わりのある者もいる。つまり、いつ何時、ミャンマーのロヒンギャの中からISISの思想に共感し行動を起こす者が出てきても不思議はない。

ミャンマーの軍事独裁政権は過去半世紀にわたって、人びとの間に不平等で不公正な差別を押しつけてきた。そのため、軍の暴力による恐怖に支配された人びとは、閉塞感の蔓延する社会で生活せざるを得なくなり、多数派と少数派、異なる民族や宗教を基準に分断され、各々が安全で安心な暮らしを目指して、お互いが反目するようになった。軍政は、人びとの心の中に潜む「陰の部分」を長年刺激し続けてきた。その後軍政は、いったんでき上がった差別社会を放置するだけで、その差別は自ずと強化され、軍政にとって都合の良い状態が続けられることになった。それこそが「ロヒンギャ問題」の本質である。

「ロヒンギャ問題」を解決するために明確な指針を出すのは、ミャンマー国民に絶大な人気を持つアウンサンスーチー氏が国のトップに就いている今が、絶好（最後？）の機会でもある。

筆者自身これまで、自らの取材と参考資料を元に、「ロヒンギャ問題」をミャンマーの歴史・文化などを背景にした構造的な差別問題であると説明してきた。もちろん、反ロヒンギャを唱える一部のミャンマー人は、この問題を単純に不法移民の問題だと考えていることも事実である。

「ロヒンギャ問題」を理解するのは、難しくもあり簡単でもある。つまりそれは、どの社会にも見られる差別や排除の問題にどのように向き合うか、その姿勢が問われることでもあるからだ。

おわりに

本書の冒頭でも触れたが、ロヒンギャ難民のニュースが大きくなるにつれ、この問題に関しての解説を依頼されることが増えてきた。しかし、ロヒンギャ問題に関わっていくにつれ、次第に気分が重くなっていく自分がいるのも正直なところであった。実際、ロヒンギャという言葉を使って日本の人に向けて解説を続けるのも、面倒だなぁ、と思うことも増えていった。

ロヒンギャ問題の解説自体はそれほど苦にはならなかったのだが、普段から付き合いのあったビルマ人（ミャンマー人）との関係がまずくなっているのを薄々感じるようになっていったからである。私が知り得たこの問題を、「ロヒンギャ」という言葉を使ってビルマ人たちに説明しようとすると、彼ら／彼女たちの多くは面と向かってはっきりとは言わなかったが、あまり良くない反応を示すのである。また、多くを語らずとも、知らないうちにビルマ人との関係が悪くなっていくのも何か煩わしかった。

また、ロヒンギャの人に「ロヒンギャを民族と主張することが問題を大きくしているんだ」と指摘することで、彼ら／彼女たちにも受けが良くないようだった。それこそ、何もせずに黙っていたら、ビルマ人ともロヒンギャとも気まずい関係にならずに、まあ、そこそこやっていけたのに……と思っていた。でも長年ビルマに関わってきたのだし、自分も写真家としてジャーナリストとして、ビルマで成長させてもらったのだからそれ相応のお返しをしないとなぁ……とも思っていた。五〇歳を迎える頃までには、また中米に行きたい、一度たりとも足を踏み入れたことのないアフリカ大陸を駆け回ってみたいとも思っていた。しかしながら、もはや自分には、これまでのようにあちこちを動き回る体力がないことに気づくようになっていった。そこで、これからは否が応でも、ビルマを中心に取材活動を続けていくのだなぁという諦めにも似た境地（大げさ？）と小さな覚悟が芽ばえてきた。

ロヒンギャに関わって思うところがもう一つある。それは、これまで軍政に対して共に抵抗運動（私は取材活動）を続けてきたと思っていたビルマ人たちが、いったんこの問題になると、それこそ差別的な言動を取るようになっていったことだ。抑圧され差別されていた側にいた者たちが、このロヒンギャ問題の話になると、今度は差別する側になってしまったのだ。実は、そんな小説のような話が、それこそ現実となっていくのを目の当たりにしてしまった。だが、そんな差別する側に回ってしまった彼ら／彼女たちも、かつては厳しい軍政下で民主化活動を続けてきた。

この二七年という年月の間に、ビルマの何が変わったのか、人か社会か、はたまた別のものか――答の見いだせない疑問が次々に湧き出る。しかし、軍事独裁政権下で人びとの抵抗運動を目の当たりにしてきた我が身としては、自由で公正な社会を目指そうとしていた人のありようは変わらないと信じるしかない。それゆえ、ロヒンギャ問題に関して見て見ぬふりをする傍観者ではいられない。やっぱり、おかしいことはやっぱりおかしいと（思い込みかも知れないが）言わざるを得ない。そう思って本書を綴ることにした。

そんな重苦しい中での救いは、これは軍政下で生まれた差別問題だと、ある程度冷静に認識している何人かのビルマ人たちが、今は声が小さいながらもロヒンギャ支援に動いていることである。また、積極的ではないが、ロヒンギャを差別するような言動を控えている幾人かのビルマ人や少数民族の人たちが身近にいることである。

本書冒頭に挙げた、カメラをじっと見つめるロヒンギャの女の子の写真は、二〇一三年にミャンマー国内で出版した写真集（『ビルマ〈ミャンマー〉、変化の中に生きる人びと』"Peoples in the Winds of Change"）の二ページ目に使用したものである。実は、現地出版にあたって、その写真にはキャプション（説明書き）を載せることができなかった。ロヒンギャ問題に敏感なごくごくわずかなビルマ人は、その写真にキャプションがないことに気づいていた。写真集出版の二〇一三年の時点で、ミャンマー国内ではロヒンギャという呼称を著作に明記できなかったという記録の意味も込めて、あえてその写真を写真集の最初に使ったのである。その時の私の個人的な希望は、いつの日にか誌面に「ロヒンギャ・ムスリムの女の子」とキャプションを記すことができるのではないか、という思いであった。この女の子は今、どこでどうしているのか。ビルマ問題に関わりながら、時に頭の片隅にそのことが思い浮かぶ。

ビルマ取材に関わり始めた一九九三年、本屋で偶然手にした一冊の本がある。二〇一九年にアフガニスタンで兇弾に斃れた中村哲氏の『アフガニスタンの診療所から』（筑摩書房）である。海外の事情に関わるとはどういうことなのか、その参考になるかなと思い幾度も取材現場に持って行った本である。篠つく大粒の雨が降り注ぐカレン州のジャングルで、誰一人話し相手がいない中、果たして今、自分のやっていることに意味があるのか……不安に駆られた時にこの本を何度も読み返した。もし中村さんなら、どうするのだろうか、と。「かまわん、続けよう。だれもがおしよせる所ならわれわれが行く必要はない。だれもが行かないから、我われがゆくのだ」。当時、その言葉に何度も勇気づけられた。もしかしたら今、中村さんもアフガンの山中にいるのかもしれない、と。

ビルマの民主化運動に力を注いできた先輩知人友人は、そこそこの年齢になり、民政移管後のビルマ関係の集まりには、私自身以前のように頻繁に足を運ぶことはなくなった。だが、それでも、それぞれが各自の立場でビルマに関わり続けている。私も自分ができることを続けるしかない。

本書は、ビルマ（ミャンマー）に関して記録してきたものとして三冊目となる。今回のロヒンギャ問題の解説の中心となる第Ⅱ章は、アジアプレス・ネットワーク（インターネット上）で連載した記事を中心に加筆した。アジアプレスの石丸次郎氏と玉本英子氏にはお世話になりました。

フリーランスでビルマ取材に関わり続けることができるのは、とうてい一人の力ではできない。周りの人の支援と協力がなければ、続けることはどだい無理である。いつも変化球のメッセージで叱咤激励してくれるNaung Nyoさんからはビルマやバングラデシュに関するさまざまな資料を提供していただいた。『朝日新聞』の藤谷健さんにはビルマ取材でご協力願いました。また、同社で粘り強く記者活動を続ける堀内京子さんからのたゆまぬ支援には感謝の念に堪えません。ＮＨＫの道傳愛子氏にもお世話になりました。大阪大学名誉教授の南田みどり氏、同大学原田正美氏と池田一人氏、大東文化大学の飯國有佳子氏からはいくつもの示唆を受けました。また、今回の複雑なロヒンギャ問題の草稿に目を通していただき、的確なアドバイスと不十分な表現への指摘をしていただいた大妻女子大学の久保忠行さんからは、「要はこういうことを言いたいのですね」と私の言いたいことを簡潔にまとめてもらった（本書第Ⅲ章の冒頭部分でいくつか引用しました）。さらに、ビルマ（ミャンマー）各地で快く取材協力をしていただいた現地のビルマ人に、特にバングラデシュの難民キャンプの案内・通訳をしてくれたアウンアウンウー氏には感謝したい。前々著と前著に続き、高文研の真鍋かおるさんには読者の視点でのアドバイスをいただき、入り組んだ原稿を整えることができました。最後に、いつも好き勝手にビルマ取材に行くのを見送ってくれる我がパートナー氏に本書を捧げたい。

二〇二〇年の一一月には民政移管後二度目の総選挙となる。おそらくはアウンサンスーチー氏が当選し、ＮＬＤのトップとして国の運営を担うだろう。個人的には、一九四八年の独立以来の課題である少数民族問題をどのように解決に導いていくのか、その行く先を、できるなら現場で見続けていきたいと思う。

二〇二〇年七月一五日

宇田有三

主要参考文献

【ミャンマー（ビルマ）関係】

■伊東利勝編『ミャンマー概説』（めこん、二〇一一年）
■伊野憲治『ミャンマー民主化運動』（めこん、二〇一八年）
■伊従道子『アジアの民主化と女たち』（明石書店、一九九四年）
■宇田有三『閉ざされた国ビルマ』（高文研、二〇一〇年）
■宇田有三『観光コースでないミャンマー（ビルマ）』（高文研、二〇一五年）
■エマ・ラーキン、大石健太訳『ミャンマーという国への旅』（晶文社、二〇〇五年）
■尾高煌之助・三重野文晴編『ミャンマー経済の新しい光』（勁草書房、二〇一二年）
■丸紅広報部編、加藤徳道『ミャンマーは、いま。』（ダイヤモンド社、一九九五年）
■加藤博『地図にない国からの報告』（晩聲社、一九八二年）
■桐生稔・西澤信善『ミャンマー経済入門』（日本評論社、一九九六年）
■斎藤紋子『ミャンマーの土着ムスリム』（風響社、二〇一〇年）
■椎名誠『秘密のミャンマー』（小学館文庫、二〇〇六年）
■鈴木孝『ビルマという国』（国際PHP研究所、一九七七年）
■瀬川正仁『ビルマとミャンマーのあいだ』（凱風社、二〇〇七年）
■マーティン・スミス、高橋雄一郎訳『ビルマの少数民族』（明石書店、一九九七年）
■高谷紀夫『ビルマの民族表象』（法藏館、二〇〇八年）
■高野秀行『アヘン王国潜入記』（集英社文庫、二〇〇七年）
■髙橋昭雄『ミャンマーの国と民―日緬比較村落社会論の試み』（明石書店、二〇一二年）
■髙橋昭雄『蒼生のミャンマー―農村のくらしからみた、変貌する国』（明石書店、二〇一八年）

■竹田 遼『黄金の三角地帯』（メコン、一九七七年）
■田島高志『ミャンマーが見えてくる』（サイマル出版会、一九九七年）
■田辺寿夫『ビルマ「発展」のなかの人びと』（岩波新書、一九九六年）
■田辺寿夫『負けるな！　在日ビルマ人』（梨の木舎、二〇〇八年）
■田村克己・松田正彦編『ミャンマーを知るための60章』（明石書店、二〇一三年）
■田村克己・根本敬編『アジア読本　ビルマ』（河出書房新社、一九九七年）
■タンミンウー、秋元由紀訳『ビルマ・ハイウェイ』（白水社、二〇一三年）
■チェーモン・ウー・タウン、田辺寿夫訳『ビルマでいま、何が起きているのか？』（梨の木舎、一九九一年）
■津守滋『ミャンマーの黎明』（彩流社、二〇一二年）
■鄧賢、増田政広訳『ゴールデン・トライアングル秘史―アヘン王国50年の興亡』（日本放送出版協会、二〇〇五年）
■土佐桂子「民族紛争のなかの宗教指導者　ミャンマー連邦カレン州の僧侶の『仏教布教』」（黒田悦子編『民族の運動と指導者たち　歴史のなかの人びと』山川出版社、二〇〇二年）
■西澤卓美『仏教先進国ミャンマーのマインドフルネス』（サンガ、二〇一四年）
■根本敬『アウン・サン』（岩波書店、一九九六年）
■根本敬「軍部独裁下のビルマ」（石井米雄・桜井由躬雄『新版世界各国史5　東南アジア史Ⅰ』（山川出版社、一九九九年）
■根本敬『抵抗と協力のはざま』（岩波書店、二〇一〇年）
■根本敬『ビルマ独立への道　バモオ博士とアウンサン将軍』（彩流社、二〇一二年）
■根本敬『物語　ビルマの歴史』（中公新書、二〇一四年）
■根本百合子『祖国を戦場にされて』（石風社、二〇〇〇年）
■秦辰也編『アジアの市民社会とＮＧＯ』（晃洋書房、二〇一四年）
■羽田令子『黄金の四角地帯』（社会評論社、一九九九年）

■藤田昌宏『誰も知らなかったビルマ』（文藝春秋、一九八九年）
■藤目ゆき監修、タナッカーの会編、富田あかり訳『女たちのビルマ』（明石書店、二〇〇七年）
■ベネディクト・ロジャース、秋元由記訳『ビルマの独裁者タンシュエ』（白水社、二〇一一年）
■語り・文玉珠、構成と解説・森川万智子『ビルマ戦線　楯師団の「慰安婦」だった私』（梨の木舎、一九九六年）
■守屋友江編訳『ビルマ仏教徒民主化蜂起の背景と弾圧の記録―軍事政権下の非暴力抵抗　世界人権問題叢書71』（明石書店、二〇一〇年）
■吉田敏浩『森の回廊』（日本放送出版協会、一九九五年）
■南田みどり編訳『ミャンマー現代短編集2』（大同生命国際文化基金、一九九八年）
■南田みどり編訳『ミャンマー現代女性短編集』（大同生命国際文化基金、二〇〇一年）
■宮本雄二『激変―ミャンマーを読み解く』（東京書籍、二〇一二年）
■山口洋一『ミャンマーの実像』（勁草書房、一九九九年）
■山本信人監修、宮原暁編著『東南アジア地域研究入門　2社会』（慶應義塾大学出版会、二〇一七年）
■飯國有佳子『ミャンマーの女性修行者ティーラシン』（風響社、二〇一〇年）
■池田正隆『ビルマ仏教』（法藏館、一九九五年）
■生野善應『ビルマ佛教』（大蔵出版、一九九五年）
■佐々木閑『犀の角たち』（大蔵出版、二〇〇六年）
■佐々木閑『出家的人生のすすめ』（集英社新書、二〇一五年）
■佐々木閑『日々是修行』（ちくま新書、二〇〇九年）
■島田裕巳『浄土真宗はなぜ日本でいちばん多いのか』（幻冬舎新書、二〇一二年）
■広澤隆之『よくわかる仏教』（ＰＨＰ研究所、二〇〇六年）

【ラカイン関係・ロヒンギャ関係】

■新石正弘『アジアに架ける橋』(コモンズ、二〇〇九年)
■沖田英明『アラカンの黄金王都ミャウーのキリシタン侍』(東洋出版、二〇一三年)
■日下部尚徳・石川和雅編著『ロヒンギャ問題とは何か』(明石書店、二〇一九年)
■中坪央暁『ロヒンギャ難民100万人の衝撃』(めこん、二〇一九年)
■在ビルマ日本大使館編、外務省アジア局監修『ビルマ』(日本国際問題研究所、一九七四年)
■NHKアジアハイウェー・プロジェクト『アジアハイウェー ①勝利の道 苦悩の道』(日本放送出版協会、一九九三年)
■「対談 仏教を開くアジアの女性たち」『現代宗教2009』(国際宗教研究所、二〇〇九年)

【アウンサンスーチー関係】
■アウンサン・スーチー、マイケル・アリス編、ヤンソン由実子訳『自由―自ら綴った祖国愛の記録』(集英社、一九九一年)
■アウンサンスーチー、伊野憲治訳『アウンサンスーチー演説集』(みすず書房、一九九六年)
■アウンサンスーチー、大石幹夫訳『増補版 希望の声―アラン・クレメンツとの対話』(岩波書店、二〇〇八年)
■アウンサンスーチー、土佐桂子・永井浩訳『増補復刻版 ビルマからの手紙』(毎日新聞社、二〇一二年)
■アウンサンスーチー、土佐桂子・永井浩・毎日新聞外信部訳『新ビルマからの手紙』(毎日新聞社、二〇一二年)
■大津典子『アウンサンスーチーへの手紙』(毎日新聞社、二〇一二年)
■田辺寿夫・根本敬『ビルマ軍事政権とアウンサンスーチー』(角川 one テーマ21、二〇〇三年)
■根本敬・田辺寿夫『アウンサンスーチー』(角川 one テーマ21、二〇一二年)
■ティエリー・ファリーズ、山口隆子・竹林卓訳『銃とジャスミン―アウンサンスーチー、7000日の戦い』(ランダムハウス講談社、二〇〇八年)

■ピーター・ポマム、宮下夏生・森博行・本城悠子訳『アウンサンスーチー』（明石書店、二〇一二年）
■三上義一『アウン・サン・スー・チー　囚われの孔雀』（講談社、一九九一年）
■山口洋一・寺井融『アウン・サン・スー・チーはミャンマーを救えるか？』（マガジンハウス、二〇一二年）

【戦記】
■会田雄次『アーロン収容所』（中公新書、一九六二年）
■新井貞一『菊兵団「地獄の戦場」物語』（光人社、一九九四年）
■荒木進『ビルマ敗戦行記―一兵士の回想』（岩波新書、一九八二年）
■伊藤桂一『遙かなインパール』（新潮文庫、一九九五年）
■岩根承成・碓井哲郎「ビルマ・カラゴン村事件とその取り組み」『戦争責任研究』第76号（日本の戦争責任資料センター、二〇一二年）
■岩根承成「BC級戦犯裁判にみるビルマ・カラゴン事件」『共愛学園前橋国際大学論集』第七号（共愛学園前橋国際大学、二〇〇七年）
■上野英信『天皇陛下萬歳　爆弾三勇士序説』（洋泉社、二〇〇七年）
■北原亞以子『父の戦地』（新潮文庫、二〇一一年）
■黒岩正幸『インパール兵隊戦記』（光人社NF文庫、一九九九年）
■小林英夫『戦後アジアと日本企業』（岩波新書、二〇〇一年）
■小宮徳次『戦争と人間の記録・ビルマ戦・前編（徳間書店、一九七八年）
■阪野吉平『戦争聞き歩き　生きてます』（新風舎、二〇〇四年）
■高木俊朗『インパール　新装版』（文春文庫、二〇一八年）
■高木俊朗『戦死　インパール牽制作戦』（文春文庫、一九八四年）
■高崎伝『最悪の戦場に奇蹟はなかった』（光人社、一九七四年）
■竹山道雄『ビルマの竪琴』（新潮文庫、一九五九年）

■辻 密男『ノモンハンとインパール』（旺史社、一九八八年）
■永井行慈『西天開教　ビルマ獄中記（復刻新版）』（日本山妙法寺舞鶴道場、二〇一六年）
■永瀬隆『「戦場にかける橋」のウソと真実』（岩波ブックレット、一九八六年）
■中野信夫『軍医殿！　腹をやられました―インパール作戦ビルマ敗走記』（かもがわブックレット、二〇一四年）
■林博史『戦犯裁判の研究―戦犯裁判政策の形成から東京裁判・BC級裁判まで』（勉誠出版、二〇一〇年）
■久山 忍『インパール作戦　悲劇の構図』（潮書房光人新社、二〇一八年）
■福間良明『「反戦」のメディア史』（世界思想社、二〇〇六年）
■満田康弘『クワイ河に虹をかけた男―元陸軍通訳　永瀬隆の戦後』（梨の木舎、二〇一一年）
■マァウン・ティン、河東田静雄訳『農民ガバ』（大同生命国際文化基金、一九九二年）
■宮部一三『ビルマ最前線1』（叢文社、一九八〇年）
■リンヨン・ティッルイン、田辺寿夫訳『死の鉄路』（毎日新聞社、一九八一年）
■L・ローリングズ、永瀬隆訳『イラスト　クワイ河捕虜収容所』（社会思想社現代教養文庫、一九八四年）
■NHK取材班編『責任なき戦場　インパール』（角川文庫、一九九五年）
■NHKスペシャル取材班『戦慄の記録　インパール』（岩波書店、二〇一八年）
■NHK「戦争証言」プロジェクト『証言記録　兵士たちの戦争①②③』日本放送出版協会、二〇〇九年）
■文化奉公會『大東亜戦争　陸軍報道員班手記　ビルマ戡定戰』（大日本雄弁会講談社、一九四二年）
■防衛庁防衛研修所戦史室『戦史叢書　インパール作戦―ビルマの防衛』（朝雲新聞社、一九六八年）
■陸戦史研究普及会『アラカン作戦　陸戦史集19』（原書房、一九七〇年）

【イスラーム関係】
■アントニー・D・スミス、巣山靖司・高城和義他訳『ネイションとエスニシティ』（名古屋大学出版会、一九九九年）

■池内恵『増補新版　イスラーム世界の論じ方』（中央公論新社、二〇一六年）
■池内恵『サイクス＝ピコ協定　百年の呪縛』（新潮選書、二〇一六年）
■石井米雄・桜井由躬雄『世界の歴史12　東南アジア世界の形成』（講談社、一九八五年）
■今永清二『東方のイスラム』（風響社、一九九二年）
■ジョン・L・エスポズィード、内藤正典・宇佐美久美子監訳『イスラームの脅威』（明石書店、一九九七年）
■エドワード・W・サイード、浅井信雄・佐藤成文・岡真理共訳『イスラム報道　増補版』（みすず書房、二〇〇三年）
■小室直樹『日本人のためのイスラム原論』（集英社インターナショナル、二〇〇二年）
■島田裕巳・中田考『世界はこのままイスラーム化するのか』（幻冬舎新書、二〇一五年）
■床呂郁哉・西井涼子・福島康博編著『東南アジアのイスラーム』（東京外国語大学出版会、二〇一二年）
■内藤正典・中田考『イスラームとの講和―文明との共存をめざして』集英社新書、二〇一六年）
■内藤正典『限界の現代史―イスラームが破壊する欺瞞の世界秩序』集英社新書、二〇一八年）
■中西久枝「イスラーム思想」（初瀬龍平・定形衛・月村太郎編『国際関係論のパラダイム』（有信堂高文社、二〇〇一年）
■中田考『イスラーム　生と死と聖戦』（集英社新書、二〇一五年）
■中田考・和田秀樹『非道とグローバリズム―新聞とテレビが絶対に言えない「宗教」と「戦争」の真実』（ブックマン社、二〇一六年）
■橋爪大三郎・中田考『一神教と戦争』（集英社新書、二〇一八年）
■本田實信『世界の歴史6　イスラム世界の発展』（講談社、一九八五年）
■松田哲「言語と民族紛争」（月村太郎編著『地域紛争の構図』晃洋書房、二〇一三年）
■やまもとくみこ『中国人ムスリムの末裔たち』（小学館、二〇〇四年）
■21世紀研究会編『イスラームの世界地図』（文春新書、二〇〇二年）
■笹川平和財団編『アジアに生きるイスラーム』（イースト・プレス、二〇一八年）

【国・民族・先住民族・国際法関係】
■市川守弘『アイヌの法的地位と国の不正義』（寿郎社、二〇一九年）
■上村英明『世界と日本の先住民族』（岩波ブックレット、一九九二年）
■上村英明監修、藤岡美恵子・中野憲志編『グローバル時代の先住民族』（法律文化社、二〇〇四年）
■上村英明『新・先住民族の「近代史」』（法律文化社、二〇一五年）
■大沼保昭『国際法』（ちくま新書、二〇一八年）
■岡和田晃、マーク・ウィンチェスター『アイヌ民族否定論に抗する』（河出書房新社、二〇一五年）
■小坂田裕子『先住民族と国際法』（信山社、二〇一七年）
■萱野稔人『国家とは何か』（以文社、二〇〇五年）
■芹田健太郎編訳『国際人権規約草案註解』（有信堂高文社、一九八一年）
■芹田健太郎『憲法と国際環境・補訂版』（有信堂高文社、一九九二年）
■田中 浩『新版　国家と個人』（岩波書店、二〇〇八年）
■「アイヌ民族問題を考える」『人権と部落問題』No.881（部落問題研究所、二〇一六年）
■岩波講座　アジア・太平洋戦争1『なぜ、いまアジア・太平洋戦争か』（岩波書店、二〇〇五年）
■日本平和学会編「脱植民地化のための平和学」『平和研究』第47号（早稲田大学出版部、二〇一六年）
■反差別国際運動日本委員会「国際人権基準と国際連帯」『現代世界と人権6』（解放出版社、一九九四年）
■広島市立大学広島平和研究所企画委員会『ふたつの世界大戦と現代世界』（広島平和研究所ブックレットVOL.2、二〇一五年）

【民族関係】
■浅井信雄『民族世界地図』（新潮文庫、一九九七年）
■浅井基文『国家と国境』（ほるぷ出版、一九九二年）

■伊藤秀一『世界の歴史16　アジアの民族運動』（講談社、一九八五年）
■植村和秀『ナショナリズム入門』（講談社現代新書、二〇一四年）
■R・スタヴェンハーゲン、加藤一夫監訳『エスニック問題と国際社会』（御茶の水書房、一九九五年）
■合田涛・大塚和夫編『民族誌の現在』（弘文堂、一九九五年）
■なだいなだ『民族という名の宗教―人をまとめる原理・排除する原理』（岩波新書、一九九二年）
■蓮實重彦・山内昌之編『いま、なぜ民族か』（東京大学出版会、一九九四年）
■堀井武「一九世紀アメリカにおける中国人労働者」『高円史学』（奈良教育大学学術リポジトリNEAR、一九八九年）
■山下範久編著『教養としての世界史の学び方』（東洋経済新報社、二〇一九年）
■21世紀研究会編『民族の世界地図』（文春新書、二〇〇〇年）

【その他】
■秋山千佳『戸籍のない日本人』（双葉新書、二〇一五年）
■阿満利麿『日本人はなぜ無宗教なのか』（ちくま新書、一九九六年）
■上原善広『日本の路地を旅する』（文春文庫、二〇一二年）
■内海愛子・田辺寿夫『アジアからみた「大東亜共栄圏」』（梨の木舎、一九八三年）
■遠藤正敬『戸籍と無戸籍』（人文書院、二〇一七年）
■加藤陽子『それでも、日本人は「戦争」を選んだ』（朝日出版社、二〇〇九年）
■角岡伸彦『ノンフィクションにだまされるな！』（にんげん出版、二〇一九年）
■角岡伸彦『はじめての部落問題』（文春新書、二〇〇五年）
■酒井直樹・西谷修『増補〈世界史〉の解体―翻訳・主体・歴史』（以文社、二〇〇四年）
■髙山文彦『水平記　松本治一郎と部落解放運動の一〇〇年』（新潮社、二〇〇五年）
■永井浩『アジアはどう報道されてきたか』（筑摩書房、一九九八年）

■堀田善衛『インドで考えたこと』（岩波新書、一九五七年）
■宮本常一・安渓遊地『調査されるという迷惑』（みずのわ出版、二〇〇八年）
■星野英一『民法のすすめ』（岩波新書、一九九八年）
■野間宏・安岡章太郎編『差別・その根源を問う〈上〉〈下〉』（朝日選書、一九八四年）
■安田信之編『第三世界開発法学入門』（アジアを見る眼86、アジア経済研究所、一九九二年）
■「世界の歴史」編集委員会編『もういちど読む山川世界史』（山川出版社、二〇〇九年）
■全国歴史教育研究協議会編『日本史用語集　A・B共用』（山川出版社、二〇一四年）
■阿部浩己「グローバル化する国境管理」（『世界法年報』第37号、二〇一八年）
■エーチャン「ビルマ・アラカン（ラカイン）州におけるムスリム社会の形成」（『東南アジア史学会会報』〈80〉、二〇〇四年）
■下澤嶽、トム・エスキルセン、後藤光利『チッタゴン丘陵白書』（ジュマネット、二〇〇七年）
■下澤嶽『バングラデシュ、チッタゴン丘陵で何が起こっているか』（ジュマネット、二〇一二年）
■清水昭俊「先住民、植民地支配、脱植民地化」（『国立民族博物館研究報告32⑶、二〇〇八年）
■塩崎悠輝編著「ロヒンギャ難民の生存基板―ビルマ／ミャンマーにおける背景と、マレーシア、インドネシア、パキスタンにおける現地社会との関係」（NIHUネットワーク型基幹研究プロジェクト「現代中東地域研究推進事業」、上智大学イスラーム研究センター、二〇一九年）
■武島良成「バ・モオ政府（ビルマ）の日本人顧問団」（『東南アジア―歴史と文化』№45、東南アジア学会、二〇一六年）
■田辺寿夫「ビルマ（ミャンマー）民主化の難問◉ラカイン州非常事態宣言とロヒンギャ民族」（『ワセダアジアレビュー』№12、早稲田大学アジア研究機構事務所、二〇一二年）
■西澤信善「ビルマ式社会主義の展開―民政移管と経済の立て直し」（『広島平和科学』21、広島大学平和科学研究センター、一九九八年）
■「【特集】日本のビルマ研究―歴史・文化・宗教を中心に」（『上智アジア学』第32号、上智大学アジア文化

研究所、二〇一四年）
- 日本平和学会編「信仰と平和」『平和研究』第49号（早稲田大学出版部、二〇一八年）
- 日本平和学会編「国境を越える人びと」『平和研究』第53号（早稲田大学出版部、二〇一九年）
- 『ビルマ（ミャンマー）少数民族ロヒンギャ：基本的人権の否定』（アムネスティ・インターナショナル日本、二〇〇四年）
- 水野明日香「ビルマ特別調査委員会（Burma Special Research Commission）の日本および大東亜共栄圏諸国の視察記—戦時経済統制と国家建設の関わりについての一仮設」（『経済学紀要』第四三巻第一二号、亜細亜大学経済学会、二〇一九年）
- "Arakanese Research Journal"［2001］［2003］［2005］Vol.:1, Ⅱ, Ⅲ, Arakanese Research Society of Bangladesh
- Aung San Suu Kyi［1984］,"AUNG SAN OF BURMA",The University of Queesland Press, Edinburgh, England
- J.A.Berlie［2008］,"The Burmanization of Myanmar's Muslims", White Lotus, Thailand
- Maung Than Sein［2008］,"RAKHINENALOK" Cox's Bazar, Bangladesh
- Maung Tha Hla［2009］,"Rohingya Hoax", Buddihist Rakhaing Cultural Association,New York, U.S.A.
- Sakhong, LianH［2006］,"Policy Papers, Letters and Statements", UNLD Press, Chiang Mai, Thailand
- Sakhong, LianH/Yawnhwe, Chao-Tzang［2006］,"Rebuilding The Union of Burma",UNLD Press, Chiang Mai, Thailand
- Zaw Min Htut［2003］,"HURMAN RIGHTS AND DISCRIMINATION ON ROHINGYAS",Burmese Rohingya Association in Japan
- "The Government Could Have Stopped This" Human Rights Watch,August 2012

【ウェブサイト】

- ミャンマーの国営紙のデータベース
https://uzo.sakura.ne.jp/burma/nlm/nlm_calendar/nlm_bpr_top.htm
- 国連の報告書：独立真相究明委員会（Report of Independent International Fact-Finding Mission on Myanmar(27 August 2018：英文)
https://www.ohchr.org/EN/HRBodies/HRC/MyanmarFFM/Pages/ReportoftheMyanmarFFM.aspx
- ミャンマー政府報告書：要旨（英文）（Independent Commission of Enquiry：ICOE）
https://www.president-office.gov.mm/en/?q=briefing-room/news/2020/01/21/id-9838
- 「アナン・レポート」(Final Report of the Advisory Commission on Rakhine State:Towards a Peaceful, Fair and Prosperous Future for the People of Rakhine: 英文)
http://www.rakhinecommission.org/the-final-report/
- 「アナン・レポート」(邦訳：笹川平和財団：PDF)
http://peacebuilding.asia/wp-content/uploads/2018/10/Towards-a-Peaceful-Fair-and-Prosperous-Future-for-the-People-of-Rakhine-Japanese-Edition-1.pdf

宇田 有三（うだ ゆうぞう）
1963年神戸市生まれ。フリーランス・フォトジャーナリスト。90年教員を経て渡米。ボストンにて写真を学んだ後、中米の紛争地エルサルバドルの取材を皮切りに取材活動を開始。軍事政権・先住民族・世界の貧困などを重点取材。95年神戸大学大学院国際協力研究科で国際法を学ぶ。「平和・共同ジャーナリスト基金奨励賞」「黒田清ＪＣＪ新人賞」他。
主な著書・写真集として、『閉ざされた国ビルマ―カレン民族闘争と民主化闘争の現場をあるく』『観光コースでないミャンマー（ビルマ）』（ともに高文研）、『ビルマ軍事政権下に生きる人びと』（企画・編集：財団法人アジア・太平洋人権情報センター、発売：解放出版社）、「民政移管」後のビルマ（ミャンマー）において、外国人初の出版物として発行した『Peoples in the Winds of Change』などがある。
ＨＰ：https://www.uzo.net/
メール：info@uzo.net

ロヒンギャ　差別の深層

●二〇二〇年　八月一五日————第一刷発行
●二〇二〇年一一月　一日————第二刷発行

著　者／宇田有三

発行所／株式会社 **高文研**
東京都千代田区神田猿楽町二―一―八
三恵ビル（〒一〇一―〇〇六四）
電話０３＝３２９５＝３４１５
https://www.koubunken.co.jp

印刷・製本／三省堂印刷株式会社

★万一、乱丁・落丁があったときは、送料当方負担でお取りかえいたします。

ISBN978-4-87498-732-2　C0036